आप भी लीडर बन सकते हैं

मंजुल पब्लिशिंग हाउस द्वारा प्रकाशित
डेल कारनेगी की अन्य पुस्तकें:-

- **लोक व्यवहार** – प्रभावशाली व्यक्तित्व की कला
- **चिंता छोड़ो सुख से जियो**
- **प्रभावशाली लीडर बनें**
- **संवाद में सफलता**
- **समृद्ध जीवन कैसे जिएँ**
- **अपने नए करियर को दिशा कैसे दें**
- **अपने जीवन को महान बनाएँ**

आप भी लीडर बन सकते हैं

बदलती दुनिया में लोगों को प्रभावित कैसे करें और सफल कैसे हों

डेल कारनेगी

एंड एसोसिएट्स, इंक.

स्टुअर्ट आर. लेवाइन, सीईओ और माइकल ए. क्रॉम, वीपी

अनुवाद : डॉ. सुधीर दीक्षित

MANJUL

मंजुल पब्लिशिंग हाउस

MANJUL

मंजुल पब्लिशिंग हाउस

कॉरपोरेट एवं संपादकीय कार्यालय

• द्वितीय तल, उषा प्रीत कॉम्प्लेक्स, 42 मालवीय नगर, भोपाल-462 003

विक्रय एवं विपणन कार्यालय

• सी-16, सेक्टर 3, नोएडा, उत्तर प्रदेश, 201301

वेबसाइट : www.manjulindia.com

वितरण केन्द्र

अहमदाबाद, बेंगलुरू, कोच्चि, कोलकाता, चेन्नई,
हैदराबाद, मुम्बई, नई दिल्ली, पुणे

डेल कारनेगी ऐंड असोसिएट्स, इंक.
स्टुअर्ट आर. लेवाइन और माइकल ए. क्रॉम द्वारा लिखित मूल अंग्रेजी पुस्तक
द लीडर इन यू - हाउ टु विन फ्रेंड्स, इन्फ़्लूएंस पीपल ऐंड सक्सीड इन अ चेंजिंग वर्ल्ड का हिन्दी अनुवाद

The Leader In You: How to Win friends, Influence People and Succeed in a Changing World by Dale Carnegie – Hindi Edition

यह संस्करण 2017 में पहली बार प्रकाशित
16वीं आवृत्ति 2025

ISBN 978-81-8322-175-7

अनुवाद : डॉ. सुधीर दीक्षित

मुद्रण व जिल्दसाज़ी : मणिपाल टेक्नोलॉजीज़ लिमिटेड, मणिपाल

आप भी लीडर बन सकते हैं
नेतृत्व करना चाहते हैं ?
पढ़ें कि बिज़नेस लीडर्स
इस पुस्तक
के बारे में क्या कहते हैं

"इस पुस्तक में कुछ भी जटिल, रहस्यमय या मुश्किल नहीं है। लेकिन इसके बावजूद यह आपको इस जटिल, मुश्किल और अक्सर रहस्यमय संसार में लीडर बना सकती है। लीडरशिप सफलता की कुंजी है।"

– बर्ट मैनिंग, चेयरमैन और सीईओ,
जे. वाल्टर थॉमसन

"डेल कारनेगी की परंपरा पर चलते हुए यह पुस्तक बताती है कि लोगों के लिए असरदार लीडरशिप की कला विकसित करना कितना आसान है, जो ज़्यादातर लोगों में जन्मजात होती है। यह पुस्तक हर उस बिज़नेसमैन को पढ़नी चाहिए, जो अनिश्चित परिस्थितियों में सफल कैरियर बनाना चाहता है।"

–डॉ. इरविन एल. केलनर, चीफ़ इकोनॉमिस्ट,
केमिकल बैंकिंग कॉर्प.

"सर्वश्रेष्ठ लोगों से सीखने का अनूठा अवसर : हर क्षेत्र के सच्चे चैंपियन अपनी व्यक्तिगत कहानियाँ और सफलता की अचूक रणनीतियाँ सभी को बताते हैं। मैं इस पुस्तक को 10 में से 10 नंबर देती हूँ।"

– मैरी लाउ रेटन

"लीडरशिप लोगों से विश्वास और उत्साह के साथ सही वक़्त पर सही काम करवाने की योग्यता है। प्रेरक, पठनीय और बेहद उपयोगी *द लीडर इन यू* पुस्तक यह सिखाती है कि आप अपनी नेतृत्व क्षमता कैसे विकसित करें, फिर चाहे आपका वर्तमान पद जो भी हो।"

–लॉरेंस बॉसन, प्रेसिडेंट और सीईओ,
एसजीएस–थॉमसन माइक्रोइलेक्ट्रॉनिक्स, इंक.

हमारे बच्चों - जेसी लेवाइन, एलिज़ाबेथ और निकोल क्रोम - को, जिनके पिता बहुत लंबे समय तक काम में उलझे रहे।

और हमारी पत्नियों - नैन्सी क्रोम (जिसका सहयोग कभी कम नहीं हुआ) और हैरियट लेवाइन (जिसकी ऊर्जा और संगठनात्मक प्रतिभा ने इस पुस्तक को साकार करने में मदद की) को।

विषय-सूची

प्रस्तावना
लोक व्यवहार क्रांति

परिवर्तन के लिए अपने दिमाग़ को हर वक़्त तैयार रखें। परिवर्तन का स्वागत करें। इसे आमंत्रित करें। अपनी राय और विचारों की जाँच करने तथा बारंबार जाँच करने पर ही आप तरक़्क़ी कर सकते हैं।

–डेल कारनेगी

इक्कीसवीं सदी में संसार में ज़बर्दस्त परिवर्तन हो रहे हैं। भारी उथल-पुथल और अभूतपूर्व तरक्की की प्रक्रिया चल रही है। कुछ ही सालों में हमने पोस्ट-इंडस्ट्रियल समाज का उदय, सूचना युग का प्रारंभ, कंप्यूटराइज़ेशन की दीवानगी, बायोटेक्नोलॉजी का जन्म और - इतना ही बड़ा परिवर्तन - लोक व्यवहार क्रांति को शुरू होते देखा है।

शीत युद्ध ख़त्म होने के बाद व्यावसायिक जगत बहुत प्रतिस्पर्धी हो गया है। प्रतिस्पर्धा ज़्यादा वैश्विक और पैनी बन चुकी है। आज टेक्नोलॉजी दिन दूनी रात चौगुनी गति से तरक़्क़ी कर रही है। अब कोई भी कंपनी अपने ग्राहकों की इच्छाओं और ज़रूरतों को नज़रअंदाज़ करने की ग़लती नहीं कर सकती। आज कोई मैनेजर सिर्फ़ आदेश जारी करके यह उम्मीद नहीं कर सकता कि कर्मचारी बिना सोचे-विचारे उसका पालन करेंगे। न ही व्यक्तिगत संबंधों को अनदेखा किया जा सकता है। अब कंपनियाँ सतत गुणवत्ता सुधार में ज़रा सी भी ढील नहीं दे सकतीं। आज मानवीय रचनात्मकता के दोहन को क़तई नज़रअंदाज़ नहीं किया जा सकता, जैसा अब तक होता रहा था।

आने वाले सालों में अपने अस्तित्व को कायम रखने के लिए सफल संगठनों - चाहे वे व्यवसाय के क्षेत्र में हों, सरकार में हों या ग़ैर-लाभकारी जगत में - को एक ज़बर्दस्त सांस्कृतिक परिवर्तन से गुज़रना होगा। उनमें काम करने वालों को ज़्यादा तेज़ी से सोचना होगा, ज़्यादा स्मार्ट तरीक़े से काम करना होगा, ज़्यादा बड़े सपने देखने होंगे और एक-दूसरे के साथ बहुत अलग और बेहतर तरीक़ों से जुड़ना होगा।

सबसे अहम बात, इस सांस्कृतिक परिवर्तन के लिए एक बिलकुल ही नए क़िस्म के लीडर की ज़रूरत होगी, जो उस बॉस से अलग होगा, जिसके अधीन हमने काम किया है और जैसे शायद हममें से कुछ बन भी गए हैं। वे दिन लद गए, जब किसी कंपनी को सिर्फ़ चाबुक और कुर्सी के सहारे चलाया जा सकता था।

आने वाले कल के लीडर्स को अपने संगठनों को वास्तविक भविष्य-दृष्टि और जीवनमूल्यों की बुनियाद देनी होगी। इन लीडर्स को अतीत के लीडर्स के मुक़ाबले ज़्यादा असरदार ढंग से संवाद करना होगा और प्रेरित करना होगा। सतत परिवर्तन के हालात में उन्हें अपना दिमाग़ संतुलित रखना होगा। इसके अलावा, इन नए लीडर्स को अपने संगठन में - सेल्समैन से लेकर एक्ज़ीक्यूटिव केबिन तक - मौजूद योग्यता और रचनात्मकता के हर औंस का दोहन भी करना होगा।

इस सारी उथलपुथल की जड़ें द्वितीय विश्व युद्ध के बाद के दशकों में मिलती हैं। युद्ध के बाद अमेरिकी कंपनियाँ लगातार समृद्ध होती जा रही थीं और इस बात से कोई फ़र्क़ नहीं पड़ता था कि उनका प्रबंधन कैसा था। युद्ध से हुई तबाही की वजह से यूरोप और एशिया की अर्थव्यवस्थाएँ कमज़ोर हो गई थीं और दुनिया के विकासशील देश तब आर्थिक दृष्टि से कोई ख़ास महत्वपूर्ण नहीं बने थे। अमेरिकी कंपनियों ने बड़े मज़दूर संगठनों और बड़ी सरकार की मदद से हर किसी के लिए पैमाने तय कर दिए। इन कंपनियों का प्रबंधन बेहतरीन नहीं कहा जा सकता। लेकिन उन्हें इसकी ज़रूरत भी नहीं थी। उनकी गहरी श्रेणीबद्धताओं, उनके निश्चित कार्य विवरणों और उनके हम-सबसे-ज़्यादा--जानते-हैं वाले नज़रिए के सहारे वे सदी के मध्य दशकों को पार कर गईं - समृद्ध, ख़ुश और ज्यादा से ज्यादा मुनाफ़े भरी।

इन कंपनियों ने अपने कर्मचारियों को सुरक्षा के रेशमी सपने दिखाए! किसी अच्छे कॉरपोरेशन में नौकरी करने का मतलब था आजीवन नौकरी - जो सरकारी नौकरी से ज़्यादा अलग नहीं है, अलबत्ता उसमें तनख़्वाह बेहतर होती है और अतिरिक्त लाभ भी ज़्यादा हैं।

छँटनी ? उन लोगों की छँटनी के बारे में किसने सुना था, जो सूट जैकेट या सजीली पोशाक पहनकर नौकरी करने आते थे ? फ़ैक्ट्री में काम करने वाले मज़दूरों की छँटनी तो हो सकती थी, लेकिन मैनेजरों की कैसे हो सकती था ? लोग अक्सर "सफलता की सीढ़ी" के बारे में बात करते थे और यह भी कि वे किस तरह अपने कैरियर में एक-एक पायदान चढ़कर तरक्की करेंगे। उनकी तरक़्क़ी की रफ़्तार तय थी और यह उनके ऊपर-नीचे के लोगों से न ज़्यादा तेज़ी से हो सकती थी, न ही ज़्यादा धीमी गति से। पलटकर देखने पर हम पाते हैं कि वे आसान दौलत के दिन थे, जिन्हें कभी न कभी तो खत्म होना ही था।

अमेरिका जब युद्ध के बाद के युग के फलों का आनंद ले रहा था, तब जापानी लोग दूर तक सोच रहे थे। उनकी अर्थव्यवस्था बर्बाद हो चुकी थी। उनका ज़्यादातर इंफ्रास्ट्रक्चर तबाह हो चुका था। जापानियों को सबसे पहले इसी से उबरना था। इसके अलावा, जापान को अपनी उस छवि से भी उबरना था, जिसके कारण उसे घटिया वस्तुओं के उत्पादन और ख़राब ग्राहक सेवा के लिए दुनिया भर में जाना जाता था।

बहरहाल, जापानी इतने कष्ट उठा चुके थे कि वे अपनी ग़लतियों से सीखने को पूरी तरह तैयार थे। इसलिए उन्होंने सबसे अच्छे सलाहकार खोजे। उनमें से एक थे डॉ. डब्ल्यू. एडवर्ड्स डेमिंग, जो युद्ध के दौरान अमेरिकी सेना के गुणवत्ता नियंत्रण कार्यालय में स्टेस्टिशियन थे।

डेमिंग ने जापानियों को यह नसीहत दी : बड़े अमेरिकी कॉरपोरेशन्स के जटिल तंत्रों की नक़ल मत करो। डेमिंग और अन्य लोगों ने सलाह दी कि जापानी एक नई क़िस्म की कंपनी बनाएँ - ऐसी कंपनी, जो कर्मचारियों से जुड़ाव, गुणवत्ता सुधार और ग्राहक संतुष्टि के प्रति पूरी तरह समर्पित हो- और सभी कर्मचारियों को इन लक्ष्यों के प्रति एकजुट होकर काम करने के लिए प्रेरित करें।

हालाँकि यह सब रातोरात नहीं हुआ, लेकिन धीरे-धीरे जापानी अर्थव्यवस्था का पुनर्जन्म हो गया। जापान तकनीकी नवाचार में अग्रणी बन गया और जापानी वस्तुओं तथा सेवाओं की गुणवत्ता आसमान पर पहुँच गई। अपने नए उत्साह की बदौलत जापानी कंपनियाँ विदेशी कंपनियों की बराबरी तक ही नहीं पहुँचीं; कई महत्वपूर्ण उद्योगों में तो वे आगे भी निकल गईं। जापानियों की नई नीति को लोकप्रिय होने में ज़्यादा समय नहीं लगा। यह जर्मनी, स्कैंडिनेविया, सुदूर पूर्व और पैसिफ़िक रिम के किनारे फैल गई। दुर्भाग्य से, इसे अमेरिका तक पहुँचने में काफ़ी समय लग गया और यह देर बड़ी महँगी साबित हुई।

धीरे-धीरे आसान दौलत की गाड़ी का पेट्रोल ख़त्म होता जा रहा था, लेकिन आश्चर्य की बात यह है कि किसी को इसका एहसास तक नहीं था। 1960 और 1970 के दशकों में युद्ध के बाद की अर्थव्यवस्था का हल्ला इतना तेज़ था कि कभी-कभार के धमाके सुनाई ही नहीं देते थे। लेकिन परेशानियों के संकेत दिखाई देने लगे थे, जिन्हें नज़रअंदाज़ करना दिनोंदिन मुश्किल होता जा रहा था।

तेल महँगा हो गया। मुद्रास्फीति और ब्याज दरें आसमान छूने लगीं। प्रतिस्पर्धा सिर्फ़ प्रगतिशील जापानी या जर्मन कंपनियों से ही नहीं मिल रही थी। अर्थव्यवस्था के परिदृश्य में तिनके के बराबर दर्जनों देश अपनी नई प्रतिस्पर्धी योग्यताओं के दम पर अचानक टेक्नोलॉजी की सरहदों पर पहुँच गए। जल्द ही वे जनरल मोटर्स, जेनिथ, आईबीएम, कोडक और कई अन्य दिग्गज कंपनियों का मार्केट शेयर लूटने लगे।

1980 के दशक के मध्य में इस लगातार बढ़ती हुई समस्या को रोकना मुश्किल लगने लगा। रियल एस्टेट सेक्टर धूल चाट रहा था। कंपनियों का कर्ज़ और राष्ट्रीय घाटा गुब्बारे की तरह फूल रहे थे। शेयर बाज़ार अजीब हरकतें कर रहा था। 1990 के दशक की शुरुआत में मंदी छा गई, जिससे सबको साफ़ पता चल गया कि दुनिया कितनी बदल चुकी है।

बीच में फँसे हुए लोगों के लिए यह परिवर्तन मिसाइल जितनी तेज़ी से आया। अगर कंपनियाँ विलय या अधिग्रहण में नहीं जुटी थीं, तो वे रिस्ट्रक्चरिंग कर रही थीं या दिवालिएपन की अदालत में ठिठुर रही थीं। छँटनी हो रही थी। कर्मचारियों को नौकरी से निकाला जा रहा था। परिवर्तन बेरहम था।

यह बहुत तेज रफ़्तार से हो रहा था। और अब यह सिर्फ़ मज़दूरों या निचले कर्मचारियों तक ही सीमित नहीं था। प्रोफ़ेशनल्स और एक्ज़ीक्यूटिव्ज़ को भी अपना भविष्य अंधकारमय नज़र आने लगा था और उन्हें समझ नहीं आ रहा था कि वे क्या करें।

जैसी कि उम्मीद थी, इतने बड़े और तीव्र परिवर्तन ने इस बात पर काफ़ी असर डाला कि लोग अपने तथा अपने कैरियर के बारे में क्या महसूस करते हैं। इसकी वजह से अर्थव्यवस्था के एक सिरे से दूसरे सिरे तक असंतोष और डर की अभूतपूर्व लहरें पैदा हुईं।

कुछ लोगों ने टेक्नोलॉजी में अपनी आस्था बनाए रखी और यह अनुमान लगाया कि दुनिया इस झमेले से बाहर निकलने का कोई न कोई तकनीकी रास्ता ज़रूर खोज लेगी। और इस बात से कोई इंकार नहीं कर सकता कि बाज़ार की बेहतरी में टेक्नोलॉजी सचमुच बहुत बड़ा योगदान दे सकती है।

निजी व्यावसायिक बैंक सॉन्डर्स कार्प एंड कंपनी के जनरल पार्टनर थॉमस ए. सॉन्डर्स तृतीय कहते हैं, "टेक्नोलॉजी की मदद से मैं अपने न्यूयॉर्क ऑफ़िस में बैठकर उसी डाटा का इस्तेमाल कर सकता हूँ, जिसका इस्तेमाल जापान में कोई दूसरा कर रहा है - ठीक उसी पल। हम चौबीसों घंटे एक ही डाटा सिस्टम से जुड़े हुए हैं। दुनिया में हर जगह लोग ऐसे संचार नेटवर्क से जुड़े हुए हैं, जो किसी की भी कल्पना से ज़्यादा आधुनिक है। पूँजी बाज़ार और मुद्रा बाज़ार सरकारी नियंत्रण से परे हैं। और मुझे उन बाज़ारों के बारे में कुछ जानने या बताने के लिए अख़बार की ज़रूरत नहीं है।"

महान चिकित्सा शोधकर्ता डॉ. जोनस साक ने कहा है, "आप काम में तरक़्क़ी करने के फ़ायदे देख रहे हैं। क्षमता को इतना बढ़ा लें कि कम समय में ज़्यादा से ज़्यादा काम किया जा सके। आज हम ज़्यादा दूर के ज़्यादा लोगों के साथ मिलकर काम कर सकते हैं, इसीलिए सौ साल पहले की तुलना में आज कम समय में ज़्यादा काम करना संभव है। आपके पास जितने ज़्यादा संसाधन होंगे, आप उतनी ही ज़्यादा तरक़्क़ी कर सकते हैं।"

फ़ोर्ब्स पत्रिका के प्रमुख संपादक मैल्कम एस. फ़ोर्ब्स कहते हैं, "आपको याद है, जब पहली बार कंप्यूटर सामने आए थे। वे निरंकुश शक्ति के ऐसे औज़ार थे, जिनसे डर लगता था। वहीं टी.वी. से यह डर लगता था कि इसे

ग़लत प्रचार का साधन न बना लिया जाए। लेकिन आधुनिक टेक्नोलॉजी की बदौलत असर बिलकुल उल्टा हुआ। कंप्यूटर लगातार ज़्यादा छोटे होते चले गए और मेनफ्रेम से पर्सनल कंप्यूटर तक का आविष्कार हो गया। शक्ति अविश्वसनीय गति से बढ़ी है, इसलिए अब आप बँधे हुए नहीं हैं।

"माइक्रोचिप अब इंसानी दिमाग़ की पहुँच को ठीक उसी तरह बढ़ा रही है, जिस तरह पिछली सदी में मशीनों ने इंसानी मांसपेशी की पहुँच बढ़ाई थी। आज सॉफ़्टवेयर स्टील के स्तंभ बन रहे हैं। फ़ाइबर ऑप्टिक्स और डिजिटल स्क्रीन यातायात के रेलवे लाइन और राजमार्ग बन रहे हैं, जहाँ सूचना कच्चा माल है।"

फ़ोर्ब्स आगे कहते हैं, "अब आप अपनी गोद में रखे दो पौंड के छोटे से लैपटॉप से दुनिया में कहीं भी मैसेज भेज सकते हैं, आप कंप्यूटर का सारा काम कर सकते हैं - और आप ये सब कहीं भी कर सकते हैं, जहाँ कहीं भी आपको एक प्लग या उपग्रह का सिग्नल मिल जाए।" परिणाम ? ज़्यादा लोगों तक ज़्यादा जानकारी पहुँच रही है। फ़ोर्ब्स कहते हैं, "लोग आसानी से जान सकते हैं कि बाक़ी दुनिया में क्या हो रहा है। यह बहुत ही प्रजातांत्रिक प्रभाव है।"

बर्लिन की दीवार का ढहना, सोवियत संघ का विघटन, चीन में आंदोलन, लेटिन अमेरिका और कैरिबियन में प्रजातंत्र के लिए संघर्ष, विकासशील जगत में बढ़ता औद्योगीकरण - ये सभी परिवर्तन एक नई औद्योगिक स्वतंत्रता और एक नई पहचान का संकेत देते हैं। ये बताते हैं कि अब पूरी दुनिया एक समुदाय बन चुकी है। इनमें से हर परिवर्तन को संचार तकनीक की व्यापक पहुँच से शक्ति हासिल हुई है।

इस परिवर्तन की उल्लेखनीय तस्वीरें आज दुनिया भर में दिखाई जाती हैं। चीनी विद्यार्थी कैमरे के सामने अँग्रेजी भाषा के बैनर लहराते हैं। सद्दाम हुसैन - और अमेरिकी जॉइंट चीफ़्स ऑफ़ स्टाफ़ - दोनों ने खाड़ी युद्ध की प्रगति का जायज़ा सीएनएन पर लिया।

लेकिन मुश्किल दौर से उबारने के लिए सिर्फ़ टेक्नोलॉजी ही काफ़ी नहीं है। संचार के साधन आज सहज सुलभ हैं, तो इसका यह मतलब बिलकुल नहीं है कि लोगों ने अच्छी तरह संवाद या संप्रेषण करना सीख लिया है।

ज़्यादातर मामलों में ऐसा नहीं हुआ है। यह आधुनिक युग की बड़ी भारी विडंबना है : संवाद करने की महान क्षमता, लेकिन ऐसा कर पाने में भारी असफलता। इतनी सारी जानकारी का क्या फ़ायदा, अगर लोगों को यही नहीं पता कि इसे दूसरों तक पहुँचाया कैसे जाए ?

कुछ समय पहले हार्वर्ड यूनिवर्सिटी में ग्रेजुएट स्कूल ऑफ़ बिज़नेस ने अपने विद्यार्थियों, पुराने विद्यार्थियों और रिक्रूटर्स के बीच एक सर्वे किया। आज संचार की ज़बर्दस्त ज़रूरत को देखते हुए इसके नतीजों से कोई हैरानी नहीं होनी चाहिए। हार्वर्ड बिज़नेस स्कूल के प्रोफ़ेसर जॉन ए. क्वेल्च कहते हैं, "हमें यह पता चल रहा है कि पढ़ने वाले विद्यार्थी तकनीकी क्षमता से काफ़ी हद तक संतुष्ट हैं।"

ये प्रतिभाशाली युवक-युवतियाँ संख्याओं के ग्राफ़ बना सकते हैं, बाज़ारों का विश्लेषण कर सकते हैं और बिज़नेस प्लान्स तैयार कर सकते हैं, लेकिन जहाँ तक लोक व्यवहार संबंधी योग्यताएँ सिखाने का सवाल आता है, तो स्थिति उतनी अच्छी नहीं है। इस क्षेत्र में हार्वर्ड अपनी कोशिशें बढ़ाने में जुटा है। क्वेल्च कहते हैं, "इस क्षेत्र में सुधार की ज़रूरत महसूस होती है : मौखिक और लिखित संवाद, टीमवर्क और ऐसे ही अन्य मानवीय कौशल।"

यही योग्यताएँ इन युवा बिज़नेस लीडर्स की सफलता को तय करने में सबसे ज़्यादा महत्वपूर्ण साबित होंगी!

यक़ीनन, दुनिया के आगे बढ़ने पर भी तकनीकी दक्षता इतनी ही महत्वपूर्ण होगी, लेकिन यह तो बिज़नेस की दुनिया में दाख़िल होने की क़ीमत है। अंत में विजेताओं और पराजितों का अंतर उनके बाइट्स या रैम से तय नहीं होगा। चतुर और रचनात्मक लीडर्स वाले संगठन विजेता होंगे, जो लोगों से असरदार ढंग से संवाद करने और उन्हें प्रेरित करने का तरीक़ा जानते हों - संगठन के भीतर भी और बाहर भी।

"अच्छे लोक व्यवहार कौशल में लोगों के प्रबंधन से नेतृत्व करने तक बढ़ने की योग्यता होती है," अग्रणी टेक्स्टाइल निर्माता मिलिकेन एंड कंपनी में प्रबंधन विकास के डायरेक्टर जॉन रैम्पी कहते हैं। "लोग निर्देशन से मार्गदर्शन करने, प्रतिस्पर्धा से सहयोग करने, गोपनीयता के तंत्र में काम करने से आवश्यकतानुसार जानकारी का आदान-प्रदान करने, निष्क्रियता से जोखिम

लेने की नीति अपनाने, कर्मचारियों को ख़र्च मानने के बजाय उन्हें संपत्ति मानने तक बढ़ना सीख रहे हैं।" वे अब यह सीख रहे हैं कि वे "द्वेष से संतुष्टि तक, उदासीनता से संलग्नता तक, असफलता से सफलता तक कैसे पहुँचें।"

किसी ने भी कभी नहीं कहा कि ये कौशल नैसर्गिक रूप से अपने आप आ जाएँगे और अक्सर वे इस तरह आते भी नहीं हैं। विश्वव्यापी विज्ञापन फ़र्म जे. वाल्टर थॉमसन कंपनी के चेयरमैन बर्ट मैनिंग कहते हैं, "यह जानना आसान नहीं है कि श्रेष्ठ लोक व्यवहार कैसे उपलब्ध कराया जाए। कुछ लोग इसे सहज ढंग से कर लेते हैं। लेकिन ज़्यादातर लोगों को यह सिखाना पड़ता है। उन्हें इसका प्रशिक्षण देना पड़ता है। इसमें उतने ही प्रशिक्षण - और उतनी ही एकाग्रता - की ज़रूरत होती है, जितनी कि कार कंपनी का इंजीनियर बनने और बेहतर पिस्टन डिज़ाइन करने के लिए होती है।

"जो कंपनियाँ अपने उद्देश्य को आगे बढ़ाने वाले लोगों का समूह बना सकती हैं, वे दूसरी कंपनियों से आगे निकल जाएँगी। ये वे कंपनियाँ हैं, जो समझती हैं कि सेवा और मानवीय संबंध सफलता तय करने में महत्वपूर्ण भूमिका निभाएँगे।"

डेल कारनेगी इतना लंबा नहीं जिए कि आसान अमीरी के युग के बाद विस्फोटक परिवर्तन का युग आते देख सकें। वे इस नई लोक व्यवहार क्रांति का आगमन भी नहीं देख पाए। लेकिन जब लोगों ने कंपनी की भविष्य-दृष्टि, कर्मचारी सशक्तीकरण या गुणवत्ता सुधार प्रक्रिया के बारे में सुना तक नहीं था, तब कारनेगी लोक व्यवहार की बुनियादी अवधारणाओं का सूत्रपात कर रहे थे, जो इन महत्वपूर्ण विचारों के केंद्र में निहित हैं।

युवा कारनेगी 1912 में नॉर्थवेस्ट मिसूरी से न्यूयॉर्क सिटी में यह पता लगाने आए थे कि उन्हें ज़िंदगी में क्या करना है। उन्हें अंततः 125वीं सड़क स्थित वायएमसीए में काम मिल गया और वे रात में वयस्कों को भाषण देने की कला सिखाने लगे।

कारनेगी ने कई साल बाद लिखा, "पहले तो मैंने सिर्फ़ सार्वजनिक भाषण कला के ही पाठ्यक्रम आयोजित किए। इनका उद्देश्य यह था कि वयस्क पल भर में सोचकर ज़्यादा स्पष्टता, ज़्यादा असरदार अंदाज़ और ज़्यादा आत्मविश्वास के साथ अपने विचार व्यक्त कर सकें - बिज़नेस इंटरव्यूज़ में

भी और लोगों के समूहों के सामने भी।

"लेकिन कुछ ही सालों में धीरे-धीरे मुझे एहसास हुआ कि इन वयस्कों को असरदार भाषण की कला में निपुण होने की जितनी ज़रूरत थी, उतनी ही ज़्यादा ज़रूरत रोज़मर्रा के व्यावसायिक और सामाजिक संपर्कों में लोक व्यवहार की सूक्ष्म कला में माहिर बनने की थी।"

इसके बाद कारनेगी ने अपने पाठ्यक्रम का विस्तार किया और उसमें लोक व्यवहार की बुनियादी योग्यताओं को शामिल किया। उनके पास कोई पाठ्यपुस्तक नहीं थी, कोई आधिकारिक सिलेबस नहीं था, कोई प्रकाशित कोर्स गाइड भी नहीं थी। लेकिन उन्होंने लोक व्यवहार की व्यावहारिक तकनीकों की लंबी सूची तैयार कर ली और हर दिन उसे जाँच-परखकर बेहतर बनाया।

उन्होंने अपने विद्यार्थियों को सिखाया, "स्थिति को सामने वाले के दृष्टिकोण से देखो। ईमानदार और सच्ची प्रशंसा करो। दूसरों में सच्ची दिलचस्पी लो।" उन्होंने अपने विद्यार्थियों को सिखाया कि वे लोक व्यवहार के इन बुनियादी सिद्धांतों को अपनी ज़िंदगी में कैसे उतार सकते हैं।

शुरुआत में कारनेगी अपने नियम तीन बाई पाँच के कार्ड पर लिख लेते थे। जल्द ही उनकी जगह एक लीफ़लेट ने ले ली। इसके बाद बुकलेट्स की श्रृंखला आई, जो दिनों-दिन बड़ी होती चली गई। आख़िर पंद्रह साल के कठिन प्रयोगों और संशोधनों के बाद कारनेगी ने लोक व्यवहार संबंधी अपने सारे सिद्धांत इकट्ठे करके उन्हें पुस्तक का रूप दे दिया। नतीजा था हाउ टु विन फ्रेंड्स एंड इंफ़्लुएंस पीपुल, जो 1936 में प्रकाशित हुई। यह लोगों के साथ सफल व्यवहार करने की डेल कारनेगी की मार्गदर्शिका थी।

यह पुस्तक बेहद सफल साबित हुई। तीस लाख प्रतियाँ बिकने के बाद *हाउ टु विन फ्रेंड्स* दुनिया के इतिहास में सबसे ज़्यादा बिकने वाली पुस्तकों में से एक बन चुकी है। इसका कई दर्जनों भाषाओं में अनुवाद हो चुका है और यह आज तक बिक रही है।

कारनेगी ने लोक व्यवहार का संदेश फैलाने के लिए डेल कारनेगी एंड एसोसिएट्स, इंक. की स्थापना की। उन्हें पूरी दुनिया में ऐसे लोग मिले, जो यह सीखने को उत्सुक थे। कारनेगी रेडियो और टी.वी. पर नियमित रूप से सिखाते थे। उन्होंने दूसरों को भी अपना पाठ्यक्रम सिखाने का तरीक़ा सिखाया

और मानवीय संबंधों पर दो अन्य पुस्तकें लिखीं : द क्विक एंड ईज़ी वे टु इफ़ेक्टिव स्पीकिंग और हाउ टु स्टॉप वरीइंग एंड स्टार्ट लिविंग। ये दोनों पुस्तकें भी बेस्टसेलर साबित हुईं। 1955 में कारनेगी की मृत्यु के बाद भी उनके विचारों के प्रचार-प्रसार का सिलसिला जारी रहा।

आज डेल कारनेगी कोर्स अमेरिका के साथ-साथ सत्तर देशों के एक हज़ार से ज़्यादा शहरों में चल रहा है। हर सप्ताह तीन हज़ार नए लोग इस कोर्स में दाख़िला लेते हैं। कारनेगी संगठन इस हद तक बढ़ चुका है कि यह 400 से ज़्यादा *फ़ॉरचून 500* कंपनियों के लिए ट्रेनिंग प्रोग्राम्स तैयार करता है।

कारनेगी के संदेश ने हर नई पीढ़ी को यह कमाल की योग्यता सिखाई है कि वह दुनिया की बदलती ज़रूरतों के हिसाब से ख़ुद को ढाल ले। डेल कारनेगी के ज्ञान का केंद्र था - दूसरों के साथ असरदार संवाद, उन्हें सफल होने के लिए प्रेरित करना, हर व्यक्ति के भीतर लीडर की खोज करना। आज दुनिया में भारी उथलपुथल का माहौल है और कारनेगी का समय दोबारा आ चुका है। आगे आने वाले पन्नों में आप देखेंगे कि आज लोगों के सामने जो अनूठी चुनौतियाँ हैं, कारनेगी के लोक व्यवहार सिद्धांत उनसे कारगर तरीक़े से कैसे निबटते हैं।

ये सिद्धांत बुनियादी हैं और समझने में आसान भी। इन्हें समझने और अपनाने के लिए किसी ख़ास शिक्षा या तकनीकी योग्यता की ज़रूरत नहीं है। इनके लिए तो बस अभ्यास और सीखने की सच्ची इच्छा की ज़रूरत है।

क्या आप लंबे समय से स्थापित कुछ दृष्टिकोणों को चुनौती देने के लिए तैयार हैं? क्या आप ज़्यादा आसानी और सफलता के साथ अपने संबंधों को चलाना चाहते हैं? क्या आप अपनी सबसे क़ीमती धरोहर - आपके निजी और व्यावसायिक जीवन के लोगों - का मूल्य बढ़ाना चाहेंगे? क्या आप अपने भीतर छिपे लीडर को खोजना और उसे बाहर निकालना पसंद करेंगे?

अगर ऐसा है, तो आगे पढ़ते रहें। आगे जो जानकारी दी गई है, हो सकता है उसे पढ़कर आपकी ज़िंदगी ही बदल जाए।

1
अपने भीतर छिपे लीडर को खोजना

चार्ल्स श्वाब को स्टील व्यवसाय में एक मिलियन डॉलर की सालाना तनख़्वाह मिलती थी। उन्होंने मुझे एक बार बताया कि इतनी मोटी तनख़्वाह मिलने की सबसे बड़ी वजह लोगों के साथ व्यवहार करने की उनकी योग्यता थी। ज़रा कल्पना करें! एक मिलियन डॉलर सालाना सिर्फ़ इसलिए, क्योंकि वे लोक व्यवहार में निपुण थे! एक दिन दोपहर को श्वाब अपनी एक स्टील मिल में घूम रहे थे। उन्होंने कुछ मज़दूरों को वहाँ सिगरेट पीते देखा, जहाँ बोर्ड लगा था : धूम्रपान वर्जित है।

क्या आपको लगता है कि चार्ल्स श्वाब ने उस साइनबोर्ड की तरफ़ इशारा करके यह कहा होगा, "क्या तुम्हें पढ़ना नहीं आता ?"

बिलकुल नहीं, लोक व्यवहार में माहिर व्यक्ति भला ऐसा कैसे कर सकता है ?

श्वाब ने दोस्ताना अंदाज़ में उन लोगों से बातचीत की। वे इस बारे में एक शब्द भी नहीं बोले कि वे धूम्रपान वर्जित इलाक़े में सिगरेट पी रहे थे।

चलते-चलते श्वाब ने उन लोगों को कुछ सिगार दिए और आँख मारते हुए कहा, "अगर आप इन्हें बाहर पिएँगे, तो मुझे अच्छा लगेगा।"

श्वाब ने बस इतना ही कहा। वैसे मज़दूर अच्छी तरह जानते थे कि श्वाब को उनके नियम तोड़ने के बारे में मालूम था। लेकिन वे मन ही मन श्वाब के कृतज्ञ भी थे, क्योंकि उन्होंने उन्हें नीचा नहीं दिखाया। वे उनके साथ इतनी भलमनसाहत से पेश आए कि बदले में वे मज़दूर भी श्वाब के साथ उतनी ही भलमनसाहत से पेश आना चाहते थे।

-डेल कारनेगी

फ्रेड विल्पॉन न्यूयॉर्क मेट्स बेसबॉल टीम के प्रेसिडेंट हैं। एक दोपहर को विल्पॉन स्कूली बच्चों के एक समूह को शिया स्टेडियम की सैर करा रहे थे। उन्होंने उन बच्चों को होम प्लेट के पीछे खड़े होने का मौक़ा दिया। वे उन्हें टीमों के डगआउट्स में ले गए। वे उन्हें क्लबहाउस तक जाने वाले निजी मार्ग से लेकर गए। अंतिम पड़ाव के तौर पर विल्पॉन विद्यार्थियों को स्टेडियम के बुल पेन में ले जाना चाहते थे, जहाँ पिचर्स वार्म अप करते हैं।

लेकिन बुल पेन के गेट पर यूनिफ़ॉर्म वाले एक सुरक्षा प्रहरी ने समूह को रोक दिया।

वह विल्पॉन को नहीं पहचानता था, इसलिए वह बोला, "बुल पेन में आम जनता को जाने की इजाज़त नहीं है। मुझे अफ़सोस है, लेकिन आप अंदर नहीं जा सकते।"

देखिए, फ्रेड विल्पॉन में बेशक वहीं पर अपनी मनचाही चीज़ पाने की शक्ति थी। वे उस सुरक्षा प्रहरी को जमकर फटकार सकते थे कि वह उन जैसे महत्वपूर्ण व्यक्ति को कैसे नहीं पहचान पाया। वे झटके से अपना टॉप लेवल सिक्युरिटी पास निकाल सकते थे और आँखें फाड़कर देखने वाले बच्चों को दिखा सकते थे कि शिया स्टेडियम में उनकी कितनी चलती है।

मगर विल्पॉन ने ऐसा कुछ भी नहीं किया। वे विद्यार्थियों को स्टेडियम के बाज़ू में ले गए और दूसरे गेट से उन्हें बुल पेन में लेकर गए।

उन्होंने ऐसा करने की जहमत क्यों उठाई? कारण स्पष्ट था : विल्पॉन सुरक्षा प्रहरी को सभी के सामने शर्मिंदा नहीं करना चाहते थे। आख़िर, वह आदमी अपना काम कर रहा था और अच्छी तरह कर रहा था। विल्पॉन ने तो उसी दोपहर को बाद में सुरक्षा प्रहरी को हाथ से लिखी एक चिट्ठी भी भेजी, जिसमें सुरक्षा का काम अच्छी तरह करने के लिए उसे धन्यवाद दिया गया था।

अगर इसके बजाय विल्पॉन चिल्लाने या बवाल मचाने का विकल्प चुनते, तो क्या होता? तब सुरक्षा प्रहरी द्वेष पाल लेता और बेशक इससे उसके काम पर भी बुरा असर पड़ता। विल्पॉन की शिष्ट नीति वाक़ई ज़्यादा समझदारी भरी थी। सुरक्षा प्रहरी को अपनी प्रशंसा बहुत अच्छा लगी। और आप शर्त

लगा सकते हैं कि अगली बार जब भी विल्पॉन उसके सामने आएँगे, वह उन्हें पल भर में ही पहचान लेगा।

फ्रेड विल्पॉन लीडर हैं। पद के कारण नहीं। ऊँची तनख़्वाह के कारण भी नहीं। उन्हें लीडर बनाने वाली ख़ासियत यह है कि उन्होंने लोक व्यवहार में महारत हासिल की है।

अतीत में व्यवसाय जगत में लोग लीडरशिप के सच्चे अर्थ के बारे में ज़्यादा नहीं सोचते थे। बॉस ही उनका भगवान था और वही दुनिया चलाता था। बात ख़त्म।

अच्छी तरह चलने वाली कंपनियाँ - कोई भी "अच्छे नेतृत्व वाली कंपनियों" के बारे में बात नहीं करता था - वे थीं, जहाँ अमूमन सेना के अंदाज़ में काम होता था। ऊपर से आदेश दिए जाते थे और श्रेणियों से गुज़रते हुए नीचे पहुँचते थे।

आपको *ब्लॉन्डी* कॉमिक स्ट्रिप के मि. डिदर्स याद हैं? वे चीख़ते थे, *"बम-स्टेड!"* और युवा डैगवुड घबराए हुए पिल्ले की तरह बॉस के ऑफ़िस की तरफ़ दौड़ लगा देता था। असल ज़िंदगी में भी बहुत सी कंपनियाँ बरसों तक इसी अंदाज़ में चलती रहीं। जो कंपनियाँ सेना के प्लाटूनों की तरह नहीं चलती थीं, वे मुश्किल से आगे बढ़ पाती थीं। वे बस धीमी गति से किसी तरह चलती रहती थीं और किसी बाज़ार में ऐसी छोटी जगह पर सुरक्षित बनी रहती थीं, जिसे बरसों से चुनौती नहीं दी गई थी। ऊपर बैठे अफ़सरों का संदेश हमेशा यही होता था, "अगर स्थिति ख़राब नहीं है, तो फिर बदलने की क्या ज़रूरत है?"

जिन लोगों के पास ज़िम्मेदारी थी, वे अपने ऑफ़िसों में बैठते थे और जिन चीज़ों का प्रबंधन कर सकते थे, करते थे। उनसे उम्मीद भी यही की जाती थी - "प्रबंधन करना।" शायद वे संगठनों को कुछ डिग्री बाएँ या कुछ डिग्री दाएँ ले जाते थे। आम तौर पर वे अपने सामने आने वाली स्पष्ट समस्याओं से निबटने की कोशिश करते थे और इसके बाद दिन का काम ख़त्म मान लेते थे।

तब दुनिया बड़ी आसान जगह थी, इसलिए ऐसा प्रबंधन अच्छा भी था। हालाँकि इसमें कोई भविष्य-दृष्टि नहीं थी, लेकिन यह अच्छा था, क्योंकि इससे

ज़िंदगी जाने-पहचाने ढंग से चलती रहती थी।

लेकिन अब सिर्फ़ प्रबंधन ही काफ़ी नहीं है। इस तरह की अप्रेरित नीति अब काम नहीं करेगी, क्योंकि दुनिया ज़्यादा उथलपुथल भरी, अनिश्चित और तेज़रफ़्तार हो गई है। आज किसी ऐसी चीज़ की ज़रूरत है, जिसमें पुरातनपंथी बिज़नेस मैनेजमेंट से ज़्यादा गहराई हो। जिस चीज़ की ज़रूरत है, वह है लीडरशिप। ताकि वह सब हासिल करने में लोगों की मदद की जा सके, जिसमें वे सक्षम हैं। *ताकि भविष्य के लिए एक सपना बुना जा सके। ताकि लोगों को प्रोत्साहित किया जा सके, मार्गदर्शन व प्रशिक्षण दिया जा सके और सफल संबंध बनाए तथा क़ायम रखे जा सकें।*

हार्वर्ड बिज़नेस स्कूल के प्रोफ़ेसर जॉन क्वेल्च कहते हैं, "जब बिज़नेस ज़्यादा स्थिर माहौल में चलता था, तब प्रबंधन की योग्यताएँ ही पर्याप्त थीं, लेकिन जब व्यवसाय का माहौल डाँवाडोल हो जाता है, जब समुद्र अनजान होता है, जब आपके मिशन में आपकी कल्पना से कहीं ज़्यादा लचीलेपन की ज़रूरत होती है - तब लीडरशिप योग्यताएँ अनिवार्य हो जाती हैं।"

एक अग्रणी सेमीकंडक्टर निर्माता एसजीएस-थॉमसन माइक्रोइलेक्ट्रॉनिक्स के मानवीय संसाधन निदेशक बिल मकाहिलाहिला कहते हैं, "यह परिवर्तन शुरू हो चुका है और मुझे यक़ीन नहीं है कि सभी संगठन इसके लिए तैयार हैं।" 'मैनेजर' का पद शायद ज़्यादा समय तक क़ायम नहीं रहेगा और 'लीडरशिप' की अवधारणा को दोबारा परिभाषित करना होगा। आज कंपनियाँ इसी संघर्ष के दौर से गुज़र रही हैं। छँटनी करते वक़्त और ज़्यादा उत्पादकता की ओर बढ़ते समय उन्हें यह एहसास हो रहा है कि उत्प्रेरक योग्यताएँ बुनियादी होती हैं। अच्छा संवाद, लोक व्यवहार में निपुणता, टीमें बनाने, प्रशिक्षण देने व रोल मॉडल बनने की योग्यता - इन कामों के लिए ज़्यादा और बेहतर लीडर्स की ज़रूरत है।

"आप अब सिर्फ़ आदेश देकर परिणाम हासिल नहीं कर सकते। इसके लिए आपका असरदार होना ज़रूरी है। इसके लिए सच्ची 'लोक व्यवहार योग्यताओं' की ज़रूरत है।"

कई लोग अब भी लीडरशिप का बड़ा ही संकीर्ण मतलब निकालते हैं। आप जैसे ही "लीडर" कहते हैं, *वे सेनापति, राष्ट्रपति, प्रधानमंत्री या बोर्ड*

के चेयरमैन के बारे में सोचने लगते हैं। ज़ाहिर है, उच्च पदों पर बैठे इन लोगों से नेतृत्व की उम्मीद की जाती है और वे इस उम्मीद को सफलता के विभिन्न स्तरों पर पूरा करते हैं। लेकिन सच तो यह है कि लीडरशिप न तो शिखर से शुरू होती है, न ही वहाँ जाकर ख़त्म होती है। यह उन जगहों पर उतनी ही महत्वपूर्ण है, शायद कहीं ज़्यादा महत्वपूर्ण है, जहाँ हममें से ज़्यादातर लोग रहते और काम करते हैं।

छोटी सी कार्यकारी टीम संगठित करना, ऑफ़िस सपोर्ट स्टाफ़ को ऊर्जावान बनाए रखना, घर का माहौल अच्छा रखना – ये सभी लीडरशिप के ही काम हैं। लीडरशिप कभी आसान नहीं होती। लेकिन ईश्वर का शुक्र है कि एक और बात भी सच है : हममें से हर एक में लीडर बनने की क्षमता होती है।

टीम फ़ेसिलिटेटर, मध्यम मैनेजर, अकाउंट एक्ज़ीक्यूटिव, ग्राहक सेवा ऑपरेटर, डाक कक्ष में काम करने वाला कर्मचारी – जो भी व्यक्ति दूसरों के संपर्क में आता है, उसके पास नेतृत्व करना सीखने का अच्छा कारण है।

उनकी लीडरशिप योग्यताओं से ही काफ़ी हद तक यह तय होगा कि वे कितनी सफलता हासिल करते हैं और कितने ख़ुश रहते हैं। सिर्फ़ कंपनियों में ही नहीं, परिवारों, परोपकारी समूहों, खेल टीमों, सामुदायिक संस्थाओं, सामाजिक क्लबों आदि हर संगठन में प्रगतिशील लीडरशिप की ज़बर्दस्त ज़रूरत है।

स्टीवन जॉब्स और स्टीवन वोज़्नियाक कैलिफ़ोर्निया के नीली जीन्स पहनने वाले दो युवक थे। उस वक़्त जॉब्स की उम्र इक्कीस साल और वोज़्नियाक की छब्बीस साल थी। वे अमीर नहीं थे, उनके पास बिज़नेस का कोई प्रशिक्षण नहीं था और वे एक ऐसे उद्योग में अपना काम करने का सपना देख रहे थे, जो उस वक़्त बमुश्किल शुरू ही हुआ था।

यह 1976 की बात थी, जब ज़्यादातर लोगों ने अपने घर के लिए कंप्यूटर ख़रीदने के बारे में कभी सोचा तक नहीं था। उन दिनों पूरा होम-कंप्यूटर बिज़नेस कुछ शौकिया लोगों तक ही सीमित था, जो मौलिक "कंप्यूटर नर्ड्स" थे। जब जॉब्स और वोज्नियाक ने एक वैन और कैलकुलेटर बेचकर तेरह सौ डॉलर जुटाए और जॉब्स के गैरेज में एप्पल कंप्यूटर, इंक. की स्थापना की, तो उनकी

सफलता की संभावना बहुत धूमिल नज़र आ रही थीं।

लेकिन इन युवा उद्यमियों के पास एक सपना था, एक स्पष्ट विचार था कि वे जिस चीज़ में यक़ीन करते हैं, उसे हासिल भी कर सकते हैं। उन्होंने घोषणा की, "कंप्यूटर अब सिर्फ़ विशेषज्ञों की बपौती नहीं हैं। कंप्यूटर तो दिमाग़ की साइकल बनने वाले हैं। सस्ते कंप्यूटर हर एक के लिए हैं।"

पहले ही दिन से एप्पल के संस्थापकों ने अपने सपने का विस्तार करना शुरू कर दिया और हर मोड़ पर इसे दूसरों तक पहुँचाया। उन्होंने ऐसे लोगों को नौकरी पर रखा, जो उनके सपने को समझते थे। इसके बदले में उन लोगों को स्टॉक ऑप्शन्स दिए गए। वे अपने सपने को जीते थे, उसमें साँस लेते थे और उसी के बारे में सोचते और बातें करते थे। जब कंपनी की तरक्की की राह में बाधाएँ आईं - जब रिटेलर्स ने कहा नहीं, धन्यवाद, जब निर्माण करने वालों ने कहा कोई तरीक़ा नहीं, जब बैंकर्स ने कहा, अब और नहीं - तब भी एप्पल के स्वप्नदर्शी पीछे हटने को तैयार नहीं हुए।

अंततः दुनिया का रुख़ पलट गया। एप्पल की स्थापना के छह साल बाद ही यह कंपनी हर साल 6,50,000 कंप्यूटर बेच रही थी। वोज़्नियाक और जॉब्स प्रगतिशील लीडर्स थे, जो अपने समय से बरसों आगे चल रहे थे।

बहरहाल, सिर्फ़ नए संगठन को ही स्वप्नदर्शी लीडरशिप की ज़रूरत नहीं होती। 1980 के दशक की शुरुआत में कॉर्निंग, इंक. एक भयंकर मुश्किल में फँसी हुई थी। कॉर्निंग का नाम किचनवेयर के क्षेत्र में मायने रखता था, लेकिन इसकी प्रतिष्ठा पर ख़तरे के बादल मँडराने लगे थे। कंपनी की मशीनें पुराने ज़माने की थीं। उसका मार्केट शेयर कम हो रहा था। कॉर्निंग के हज़ारों ग्राहक विदेशी कंपनियों की ओर आकर्षित होने लगे थे। और कंपनी के पुरातनपंथी प्रबंधन को ज़रा भी समझ नहीं आ रहा था कि इस स्थिति से निबटने के लिए क्या किया जाए।

तब कंपनी के चेयरमैन जेम्स आर. हाउटन इस नतीजे पर पहुँचे कि कॉर्निंग को एक बिलकुल नए सपने की ज़रूरत है। उन्होंने इसका प्रस्ताव रखा। हाउटन बताते हैं, "हमारे साथ एक बाहरी परामर्शदाता था, जो मेरी नई टीम के साथ हमारे मनोवैज्ञानिक सहायक के रूप में काम कर रहा था। दरअसल वह व्यक्ति एक अद्भुत उत्प्रेरक था और गुणवत्ता पर ध्यान केंद्रित करने के विचार को

अपने हथौड़े से बार-बार ठोंक रहा था।

"हम एक तकलीफ़देह मीटिंग में थे और हर व्यक्ति बुरी तरह हताश था। मैंने खड़े होकर घोषणा की कि हम दस मिलियन डॉलर ख़र्च करेंगे, जो हमारे पास नहीं थे। हम अपना ख़ुद का गुणवत्ता संस्थान बनाएँगे। हम इस पर काम करेंगे।

"मैं चाहता तो अपने इस निर्णय से पीछे हटने के लिए बहुत सी चीज़ों का बहाना बना सकता था। लेकिन मुझे दिल में एहसास था कि यह सही निर्णय है। मुझे इसके परिणामों का ज़रा भी अंदाज़ा नहीं था। न ही मैं यह जानता था कि यह हम सबके लिए कितना महत्वपूर्ण होगा।"

हाउटन जानते थे कि कॉर्निंग को अपने सामान की गुणवत्ता को बेहतर बनाना है और डिलिवरी में लगने वाले समय को कम करना है। चेयरमैन ने एक जोख़िम लिया। उन्होंने दुनिया के सबसे अच्छे विशेषज्ञों - यानी अपने कर्मचारियों - से सलाह ली। सिर्फ़ मैनेजर और कंपनी इंजीनियरों से ही नहीं, बल्कि असेंबली लाइन पर काम करने वाले कर्मचारियों से भी इस मसले पर बात की। उन्होंने मिलकर एक प्रतिनिधि टीम तैयार की। फिर उन्होंने इस टीम से कॉर्निंग की पूरी निर्माण प्रक्रिया को दोबारा डिज़ाइन करने के लिए कहा - बशर्ते यह कंपनी के कायाकल्प के लिए अनिवार्य हो।

छह महीने तक बारीक़ी से विश्लेषण करने के बाद टीम इस नतीजे पर पहुँची कि असेंबली लाइन के दोषों को कम करने और मशीनों को तेज़ी से चलाने के लिए कुछ कारखानों को दोबारा डिज़ाइन करना होगा। कंपनी ने तेज़ी से माल खपाने के लिए इन्वेंट्री के तरीक़े को भी बदल लिया। परिणाम वाक़ई आश्चर्यजनक थे। जब हाउटन ने ये परिवर्तन शुरू किए, तो नए फ़ाइबर-ऑप्टिक्स कोटिंग की प्रक्रिया में दोषों की संख्या अमूमन दस लाख में आठ सौ होती थी। चार साल बाद यह आँकड़ा घटकर शून्य हो गया। दो साल बाद कंपनी का डिलिवरी का समय हफ़्तों से घटकर दिनों तक पहुँच गया और चार साल में कॉर्निंग की रिटर्न ऑन इक्विटी लगभग दोगुनी हो गई। हाउटन के सपने ने कंपनी को वाक़ई पूरी तरह बदलकर रख दिया।

व्यवसाय सिद्धांतवादी वारेन बेनिस और बर्ट नैनस ने छोटे-बड़े सैकड़ों सफल संगठनों का अध्ययन किया है और उनकी नेतृत्व शैली पर ध्यान केंद्रित किया

है। लेखकद्वय की राय है, "लीडर को सबसे पहले संगठन की संभावित और मनचाही भावी अवस्था की मानसिक तस्वीर विकसित करनी होती है। यह तस्वीर, जिसे हम भविष्य-दृष्टि कहते हैं, किसी सपने जितनी अस्पष्ट हो सकती है या फिर किसी लक्ष्य या मिशन स्टेटमेंट जितनी स्पष्ट भी हो सकती है।" बेनिस और नैनस के मुताबिक़ अनिवार्य बिंदु यह है "कि भविष्य-दृष्टि संगठन को ऐसे यथार्थवादी, विश्वसनीय, आकर्षक भविष्य का दृश्य दिखाती है, जो वर्तमान हालात से बेहतर होगा।"

लीडर्स पूछते हैं : यह कार्यकारी टीम किस दिशा में बढ़ रही है? इस डिवीज़न की बुनियाद क्या है? हम किसकी सेवा करने की कोशिश कर रहे हैं? हम अपने काम की गुणवत्ता बेहतर कैसे बना सकते हैं? इन सवालों के विशिष्ट जवाब हर कर्मचारी या लीडर के लिए भिन्न होंगे। सबसे अहम बात है इन सवालों को पूछना।

नेतृत्व करने का कोई तयशुदा सही तरीक़ा नहीं है और योग्य लीडर्स के व्यक्तित्व एक जैसे नहीं होते हैं। उनका व्यक्तित्व अक्सर एक-दूसरे से काफ़ी भिन्न होता है। वे मुँहफट या शांत हो सकते हैं, मज़ेदार या गंभीर, कठोर या नम्र, बहिर्मुखी या शर्मीले। वे हर उम्र, हर जाति, लिंग और हर क़िस्म के समूह के हो सकते हैं।

तो विचार सिर्फ़ यह नहीं है कि आप सबसे सफल लीडर को बस पहचान लें और फिर उसकी नक़ल करने में जुट जाएँ। अगर आप इस रणनीति पर चलते हैं, तो आपका असफल होना तय है। इस बात की ज़रा भी संभावना नहीं है कि आप उस व्यक्ति की कमज़ोर नक़ल करके तरक़्क़ी कर पाएँगे, जैसा होने का आप नाटक कर रहे हैं। आपके लिए तो लीडरशिप की वही तकनीकें सबसे अच्छी तरह काम करेंगी, जिन्हें आप भीतर से पोषण देते हैं।

गीतकार फ़्रेड एब ने टोनी पुरस्कार जीता है और उनके हिट ब्रॉडवे शोज़ में कैबरे, किस ऑफ़ द स्पाइडर वुमैन, शिकागो और जोरबा शामिल हैं। युवा गीतकार अक्सर एब के पास व्यावसायिक मार्गदर्शन लेने आते हैं। एब बताते हैं, "मैं हमेशा उनसे उसी सलाह पर चलने को कहता हूँ, जो इरविंग बर्लिन ने जॉर्ज गर्शविन को दी थी।"

कहा जाता है कि जब बर्लिन और गर्शविन पहली बार मिले, तो बर्लिन

पहले से ही मशहूर थे और गर्शविन एक संघर्षशील युवा गीतकार थे, जो पैंतीस डॉलर प्रति सप्ताह पर टिन पैन एली में काम कर रहे थे। गर्शविन की प्रतिभा से प्रभावित होकर बर्लिन ने उन्हें अपना संगीत सचिव बनाने का प्रस्ताव दिया और इसके लिए उन्हें उतनी तनख़्वाह देने का वादा किया, जो गीत लिखने से होने वाली गर्शविन की कमाई से तीन गुना थी।

बर्लिन ने गर्शविन से कहा, "बहरहाल, मेरी सलाह है कि तुम यह प्रस्ताव स्वीकार मत करना। अगर तुम ऐसा करते हो, तो तुम दूसरे दर्जे के बर्लिन बन सकते हो। लेकिन अगर तुम अपने बुनियादी वजूद पर डटे रहोगे, तो किसी न किसी दिन तुम पहले दर्जे के गर्शविन ज़रूर बन जाओगे।"

ज़ाहिर है, गर्शविन ने अपने बुनियादी वजूद पर ही डटे रहने का फ़ैसला किया। नतीजा यह हुआ कि अमेरिकी पॉप म्यूज़िक नई ऊँचाइयों पर पहुँच गया। एब अपने अनुयायियों से कहते हैं, "कभी दूसरों की नक़ल करने की कोशिश मत करना। कभी अपना असली व्यक्तित्व मत खोना।"

अक्सर इसके लिए यह पता लगाने की ज़रूरत होती है कि आप दरअसल क्या हैं। इसके बाद आपको उस ज्ञान के मुताबिक़ विचारपूर्वक मेहनत करने की ज़रूरत होती है। यह इतनी महत्वपूर्ण बात है कि इस पर शांति से चिंतन किया जाना चाहिए। ख़ुद से ईमानदारी के साथ यह सवाल पूछें : मुझमें ऐसे कौन से गुण हैं, जिन्हें लीडरशिप के गुणों में बदला जा सकता है?

रॉबर्ट एल. क्रैनडैल के लिए महत्वपूर्ण गुण है परिवर्तन को भाँपने की तीक्ष्ण योग्यता। एएमआर कॉरपोरेशन के चेयरमैन क्रैनडैल ने अमेरिकन एयरलाइन्स का नेतृत्व बख़ूबी किया है और इसे हवाई यात्रा व्यवसाय के एक बेहद उथल-पुथल भरे दौर के पार ले जाने में कामयाब हुए हैं।

ऑलंपिक जिमनास्ट मैरी लाउ रेटन को उनके नैसर्गिक उत्साह से बड़ा बल मिला। वेस्ट वर्जीनिया के एक छोटे से क़स्बे से उन्होंने जो छलाँग लगाई, तो हर जगह के लोगों के दिल में उतर गईं।

वरिष्ठ एबीसी न्यूज़मैन ह्यू डाउन्स के मामले में यह लीडरशिप गुण था उनकी ज़मीन से जुड़ी विनम्रता। डाउन्स ने प्रसारण के ज़बर्दस्त प्रतिस्पर्धी व्यवसाय में अपना बेहतरीन कैरियर बनाया है, लेकिन इसके बावजूद वे शिष्टाचारी व्यक्ति की छवि बनाने में कामयाब हुए हैं।

आपके मामले में ये गुण जो भी हों - लगन, कठोर मानसिकता, ऊँची कल्पना, सकारात्मक नज़रिया, जीवनमूल्यों का प्रबल एहसास - उन्हें लीडरशिप में फलने-फूलने दें। बस इतना याद रखें, काम हमेशा शब्दों से ज़्यादा शक्तिशाली होता है।

आर्थर ऐश विश्व-स्तरीय टेनिस खिलाड़ी थे और विश्व-स्तरीय पिता भी - वे बहुत से क्षेत्रों में सच्चे लीडर थे। वे मिसाल पेश करके नेतृत्व करने में यक़ीन करते थे।

ऐश ने अपनी मृत्यु के कुछ समय पहले दिए गए एक इंटरव्यू में कहा था, "मेरी पत्नी और मैं हमारी छह साल की बेटी से इस बारे में बात करते हैं। बच्चों पर आपकी कही चीज़ों का असर होता है, लेकिन इससे ज़्यादा असर उन चीज़ों का होता है, जो वे आपको करते हुए देखते हैं। इस उम्र के बच्चे निश्चित रूप से आपको ईमानदार रखते हैं। अगर आप किसी चीज़ का भाषण पिलाएँ, लेकिन उसके विपरीत काम करें, तो वे फ़ौरन आपको टोक देते हैं।

"मैं उससे कहता हूँ कि टेबल पर कोहनी रखकर खाना शिष्टाचार के ख़िलाफ़ है। फिर डिनर के वक़्त जब मैं अपनी कोहनियाँ ऊपर रखता हूँ, तो वह कहती है, 'डैडी, आपकी कोहनियाँ टेबल पर हैं।' ऐसे में आपमें इतना साहस होना चाहिए कि यह कह सकें, 'तुमने ठीक कहा,' और फिर अपनी कोहनियाँ नीचे कर लें। वास्तव में, सीखने का यह अनुभव सुनने से ज़्यादा प्रबल है। इसका मतलब है कि उसने अतीत में आपकी बात सुनी थी। वह इसे अच्छी तरह समझती है। और इसे देखने पर वह इसे तुरंत पहचान लेती है। लेकिन ऐसा करने के लिए सिर्फ़ शब्दों की नहीं, बल्कि कामों की ज़रूरत होती है।"

लीडर अपने लिए पैमाने तय करता है और फिर उन पर खरा उतरता है। मिसाल के तौर पर, डगलस ए. वार्नर तृतीय ने हमेशा "पूर्ण पारदर्शिता" पर ज़ोर दिया है।

जे. पी. मॉर्गन एंड कंपनी, इंक. के प्रेसिडेंट वार्नर कहते हैं, "जब आप मेरे पास कोई प्रस्ताव लेकर आएँ, तो कल्पना करें कि आपने मुझे अभी-अभी जो बताया है, वह कल वॉल स्ट्रीट जर्नल के पहले पन्ने पर छपने वाला है। जब आप यह मान लेते हैं कि इसमें पूरी पारदर्शिता होगी, तो क्या आपको

वह सौदा करने या उस स्थिति को उस तरीक़े से निबटाने पर गर्व होगा, जिसकी अनुशंसा आपने अभी-अभी की है। अगर इस सवाल का जवाब नहीं है, तो फिर हम यहीं ठहरकर जाँच करते हैं कि समस्या क्या है।" यही लीडरशिप की पहचान है।

इस तरह की अच्छी तरह केंद्रित, आत्मविश्वासी लीडरशिप ही सपनों को हक़ीक़त में बदलती है। यक़ीन न हो, तो मदर टेरेसा से पूछ लें। वे एक युवा कैथोलिक नन थीं, जो कोलकाता के एक उच्च मध्यवर्गीय इलाक़े के हाई स्कूल में पढ़ाती थीं। लेकिन जब वे खिड़की से बाहर देखती थीं, तो उन्हें सड़क पर बैठे कोढ़ी नज़र आते थे। उन्होंने कहा, "मुझे उनकी आँखों में डर नज़र आया। यह डर कि कोई उनसे कभी प्यार नहीं करेगा। यह डर कि उनका इलाज नहीं होगा।"

वे कोढ़ियों के इस डर को अपने दिमाग़ से बाहर नहीं निकाल पाईं। वे जानती थीं कि उन्हें कॉन्वेंट का सुरक्षित काम छोड़ना होगा, सड़कों पर जाना होगा और भारत के कोढ़ियों के लिए शांतिगृह बनवाने होंगे। बाद के वर्षों में मदर टेरेसा और उनकी संस्था मिशनरीज़ ऑफ़ चैरिटी ने 1,49,000 कोढ़ियों की देखभाल की, दवाएँ दीं और निश्छल प्रेम भी दिया।

दिसंबर में एक दिन युनाइटेड नेशन्स को संबोधित करने के बाद मदर टेरेसा न्यूयॉर्क में अधिकतम सुरक्षा वाली एक जेल पहुँचीं। वहाँ उन्होंने एड्स से पीड़ित चार कैदियों से बातचीत की। वे तत्काल समझ गईं कि वे आधुनिक जमाने के कोढ़ी हैं।

क्रिसमस के पहले वाले सोमवार को वे न्यूयॉर्क सिटी पहुँचीं और सीधे सिटी हॉल मेयर एडवर्ड कोच से मिलने गईं। उन्होंने मेयर से कहा कि क्या वे गवर्नर मारियो क्युओमो को फ़ोन करेंगे। जब कोच ने उन्हें फ़ोन थमाया, तो वे बोलीं, "गवर्नर, मैं अभी-अभी सिंग सिंग से आ रही हूँ और वहाँ के चार कैदियों को एड्स है। मैं एक एड्स सेंटर शुरू करना चाहती हूँ। क्या आप उन चारों को रिहा करके मेरे सेंटर में भेज देंगे? मैं अपना एड्स सेंटर उन्हीं से शुरू करना चाहती हूँ।"

क्युओमो ने कहा, "देखिए मदर, हमारे पूरे राज्य की जेलों में एड्स से पीड़ित कुल तैतालीस क़ैदी हैं। मैं उन सभी को रिहा करके आपके सेंटर में

भिजवा दूँगा।"

"ठीक है," मदर टेरेसा ने कहा। "लेकिन मैं अभी उन चार से ही शुरुआत करना चाहूँगी। अब मैं आपको उस इमारत के बारे में बता देती हूँ, जो मेरे दिमाग़ में है। क्या आप इसके लिए भुगतान करना पसंद करेंगे?"

"ठीक है," क्युओमो ने कहा, जो इस महिला की गहन प्रबलता से भौंचक्के रह गए थे।

फिर मदर टेरेसा मेयर कोच की ओर मुड़कर बोलीं, "आज सोमवार है। मैं यह सेंटर बुधवार को खोलना चाहती हूँ। हमें इसके लिए कुछ परमिट्स की ज़रूरत होगी। क्या आप मेहरबानी करके यह काम कर सकते हैं?"

कोच अपने ऑफ़िस में खड़ी इस नाटी सी महिला को देखते रह गए। अपना सिर आगे-पीछे हिलाने के बाद मेयर ने उनसे कहा, "जब तक आप मुझसे फ़र्श साफ़ नहीं करवातीं, तब तक कोई दिक्क़त नहीं है।"

अपनी नेतृत्व शक्तियों को पहचानना सफलता की दिशा में पहला क़दम है।

2
संवाद शुरू करना

थियोडोर रूज़वेल्ट के बच्चे उनके दीवाने थे और इसकी बेहतरीन वजह भी थी। रूज़वेल्ट का एक पुराना दोस्त एक दिन दुखी मन से उनसे मिलने आया। उसका किशोर बेटा घर छोड़कर चला गया था और अपनी मौसी के यहाँ रहने लगा था। रूज़वेल्ट के दोस्त ने दावा किया कि उसका बेटा आवारा था। वह ऐसा था, वैसा था। उसका मानना था कि कोई भी उसके बेटे की हरकतें बर्दाश्त नहीं कर सकता था।

रूज़वेल्ट ने कहा, "बकवास। मुझे यक़ीन नहीं होता कि उस लड़के में कोई बुराई है। लेकिन अगर किसी चंचल लड़के के साथ घर पर अच्छा व्यवहार न किया जाए, तो वह इसकी तलाश में किसी दूसरी जगह ज़रूर चला जाएगा।"

कुछ दिन बाद रूज़वेल्ट लड़के से मिले और बोले, "मैं यह क्या सुन रहा हूँ कि तुमने घर छोड़ दिया है?"

लड़के ने कहा, "देखिए कर्नल। जब भी मैं डैडी के पास जाता हूँ, तो वे हर बार भड़क उठते हैं। उन्होंने मुझे कभी अपनी बात कहने का मौक़ा तक नहीं दिया। उनके मुताबिक़ मैं हमेशा ग़लत काम करता हूँ। दोष हमेशा मेरा ही होता है।"

रूज़वेल्ट ने कहा, "देखो बेटे, तुम्हें शायद इस बात पर यक़ीन नहीं होगा, लेकिन तुम्हारे डैडी तुम्हारे सबसे अच्छे दोस्त हैं। दुनिया में सबसे ज़्यादा प्रेम वे तुम्हीं से करते हैं।"

लड़का बोला, "कर्नल रूज़वेल्ट, हो सकता है आपकी बात सही हो।

लेकिन काश वे इसे किसी दूसरे तरीक़े से जताते!"

फिर रूज़वेल्ट ने उसके पिता को बुलवाया। बातचीत की शुरुआत में ही उन्होंने पिता को कुछ कटु सच्चाइयाँ बता दीं, जिनसे उसे सदमा लगा। इसके बाद पिता ठीक उसी तरह भड़क उठा, जिस तरह लड़के ने बताया था। रूज़वेल्ट ने कहा, "देखा, तुम अभी जिस तरह मुझसे बात कर रहे हो, उसी तरह अगर तुम अपने बेटे से बात करते हो, तो मुझे कोई हैरानी नहीं है कि वह घर छोड़कर चला गया। मुझे तो सिर्फ़ इस बात पर हैरानी होती है कि उसने यह काम पहले क्यों नहीं किया। अब तुम जाओ और उससे मेल-जोल बढ़ाओ। उससे आधे रास्ते पर मिलो।"

-डेल कारनेगी

संवाद में असफल होने से ज़्यादा आसान कुछ नहीं होता। सामने वाले को तुच्छ समझना, विरोध करना, नीचा दिखाना, बात काटना, दूसरों के साथ ऐसा व्यवहार करना, जैसे "मैं बॉस हूँ और तुम सिर्फ़ एक अदने से कर्मचारी हो" - कुछ समय पहले तक दुनिया की कुछ सबसे बड़ी और मशहूर कंपनियों में ऐसा व्यवहार आम था। "डाँटना-फटकारना या चिल्लाना" एक्ज़ीक्यूटिव पदों पर बैठे लोगों का उतना ही नैसर्गिक अधिकार माना जाता था, जितना कि ऑफ़िस विंडो और दो घंटे के लंच को माना जाता है। दुर्भाग्य से यही व्यवहार परिवारों, स्कूलों और अन्य संगठनों ने भी अपना लिया।

ज़ोर से चिल्लाने को बरसों तक दृढ़ता माना जाता रहा। दृढ़ता को श्रेष्ठ ज्ञान की निशानी समझ लिया गया। विवाद पैदा करने को सच्चाई समझा गया। हम सभी - सुपरवाइज़र्स और कर्मचारियों, माता-पिता और बच्चों, शिक्षकों और विद्यार्थियों - को कृतज्ञ होना चाहिए कि वे दिन अब आख़िरकार ख़त्म हो रहे हैं।

क्राइस्लर कॉरपोरेशन के पूर्व वाइस चेयरमैन जेरी ग्रीनवाल्ड कंपनियों में संवाद की इस पुरानी शैली की तुलना बच्चों के एक खेल *टेलीफ़ोन* से करते हैं। "अगर दो किशोर एक-दूसरे के पड़ोस में रहते हैं और उन्हें अपने बीच कोई विवाद सुलझाना हो, तो एक किशोर लॉन के पार जाता है और वे आपस में बातचीत करके इसे सुलझा लेते हैं। लेकिन अगर वे किसी कॉरपोरेशन के दो विभागों में काम करने वाले कर्मचारी हों, तो एक किशोर अपने बड़े

भाई को बताता है, जो अपनी माँ को बताता है, जो उनके पिता को बताती है, जो पड़ोसी के घर जाता है और दूसरे किशोर के पिता को बताता है, जो दूसरे किशोर की माँ को बताता है और आख़िरकार संदेश दूसरे किशोर तक पहुँच जाता है और फिर वह पूछता है, 'पड़ोस वाला मुझे क्या बताने की कोशिश कर रहा है ?'

"हम क्राइस्लर में इसी चक्र को तोड़ने की कोशिश कर रहे हैं," ग्रीनवाल्ड ने स्पष्ट किया, जब वे कंपनी में थे। "अगर आप किसी प्लांट में ऑपरेटर हैं और आपको अपने काम को बेहतर बनाने के लिए प्लांट के दूसरे सिरे पर 300 फ़ुट दूर काम करने वाले किसी कर्मचारी से कुछ बदलवाना है, तो जाकर उसे बता दें। अपने फ़ोरमैन से यह न कहें कि वह आपके सुपरिंटेंडेंट को बताए, जो उसके सुपरिंटेंडेंट को बताए, जिससे आज से छह महीने बाद भी अगला आदमी यह पता लगाने की कोशिश करता रहे कि आप क्या बदलवाना चाहते थे।"

बिज़नेस में भी और बिज़नेस की दुनिया के बाहर भी अब ज़्यादा से ज़्यादा लोग यह समझने लगे हैं कि अच्छा संवाद दरअसल कितना महत्वपूर्ण होता है। अच्छी संप्रेषण योग्यता ही लोगों में चिंगारी सुलगाती है। यही महान विचारों को कर्म में बदलती है। यही हर उपलब्धि को संभव बनाती है।

अच्छी तरह संप्रेषण करना कोई बहुत जटिल काम नहीं है - कम से कम सिद्धांततः तो नहीं है। आख़िर, हममें से हर व्यक्ति हर दिन संवाद करता है। हम सभी बचपन से संवाद करते आ रहे हैं। कम से कम हम सोचते तो यही हैं। लेकिन सच्चा संप्रेषण, असरदार संप्रेषण दरअसल वयस्क संसार में तुलनात्मक रूप से दुर्लभ ही होता है।

अच्छी तरह संवाद करना सीखने का कोई गोपनीय नुस्ख़ा नहीं है, लेकिन कुछ बुनियादी अवधारणाएँ ज़रूर होती हैं, जिनमें माहिर होना आसान है। यहाँ सफल संवाद के शुरुआती क़दम बताए जा रहे हैं। उन पर अमल करेंगे, तो आप सफलता की राह पर चलना शुरू कर देंगे।

1. संवाद को सर्वोच्च प्राथमिकता दें।
2. दूसरों के प्रति खुला नज़रिया रखें।
3. संवाद के लिए अनुकूल माहौल बनाएँ।

चाहे आप दिन भर कामकाज में कितने भी व्यस्त हों, *आपको संवाद के लिए वक़्त निकालना ही होगा।* दुनिया के सारे प्रतिभाशाली विचार बेकार हैं, अगर आप उन्हें दूसरों तक पहुँचा ही न पाएँ। संवाद कई तरीक़ों से किया जा सकता है – मीटिंग्स में, सहकर्मियों के साथ आमने-सामने की मुलाक़ात में, हॉल तक जाने या वाटर कूलर के पास खड़े होकर या कंपनी के लंच रूम में आधा घंटा बिताने से। सबसे अहम बात यह है कि संवाद होते रहना चाहिए।

एएमआर कॉरपोरेशन (जो अमेरिकन एयरलाइंस की पेरेंट कंपनी है) के चेयरमैन रॉबर्ट क्रैनडैल आम तौर पर अपने केबिन में बैठते हैं, लेकिन सोमवार को नहीं। सोमवार को वे अपना ज़्यादातर वक़्त एक बड़े कॉन्फ्रेंस रूम में बिताते हैं, जहाँ वे कंपनी के हर समूह के सदस्यों की बातें सुनते हैं और उनसे अपनी बात कहते हैं। क्रैनडैल ने कुछ समय पहले कहा था, "कल सुबह यहाँ पर सीनियर ऑफ़िसर मौजूद थे। इसके अलावा, यहाँ कंपनी के तीन-चार स्तरों के आठ-दस लोग बैठे थे और हम एक बहुत ही जटिल विश्लेषण कर रहे थे।"

"हम यह पता लगाने की कोशिश कर रहे थे कि हमने जो हब-एंड-स्पोक सिस्टम बनाया था, वह हालात बदलने की वजह से कहीं आर्थिक दृष्टि से नुक़सानदायक तो नहीं हो गया था। जब हमने हब्स और स्पोक्स का यह ख़ास तंत्र बनाया था, तो संसार एक दिशा में जा रहा था और अब यह बिलकुल दूसरी दिशा में जा रहा है। इसका असर इस बात पर पड़ा कि यात्री किस तरह तंत्र के पार जाते हैं। इसका असर क़ीमत पर भी पड़ा। परिणामस्वरूप आज हम नहीं जानते हैं कि हब और स्पोक तंत्र व्यावहारिक है या नहीं। यह तय करना बहुत जटिल है।

"यह तय करने के लिए बहुत सारे आँकड़ों की भी ज़रूरत है। इसलिए हमने कल साढ़े तीन घंटे की मीटिंग की, जिस दौरान कई अलग-अलग दृष्टिकोण सामने आए और गहन भावना से काफ़ी बातचीत हुई। इस मीटिंग के अंत में हमने लोगों को तीन-चार पूरक काम सौंप दिए और वे दो हफ़्ते बाद अतिरिक्त आँकड़े लेकर आएँगे। तब हम बैठकर आगे बातचीत करेंगे। 'हम जो कर रहे हैं, क्या वह ग़लत है? और हम ऐसा क्या अलग कर सकते हैं, जिसके कारगर होने की ज़्यादा संभावना हो?' इसी तरह हम अंततः इस दुविधा से निकलने का रास्ता खोज पाएँगे।"

इसके दो फ़ायदे हैं : क्रैनडैल को जानकार लोगों की राय पता चलती है और वे अमेरिकन एयरलाइंस के भावी सपने को बुनने में मदद करते हैं। यह विश्वसनीय संबंध बनाने की बुनियादी बात है।

यह ज़रूरी नहीं है कि संवाद किसी बड़े कॉन्फ्रेंस रूम में ही हो। कंपनियों में होने वाले ज़्यादातर अच्छे संवाद अनौपचारिक होते हैं। हैरिसन कॉन्फ्रेंस सर्विसेस, इंक. के चेयरमैन वाल्टर ए. ग्रीन एक तकनीक का इस्तेमाल करते हैं, जिसे वे "आमने-सामने की मुलाक़ात" का नाम देते हैं।

ग्रीन कहते हैं, "दुर्भाग्य से, संगठनों में पायदान होते हैं। हमारे यहाँ एक प्रेसिडेंट होता है, वाइस प्रेसिडेंट होते हैं और इसी तरह कई अन्य पायदान होते हैं। आमने-सामने की मुलाक़ात इससे उबरने का ही एक तरीक़ा है। ये अनौपचारिक बातचीतें आम तौर पर लंच के दौरान होती हैं। इनमें मैं संगठन के किसी भी व्यक्ति से मिलता हूँ, जिससे मैं मिलना चाहता हूँ। इससे मुझे यह जानने का मौक़ा मिलता है कि उनके लिए कौन सी चीज़ें महत्वपूर्ण हैं। वे कंपनी के बारे में कैसा महसूस करते हैं ? वे अपनी नौकरियों के बारे में कैसा महसूस करते हैं ? मैं इंसान के रूप में उनके बारे में कुछ जानना चाहता हूँ। मैं उनके लिए ज़्यादा मानवीय बनना पसंद करता हूँ और यह भी चाहता हूँ कि वे कंपनी के बारे में मुझसे सवाल करें। आमने-सामने की मुलाक़ात में यह सब ज़्यादा आसान होता है।" इन बातचीतों के फलस्वरूप ग्रीन के कंपनी संबंधी सपने का विस्तार होता रहता है।

जे. पी. मॉर्गन के प्रेसिडेंट डगलस वार्नर सीधे संवाद की इस आदत को पुराने बैंक में लेकर आए हैं। वार्नर कहते हैं, "हम सचमुच चारों तरफ़ घूमते हैं और अंदरूनी मंज़िल में टहलते रहते हैं। हम खुद से कहते हैं, जाकर कुछ लोगों से मिलो। ऑफ़िस से बाहर निकलो, दूसरी जगहों पर जाओ, इस बात पर ज़ोर मत दो कि हर व्यक्ति ख़ुद यहाँ आए।"

सप्ताह में कई बार वार्नर या उनके प्रमुख सहयोगी मॉर्गन के तीस-चालीस शीर्षस्थ लोगों के साथ कॉफ़ी पीते हैं। वार्नर के शब्दों में, "हम नज़रें मिलाकर सीधा और अनौपचारिक संवाद करते हैं।" मॉर्गन जैसा बैंक भी इन आसान बातचीतों की उपयोगिता समझ चुका है। इसी सिद्धांत को एक्ज़ीक्यूटिव स्यूट के भीतर भी लागू किया जा सकता है। "इसके लिए हम न्यूयॉर्क में रहने वाले कंपनी के लगभग तीन सौ मैनेजिंग डायरेक्टर्स को हर दिन लंच पर एक बड़े

हॉल में आमंत्रित करते हैं। इसके अलावा, विदेशों से न्यूयॉर्क आए मैनेजिंग डायरेक्टर्स को भी आमंत्रित किया जाता है। इस तरह हर दिन एक बढ़िया फ़ोरम बन जाता है।"

कॉर्निंग, इंक में गुणवत्ता के कॉरपोरेट डायरेक्टर डेविड लूथर अपने संगठन में इस प्रक्रिया का वर्णन करते हुए कहते हैं : "मैं निचली खुदाई शब्दावली का इस्तेमाल करता हूँ। मैं संगठन की तलहटी तक जाकर पूछता हूँ कि वास्तव में क्या चल रहा है? कर्मचारी किस बात को लेकर चिंतित हैं? वे क्या कह रहे हैं? वे किन-किन समस्याओं से जूझ रहे हैं? और मैं उनकी मदद करने के लिए क्या कर सकता हूँ?"

असरदार संवाद की ज़रूरत ऑफ़िस के दरवाज़े पर ही ख़त्म नहीं हो जाती। इसकी ज़रूरत घर, स्कूल, चर्च, यहाँ तक कि विज्ञान की प्रयोगशालाओं में भी होती है। हर वह जगह जहाँ लोग मिलते-जुलते हैं, वहाँ संवाद ही कुंजी होती है।

पहले ऐसा होता था कि शोध करने वाले वैज्ञानिक प्रयोगशाला में ही पूरी ज़िंदगी बिता सकते थे और प्रकृति की सच्चाइयों की खोज में एकाग्रता से जुटे रह सकते थे। लेकिन अब वे दिन लद चुके हैं। आज के प्रतिस्पर्धी संसार में वैज्ञानिकों को भी सुनने और बोलने की ज़रूरत होती है।

साक इंस्टीट्यूट फ़ॉर बायोलॉजिकल स्टडीज़ के प्रख्यात शोध प्रोफ़ेसर डॉ. रोनाल्ड एम. इवान्स कहते हैं, "कई वैज्ञानिक अपने काम को असरदार ढंग से व्यक्त नहीं कर पाते हैं। वे जानते हैं कि वे क्या कर रहे हैं। उन्हें काफ़ी कुछ अंदाज़ा होता है कि वे यह काम क्यों कर रहे हैं। लेकिन आम पृष्ठभूमि में इसे व्यक्त करने में उन्हें मुश्किल आती है। उन्हें प्रयोगशाला से बाहर अपने विचारों को संप्रेषित करने में दिक्क़त आती है। कई स्तरों पर यह कमज़ोरी अहम साबित होती है। फ़ंड हासिल करने के लिए आपको लोगों को यक़ीन दिलाना होता है कि आप वाक़ई कोई महत्वपूर्ण काम कर रहे हैं।"

जब ली आयाकोका पहली बार फ़ोर्ड कंपनी में काम करने गए, तो उन्होंने कई ऑटोमोबाइल इंजीनियरों और डिज़ाइनरों में संवाद की यही सीमा देखी : "मैं ज़बर्दस्त विचारों वाले ऐसे बहुत से इंजीनियरों को जानता हूँ, जो दूसरों के सामने अपने विचार स्पष्ट नहीं कर पाते थे। यह काफ़ी शर्म की बात होती

है कि कोई बहुत प्रतिभाशाली व्यक्ति बोर्ड या कमेटी को यह न बता पाए कि उसके दिमाग़ में क्या है।"

दूसरों के सामने अपनी बात स्पष्ट रूप से बोलने और दूसरों की बातें सुनने के बुनियादी मानवीय कौशल में महारत हासिल किए बिना किसी कंपनी, स्कूल या परिवार के सदस्य लंबे समय तक सुखी नहीं रह सकते।

लेवाइन परिवार में स्थिति बिगड़ने लगी थी। बच्चे बड़े हो रहे थे। इसका मतलब था मैच की तारीख़ें, बर्थडे पार्टीज़, लिटिल लीग गेम्स, जिमनास्टिक क्लासेस, ब्राउनी ट्रूप्स, धार्मिक निर्देश – और हैरियट के लिए इतनी सारी कार यात्राएँ कि वह गिनती ही भूल गई थी।

स्टुअर्ट अपनी नौकरी से प्रेम करता था, लेकिन उसके लिए यात्रा करना कष्टकारी अनुभव होता था। यात्राओं की वजह से उसे अपने परिवार से दूर रहना पड़ता था, जो उसे पसंद नहीं था। नतीजा यह होता था कि हैरियट जेसी और एलिज़ाबेथ के साथ घर पर अकेली रह जाती थी, जो वैसे तो होनहार थे, लेकिन दिनोंदिन ज़्यादा स्वतंत्र होते जा रहे थे।

हैरियट बताती हैं, "जेसी और एलिज़ाबेथ ज़्यादातर समय टी.वी. देखते रहते थे और पर्याप्त पढ़ाई नहीं कर रहे थे। हमें संवाद करने का समय मुश्किल से ही मिल पाता था।"

स्थिति बेक़ाबू होने से पहले ही लेवाइन परिवार ने एक रात इकट्ठे बैठकर एक योजना बनाई। उन्होंने मिलकर फ़ैसला किया कि वे हर हफ़्ते एक पारिवारिक सभा करेंगे। हर रविवार डिनर के बाद वे किचन की टेबल के चारों तरफ़ बैठकर शांत तरीक़े से बताएँगे कि उनके दिमाग़ में क्या चल रहा है। हैरियट कहती हैं, "विचार यह था कि चाहे जो हो जाए, हर हफ़्ते पारिवारिक संवाद के लिए नियमित मंच मिले।"

पारिवारिक सभा में छोटे-बड़े सभी मुद्दों पर संवाद होने लगा। क्या बच्चे टी.वी. देखने से पहले आधा घंटे पढ़ रहे हैं? क्या स्टुअर्ट सॉकर गेम की तारीख़ तक वापस लौट पाएगा? हैरियट चिकन की डिश परोसना कब छोड़ेगी?

मीटिंग के अंत में बच्चों को उनका साप्ताहिक जेबख़र्च दिया जाता था। "हर एक से शामिल होने की उम्मीद की जाती है और कोई भी कभी मुश्किल

में नहीं पड़ता - बशर्ते वह सच बोले।"

मैनेजर जो सबसे बड़ी ग़लती करते हैं - यह सोचने के अलावा कि सारी बुद्धि उन्हीं से प्रवाहित होती है - वह यह समझने की असफलता है कि संवाद हमेशा दोतरफ़ा होता है। आपको अपने विचार दूसरों को बताने होते हैं और उनके विचार सुनने होते हैं। यह दूसरे नंबर का पायदान है : दूसरों के प्रति खुला नज़रिया रखें - ऊपर, नीचे और आस-पास।

रोमन नाटककार पब्लिलियस साइरस ने मानव स्वभाव के इस सत्य को दो हज़ार साल पहले ही पहचान लिया था। उन्होंने लिखा है, "हम दूसरों में तब दिलचस्पी लेते हैं, जब वे हममें दिलचस्पी लेते हैं।"

अगर आप अपने सहकर्मियों को दिखा सकें कि आप उनके विचारों को ग्रहण करने के इच्छुक हैं, तो इस बात की संभावना बढ़ जाती है कि वे भी आपके विचारों के प्रति ज़्यादा ग्रहणशील होंगे। वे ईमानदारी से आपको उन चीज़ों की जानकारी देंगे, जिन्हें जानना आपके लिए ज़रूरी है। यह ज़ाहिर करें कि आपको कंपनी के भविष्य की परवाह है और उनकी भी उतनी ही परवाह है। परवाह का प्रदर्शन सिर्फ़ अपने सहकर्मियों तक ही सीमित न रखें। सच्ची परवाह का यही संवाद अपने ग्राहकों के साथ भी करें।

व्यावसायिक बैंकर थॉमस ए. सॉन्डर्स तृतीय सॉन्डर्स कार्प एंड कंपनी में काम करते हुए ऐसी विकासशील कंपनियों को तलाशते हैं, जिनमें वे अपने ग्राहकों का पैसा लगा सकें। वे बिज़नेस की दुनिया में मोती तलाशने में माहिर हैं। सॉन्डर्स पर सबसे ज़्यादा असर इस बात का होता है कि कंपनी अपने ग्राहकों से संवाद करने में बहुत निपुण है।

कुछ वक़्त पहले निवेश अवसर भाँपने के लिए उन्होंने लैफ़ेटे, लूसियाना स्थित एक होलसेल ज्वेलरी कंपनी की यात्रा की। वे दिन भर कंपनी के कारखाने और ऑफ़िस घूमते रहे। लेकिन आला दर्जे की संवाद सफलता को उन्होंने सिर्फ़ पाँच ही मिनट में पहचान लिया, जब वे टेलीमार्केटिंग रूम में गए।

सॉन्डर्स ने कहा, "वे बड़ी कुशलता से अपने ग्राहकों से फ़ोन पर बातचीत कर रहे थे। उनसे ज़रा भी ग़लती नहीं हो रही थी। बस बिंग, बिंग, बिंग, 'आप यह चाहते हैं ? ... हाँ, हमारे पास इसका स्टॉक है ... आप दो वो चाहते हैं, अच्छी बात है ... आप तीन वो चाहते हैं, बढ़िया ... हाँ, वे हमारे पास हैं

... नहीं, आपको यह चीज़ बैक-ऑर्डर करनी होगी ... क्या मैं एक बदलाव का सुझाव दे सकती हूँ ? ... हाँ, अच्छा, अगर आप हमारे कैटेलॉग का पृष्ठ 600 देखें, तो वहाँ पर एक चित्र है ...' बूम। 'आपको बहुत-बहुत धन्यवाद।' बातचीत पंद्रह सेकंड में ख़त्म हो जाती थी। अविश्वसनीय।"

औसत फ़ोन चर्चा में पंद्रह सेकंड लगे और आम ग्राहक इससे रोमांचित हुआ। इस तरह की कंपनी में निवेश कौन नहीं करेगा ?

ग्राहकों और सहकर्मियों से अलग-थलग होना आसान है, ख़ास तौर पर संगठन में ऊपर बैठे लोगों के लिए। लेकिन आप चाहे कितने ही ऊपर पहुँच जाएँ, बोलने और सुनने का संवाद कौशल सभी दिशाओं में होना चाहिए - ऊपर, नीचे और चारों तरफ़।

रोनाल्ड रीगन को संवाद कौशल में माहिर कहा जाता है और सही कहा जाता है। अपने लंबे राजनीतिक कैरियर में उन्होंने लोगों की बात सुनने और उनसे बात करने का अटल सिद्धांत बना लिया था। राष्ट्रपति बनने के बाद भी रीगन अपने इलाक़े से आए पत्र पढ़ते थे। उन्होंने व्हाइट हाउस की सेक्रेटरीज़ से कह रखा था कि वे हर दोपहर उन्हें कुछ चुनिंदा पत्र दें। रात को वे उन्हें अपने साथ ले जाते थे और ख़ुद उनका जवाब लिखते थे।

बिल क्लिंटन ने टेलीविज़न पर प्रसारित होने वाली टाउन मीटिंग का भी ऐसा ही इस्तेमाल किया : इसके माध्यम से वे यह जानकारी रखते थे कि लोग क्या महसूस कर रहे हैं और वे लोगों के सामने ज़ाहिर करते थे कि वे उनकी परवाह करते हैं। भले ही उनके पास जनता की सारी समस्याओं के हल न हों, लेकिन क्लिंटन सुनते थे, जुड़ते थे, अपने विचार व्यक्त करते थे।

इसमें नया कुछ नहीं है। अब्राहम लिंकन ने एक सदी से ज़्यादा समय पहले यही नीति अपनाई थी। उन दिनों कोई भी नागरिक राष्ट्रपति को याचिका दे सकता था। कई बार लिंकन किसी सहायक से उसका जवाब देने को कहते थे, लेकिन अक्सर वे ख़ुद ही उसका जवाब देते थे।

इस बात के लिए उनकी थोड़ी आलोचना भी हुई। जब युद्ध हो रहा हो, यूनियन को बचाना हो, तो इस झंझट में क्यों पड़ना ? क्योंकि लिंकन जानते थे कि जनता की राय समझना राष्ट्रपति बनने का एक अनिवार्य हिस्सा है और वे इसे सीधे सुनना चाहते थे।

फ़ोर्ड मोटर कंपनी में नॉर्थ अमेरिकन ऑटो ऑपरेशन्स मार्केटिंग के एक्ज़ीक्यूटिव डायरेक्टर रिचर्ड एल. फ़ेंस्टरमैकर इस बात पर दृढ़ता से यक़ीन करते हैं। वे लगातार अपने कर्मचारियों से कहते हैं, "मेरा दरवाज़ा हमेशा खुला है। अगर आप हॉल से गुज़र रहे हैं और मुझे यहाँ बैठा देखते हैं, तो भले ही आप सिर्फ़ हेलो कहना चाहें, यहाँ आ जाएँ। अगर आप मुझे कोई विचार बताना चाहते हैं, तो बेहिचक बता दें। ऐसा महसूस न करें कि आपको इसके लिए मैनेजरों की मदद लेनी पड़ेगी।"

इस तरह का आसान संवाद संयोग से नहीं होता। यहाँ पर नियम क्रमांक तीन आता है : संवाद के लिए अनुकूल माहौल बनाएँ।

यह लोगों के साथ संवाद करनी की एक बुनियादी सच्चाई है : जो वे सोचते हैं, वह नहीं कहेंगे - और आप जो कहते हैं, उसे ग्रहण नहीं करेंगे - जब तक कि असल विश्वास और साझी दिलचस्पी की बुनियाद न पड़ जाए। इसका नाटक नहीं किया जा सकता। आप संवाद को लेकर सचमुच कैसा महसूस करते हैं, आपका नज़रिया खुला है या नहीं, यह सबको साफ़-साफ़ पता चल जाता है, चाहे आप कुछ भी कहते रहें। "आप साफ़-साफ़ जान जाते हैं कि किसी व्यक्ति को संवाद करना पसंद है या नहीं," ऑलंपिक जिमनास्ट मैरी लाउ रेटन कहती हैं। "जब आपको भावना समझ आने लगती है, तो आप ग़ैर-शाब्दिक संवाद और बॉडी लैंग्वेज से इंसान को पढ़ सकते हैं। आप जान जाते हैं कि कोने में खड़े होकर वह दरअसल कह रहा है, 'देखो, मैं नहीं चाहता कि कोई मुझसे बातचीत करे।'"

आप इस तरह का संदेश देने से कैसे बच सकते हैं? खुलें, लोगों को पसंद करें और उन्हें बता दें कि आप उन्हें पसंद करते हैं। रेटन की सलाह पर अमल करें : "ज़मीन से जुड़े रहना और विनम्र बने रहना बेहद महत्वपूर्ण हैं। मैं बस लोगों को आरामदेह बनाने की कोशिश करती हूँ। हर व्यक्ति के साथ एक जैसा बर्ताव। मैं सोचती हूँ कि हर व्यक्ति एक ही स्तर पर है, चाहे वह कंपनी का सीईओ हो या सेल्समैन। बस काम का फ़र्क़ होता है।" अनुकूल माहौल बनाने का यही मतलब है : लोगों को आरामदेह महसूस कराना।

यह आज की तुलना में पहले ज़्यादा आसान था। टी.वी. एनाउंसर और पूर्व बेसबॉल महान खिलाड़ी जो गैरागियोला याद करते हैं कि पहले खिलाड़ियों और प्रशंसकों के बीच सीधा संपर्क हुआ करता था। "जब हम मैदान से बाहर

आते थे और मैच के बाद घर लौटते थे, तो हम ट्रेन में उन्हीं प्रशंसकों के साथ सफ़र करते थे, जो कुछ घंटों पहले दर्शकदीर्घा में बैठे थे।

"उन दिनों यह असामान्य बात नहीं थी कि कोई फ़ैन आपसे कहे, 'जो, यह तो बताओ, तुमने उस तीसरे स्ट्राइक पर बल्ला क्यों घुमाया? उसे जाने क्यों नहीं दिया?' अब प्रशंसकों और खिलाड़ियों के बीच ऐसा व्यक्तिगत जुड़ाव देखने को नहीं मिलता। अब तो प्रशंसक बस पढ़ता है कि खिलाड़ी छह-सात मिलियन डॉलर का कॉन्ट्रैक्ट साइन कर रहा है या नहीं।"

बेहतरीन प्रदर्शन वाले इंटीग्रेटेड सर्किट्स के निर्माता एनालॉग डिवाइसेस, इंक. के चेयरमैन रे स्टेटा ने व्यक्तिगत रुचि लेने का महत्व अपने मित्र रेड ऑरबैक से सीखा, जो काफ़ी समय तक बोस्टन सेल्टिक्स के प्रेसिडेंट रहे।

स्टेटा बताते हैं, "लीडरशिप के बारे में बात करते वक़्त वे अक्सर इस वाक्य का इस्तेमाल करते थे, 'मैं अपने लोगों से प्रेम करता हूँ।' वे इसे लीडरशिप की सच्ची शर्त मानते थे। और यही सच है। अगर आपके यहाँ ऐसा माहौल है, जिसमें लोग सचमुच यक़ीन करते हैं कि आप उनमें सच्ची दिलचस्पी लेते हैं और उनकी ख़ुशहाली की सच्ची परवाह करते हैं, तो समझ लीजिए कि आपने उनसे सार्थक संबंध बना लिए हैं।" तभी, और सिर्फ़ तभी, संवाद के लिए सही ज़मीन तैयार होगी।

यह उम्मीद न करें कि यह काम बिना मेहनत के अपने आप हो जाएगा।

कुछ साल पहले कॉर्निंग के डेविड लूथर एक यूनियन लीडर को यक़ीन दिलाने की कोशिश कर रहे थे कि वह उस गुणवत्ता सुधार कार्यक्रम के लिए सहमत हो जाए, जिसे कंपनी शुरू करने की कोशिश कर रही थी। लूथर बेहतरीन अंदाज़ में बोले, लगातार बोले और उन्हें लग रहा था कि वे गुणवत्ता सुधार का महत्व बहुत ही अच्छी तरह बता रहे हैं और सामने वाला यक़ीनन इस पर राज़ी हो जाएगा। लूथर ने यूनियन लीडर से कहा कि यह कार्यक्रम मैनेजमेंट और मज़दूरों दोनों की ज़िंदगी को बेहतर बना देगा। लेकिन मज़दूरों का नेता स्पष्ट रूप से लूथर की कही एक भी बात पर विश्वास करने को तैयार नहीं था।

लूथर कहते हैं, "वह उठकर खड़ा हुआ और बोला, 'अब मुझे बोलने का मौक़ा दें। यह बकवास है। असल में यह एक साज़िश है। यह आप लोगों

की बाक़ी साज़िशों से बेहतर है, लेकिन फिर भी साज़िश ही है। आप तो बस कर्मचारियों का ज़्यादा तेल निकालने की कोशिश कर रहे हैं।"

वैसे उनमें बातचीत का सिलसिला आगे भी चलता रहा। लूथर कहते हैं, "वह थोड़ा-थोड़ा सहमत हुआ, लेकिन मैं उसे पूरा यक़ीन नहीं दिला पाया। इसके बाद मैं इस नतीजे पर पहुँचा कि उसे भरोसा दिलाए बिना मैं उससे अपनी बात नहीं मनवा सकता। मैं सिर्फ़ यही ज़ाहिर कर सकता था कि मैं इसका हक़दार हूँ। इसलिए मैंने कहा, 'मैं तुमसे यही बात अगले साल भी कहूँगा, उसके अगले साल भी और उसके बाद वाले साल भी। मैं बार-बार तुम्हारे सामने यही प्रस्ताव रखूँगा।" और लूथर ने ठीक ऐसा ही किया।

उनका संदेश पहुँचने में कई वर्ष लग गए, लेकिन पहले उन्हें यह साबित करना था कि छोटे-छोटे मुद्दों पर उन पर भरोसा किया जा सकता है। उन्हें यह साबित करना था कि वे उनकी चिंताएँ सुन रहे हैं। अंत में लूथर के धैर्य की जीत हुई और संदेश सचमुच पहुँच गया। अंततः कॉर्निंग की यूनियनें गुणवत्ता सुधार कार्यक्रम में साझेदार बन गईं।

याद रखने वाली आख़िरी बात : *जब लोग आपको यह बताने का जोखिम लें कि वे वास्तव में क्या सोचते हैं, तो उनकी स्पष्टवादिता के लिए उन्हें सज़ा न दें। दोबारा संवाद का जोख़िम लेने से उन्हें हतोत्साहित करने के लिए कुछ भी न करें - कुछ भी नहीं।*

न्यूयॉर्क लाइफ़ इंश्योरेंस कंपनी के चीफ़ फ़ाइनैंशियल ऑफ़िसर फ्रेड जे. सीवर्ट कहते हैं, "अगर कोई कर्मचारी ऐसा सुझाव देता है, जिससे मैं सहमत नहीं हूँ, तो मैं उसे यह बताते समय बहुत सँभलकर व्यवहार करता हूँ। मैं लोगों को प्रोत्साहित करना चाहता हूँ कि वे अगली बार भी मेरे पास आकर नया सुझाव दें। मैंने अपने स्टाफ़ के कुछ लोगों को बता दिया है कि भले ही मैं उनके सौ में से निन्यानवे विचारों से असहमत हो जाऊँ, लेकिन इसके बावजूद वे बार-बार अपने विचार मुझे बताते रहें। उन्हें इसी का भुगतान मिलता है। सौ में से एक बार उनका सुझाव मूल्यवान होगा और बाक़ी निन्यानवे के लिए मैं उन्हें क़तई कमज़ोर या कमतर नहीं समझूँगा।"

सौ में से एक। यह ज़्यादा असरदार तो नहीं लगता है, लेकिन इससे भी कम प्रतिशत से ज़बर्दस्त दौलत कमाई गई है। इसीलिए विचार सुनना

और बताना इतना महत्वपूर्ण है।

हक़ीक़त तो यह है कि संवाद एक कौशल भी है और कला भी। यह एक ऐसी प्रक्रिया है, जिसके बारे में लोगों को जितना सोचना चाहिए और अभ्यास करना चाहिए, उतना ज़्यादातर लोग नहीं करते। इसमें कई बार अपने विचारों को सामने रखकर खुद को निशाना बनाने की असुरक्षा भी शामिल होती है। आप अपने विचार दूसरों को बता रहे हैं और उनसे उनके विचार पूछ रहे हैं। यह हमेशा आसान नहीं होता। इसमें वक़्त और मेहनत लगती है। लगातार नई-नई तकनीकें सीखनी पड़ती हैं और उनका अभ्यास भी करना पड़ता है। लेकिन तसल्ली रखें। अभ्यास से सचमुच आदर्श पूर्णता आती है और पूर्णता आए या न आए, महारत तो हासिल हो ही जाती है।

कुओ ची-जू ताइपेई, ताइवान में चीफ़ प्रॉसीक्यूटर हैं। वे ज़बर्दस्त वक्ता हैं। लेकिन पहले वे भाषण के मामले में बड़े कच्चे थे। प्रगतिशील युवा प्रॉसीक्यूटर होने के नाते ची-जू को स्थानीय संगठनों में भाषण देने के लिए अक्सर आमंत्रित किया जाता था। उन्होंने रोटरी को इंकार कर दिया। उन्होंने लॉयन्स को इंकार कर दिया। उन्होंने जूनियर एचीवमेंट को इंकार कर दिया। वे लोगों के सामने भाषण देने के विचार से इतना घबराते थे - जैसा कई लोगों का हाल होता है - कि उन्होंने हर आमंत्रण ठुकरा दिया।

वे बताते हैं, "किसी मीटिंग में हिस्सा लेते वक़्त मैं हमेशा सबसे दूर वाले कोने की सीट चुनता था। और मैंने कभी एक शब्द भी नहीं बोला।"

वे जानते थे कि यह डर उनके कैरियर की तरक़्क़ी को धीमा कर रहा है - यह कहने की ज़रूरत नहीं है कि इस चिंता ने उनकी रातों की नींद भी उड़ा दी थी। वे जानते थे कि उन्हें संवाद न कर पाने की अपनी इस समस्या से उबरना होगा।

फिर एक दिन ची-जू को अपने पुराने हाई स्कूल में भाषण देने का आमंत्रण मिला। उन्होंने फ़ौरन ताड़ लिया कि यह अवसर बस उन्हीं के लिए है। आख़िर उन्होंने स्कूल और उसके वर्तमान तथा पुराने विद्यार्थियों के साथ एक मज़बूत रिश्ता बनाने के लिए बरसों तक मेहनत की थी। अगर वे किसी श्रोतासमूह पर भरोसा कर सकते थे, तो वो यही था। जो वे कहेंगे, श्रोता उसे स्वीकार करेंगे।

उन्होंने भाषण की तैयारी की और जितनी अच्छी तरह ख़ुद को तैयार कर सकते थे, किया। उन्होंने एक ऐसा विषय चुना, जिसके बारे में वे बहुत ज़्यादा जानते थे और जिसकी वे दिल से परवाह करते थे : प्रॉसीक्यूटर के रूप में उनका काम। उन्होंने अपने भाषण का ताना-बाना असल ज़िंदगी के उदाहरणों के इर्द-गिर्द बुना। उन्होंने भाषण याद नहीं किया। उन्होंने उसे काग़ज़ पर नहीं लिखा। वे तो बस स्कूल के ऑडिटोरियम के मंच पर पहुँचे और इस तरह बोले, जैसे वे दोस्तों से भरे कमरे में खड़े होकर बोल रहे हों। और वाक़ई ऐसा ही था।

वह भाषण ज़बर्दस्त सफल हुआ। मंच से उन्हें दिख रहा था कि श्रोताओं की नज़रें उन पर टिकी हुई हैं। उन्हें सुनाई दे रहा था कि लोग उनके चुटकुलों पर हँस रहे हैं। उन्हें श्रोताओं की गर्मजोशी और समर्थन महसूस हो रहा था। जब उनका भाषण ख़त्म हुआ, तो विद्यार्थियों ने खड़े होकर ज़ोरदार तालियाँ बजाकर उनका अभिवादन किया।

ची-जू ने उस दिन संवाद के बारे में कुछ मूल्यवान सबक़ सीखे : संवाद के लिए खुलेपन और विश्वसनीय माहौल की ज़रूरत होती है; सफल संवाद बहुत फ़ायदेमंद साबित हो सकता है। ची-जू वहीं नहीं ठहरे। आज वे ताइपेई के लोकप्रिय वक्ता बन चुके हैं और तेज़ी से तरक्की करते हुए चीफ़ प्रॉसीक्यूटर के पद पर पहुँच चुके हैं।

अंततः वे संवाद करना सीख ही गए।

संवाद विश्वसनीय संबंधों की बुनियाद पर ही बनता है।

3
लोगों को प्रेरित करना

लोग अपने नाम को बहुत ज़्यादा महत्व देते हैं, यह बात एंड्रयू कारनेगी को बचपन में ही पता चल गई थी। बचपन में दस साल की उम्र के एंड्रयू के पास ख़रगोशों का एक जोड़ा था। एक दिन सुबह-सुबह जब वे जागे, तो उन्होंने देखा कि दड़बे में बहुत सारे छोटे-छोटे ख़रगोश हैं। दिक्क़त यह थी कि कारनेगी के पास उन्हें खिलाने के लिए कुछ नहीं था।

आपको क्या लगता है, उन्होंने क्या किया होगा? देखिए, उनके मन में एक बेहतरीन विचार आया। उन्होंने पड़ोस के छह-सात बच्चों से कहा कि अगर वे हर दिन ख़रगोशों को खिलाने के लिए घास-पत्ती लाएँगे, तो वे उनके सम्मान में ख़रगोशों का नामकरण उनके नाम पर कर देंगे। यह योजना जादू की तरह कामयाब हुई। यही इस कहानी का सार है।

एंड्रयू कारनेगी यह घटना कभी नहीं भूले। बरसों बाद उन्होंने बिज़नेस में इस तकनीक का इस्तेमाल करके लाखों डॉलर बनाए। वे पेनसिल्वेनिया रेलरोड को स्टील की पटरियाँ बेचना चाहते थे। उस वक़्त जे. एडगर थॉमसन उस कंपनी के प्रेसिडेंट थे। एंड्रयू कारनेगी ने ख़रगोशों वाला सबक़ याद रखते हुए पिट्सबर्ग में एक विशाल स्टील मिल शुरू की और उसका नाम जे. एडगर थॉमसन स्टील वर्क्स रखा।

अब मैं आपसे एक सवाल पूछता हूँ। जब उसके बाद पेनसिल्वेनिया रेलरोड को स्टील की पटरियों की ज़रूरत पड़ी, तो आपको क्या लगता है जे. एडगर थॉमसन ने पटरियाँ कहाँ से ख़रीदी होंगी?

-डेल कारनेगी

रीबॉक इंटरनेशनल के चेयरमैन पॉल फ़ायरमैन को अपने कर्मचारियों को ज़बर्दस्त रूप से प्रेरित करने की ज़रूरत थी, क्योंकि उन्होंने एक बहुत ही साहसिक दावा और वादा कर लिया था। उन्होंने क़सम खाई थी कि दो साल में रीबॉक अपना मार्केट शेयर नाइकी से ज़्यादा कर लेगा।

फ़ायरमैन ने अपने कर्मचारियों को रिश्वत नहीं दी, डराया नहीं, धमकाया नहीं, दबाव भी नहीं डाला। उन्होंने तो उनका नेतृत्व करके उन्हें प्रेरित किया। उन्होंने अपने कर्मचारियों को दिखा दिया कि वे जोखिम लेने के इच्छुक हैं। उन्होंने कर्मचारियों को भी ऐसा ही करने के लिए प्रेरित किया। उन्होंने एक बिलकुल नई और अनोखी उत्पाद विकास योजना बनाई और उसमें उदारता से पैसा लगाया। उन्होंने क़सम खाई कि खेल जगत के शीर्ष खिलाड़ियों को रीबॉक का प्रवक्ता बनाने की वे हर संभव कोशिश करेंगे और कोई कसर नहीं छोड़ेंगे। फ़ायरमैन चौबीसों घंटे रीबॉक कंपनी के सपने के बारे में बात करते थे और उस सपने को जीते थे।

उनका कहना था, "आपको कर्मचारियों को ख़ुद से जोड़ना पड़ता है। मुझे नहीं लगता कि आप कर्मचारियों को हुक्म देकर उनसे अपना मनचाहा काम करवा सकते हैं। मुझे नहीं लगता कि आप कर्मचारियों से यह कह सकते हैं, 'जाओ और यह काम कर दो।' आपको तो बस इस बात की ज़रूरत होती है कि आप अपने चिंतन, सपने, भविष्य-दृष्टि, फंतासी में लोगों को शामिल करने का वक़्त निकालें। उन्हें अपने साथ जोड़ें। हाँ, यह सच है कि इसमें वक़्त लगता है, मेहनत लगती है, सतत सशक्तीकरण की ज़रूरत होती है। लेकिन ध्यान रहे, आप कर्मचारियों को हुक़्म नहीं देते हैं; आप जोड़ते हैं।

"अगर आप एक व्यक्ति को अपने साथ जोड़ लेते हैं, तो आप कायाकल्प या क्रांति शुरू कर देते हैं। आप एक व्यक्ति को बदलते हैं और वह दस अन्य लोगों को जोड़ने में समर्थ हो जाता है। फिर वे मिलकर सौ लोगों को जोड़ लेते हैं। पहले दिन तो लोगों ने मेरे लक्ष्य को असंभव माना। लेकिन दूसरे, तीसरे, पाँचवें, दसवें, बीसवें और तीसवें दिन के बाद उन्होंने देखा कि यह सिर्फ़ कथन ही नहीं है। यह तो ज़िंदगी जीने का एक तरीक़ा है।

"यह पुरानी काऊबॉय फ़िल्मों जैसा है, जहाँ हीरो विलेन के ख़िलाफ़ आख़िरी जंग लड़ने और हीरोइन को बचाने जा रहा है," फ़ायरमैन स्पष्ट करते हैं। "जब हीरो अपने सफ़ेद घोड़े पर सवार हुआ, तो उसके साथ सिर्फ़ एक

ही व्यक्ति था, जो दाहिनी तरफ़ से जुड़ गया था। फिर बाईं तरफ़ से दस लोग आ जाते हैं। और वे लगातार चलते रहते हैं, जब तक कि अंततः तीस सेकंड के भीतर सात सौ लोग घोड़ों पर सवार होकर उसकी मदद करने नहीं आ जाते हैं। फिर धूल उड़ती है और वे आख़िरी लड़ाई लड़ने चल पड़ते हैं।

"आप हर एक को बुलाकर यह पूछने के लिए नहीं ठहर सकते, 'क्या तुम मेरे साथ रिवर क्रीक चलोगे?' आप उनमें साथ चलने की इच्छा जगाते हैं। आप घोड़े पर चल पड़ते हैं। और आप हर एक को अपने साथ खींच लेते हैं। संगीत का सुर तेज़ होता है। और आप पाते हैं कि जब आप वहाँ पहुँचते हैं, तो आपको सात सौ या नौ सौ या जितने भी लोगों की ज़रूरत होती है, वे सब आपके साथ आ जाते हैं। मुद्दे की बात तो यह है कि आप घोड़े पर सवार होकर चल पड़ते हैं। और उनके मन में भी आपके साथ चलने की इच्छा होती है।" आपको तो बस उनके मन में साथ चलने की इच्छा जगानी होती है।

ऐसी भावनाएँ जगाना ही लीडर का काम है। "हम इस काम में एक साथ हैं।" "हम एक टीम के सदस्य हैं।" "हम जो करते हैं, वह मूल्यवान है।" "हम सर्वश्रेष्ठ हैं।" यही वह माटी है, जिसमें सच्ची प्रेरणा उगती है।

बेशक हर कर्मचारी तनख़्वाह चाहता है, साल के अंत में बोनस चाहता है, स्टॉक प्लान चाहता है और बेहतरीन लाभों वाला पैकेज भी चाहता है। लेकिन सच्ची प्रेरणा कभी वित्तीय प्रोत्साहनों या फिर नौकरी से निकाले जाने के डर से ही पैदा नहीं होती। जो लोग अपने काम को पसंद नहीं करते या उसे अच्छी तरह करने के लिए प्रेरित महसूस नहीं करते और सिर्फ़ तनख़्वाह के लिए काम करते हैं – वे सिर्फ़ उतनी ही मेहनत करेंगे, जिससे उनकी तनख़्वाह पक जाए। डर भी इतना ही कमज़ोर उत्प्रेरक होता है। जो कंपनियाँ अपने कर्मचारियों को डराने की नीति पर चलती हैं, उनमें अंततः द्वेषपूर्ण कर्मचारियों की फ़ौज़ इकट्ठी हो जाएगी, जो बॉस से फ़ायदा उठाने के लिए बेताब होगी।

डेल कारनेगी ने कहा था, "इस दुनिया में किसी भी व्यक्ति से कोई काम करवाने का सिर्फ़ एक ही तरीक़ा है। वह है सामने वाले में वह काम करने की इच्छा जगा देना। याद रखें, दूसरा कोई तरीक़ा नहीं है।

"ज़ाहिर है," कारनेगी ने आगे कहा था, "आप किसी की कनपटी पर रिवॉल्वर रखकर उसके मन में अपनी घड़ी देने की इच्छा जगा सकते हैं। आप अपने कर्मचारियों को नौकरी से निकालने की धमकी देकर उनसे सहयोग ले सकते हैं - लेकिन सिर्फ़ तभी तक, जब तक आप उनके सामने हों। आप किसी बच्चे को पीटकर या धमकाकर उससे अपना मनचाहा काम करवा सकते हैं। लेकिन आगे चलकर इन घटिया तरीक़ों के बहुत अनचाहे परिणाम मिलते हैं।"

तो लोग दरअसल क्या चाहते हैं? कारनेगी ने कहा, "ज़्यादा चीज़ें नहीं। सेहत और जीवन की सुरक्षा। भोजन। नींद। पैसा और पैसे से ख़रीदी जा सकने वाली चीजें। इस जीवन के बाद का जीवन। यौन संतुष्टि। अपने बच्चों का कल्याण। महत्व का एहसास।

"आम तौर पर हमारी ये सारी इच्छाएँ पूरी हो जाती हैं, सिवाय एक के। यह एक ऐसी हसरत है, जो भोजन या नींद की इच्छा जितनी ही गहरी और प्रबल है। यह वही है, जिसे महान मनोविश्लेषक सिगमंड फ्रायड महानता की इच्छा कहते हैं। यह वही है, जिसे ड्यूई महत्वपूर्ण बनने की इच्छा कहते हैं।"

किसी को उद्देश्य का सच्चा एहसास कराएँ। यह भावना व्यक्त करें कि वह एक मूल्यवान और महत्वपूर्ण लक्ष्य के लिए काम कर रहा है। इंसान को इसी बात से सच्ची प्रेरणा मिलती है - सिर्फ़ कामचलाऊ काम करने की नहीं, बल्कि उत्कृष्ट बनने की प्रेरणा।

तो लोगों को पहचानें। उन्हें अपनी कोशिशों में शामिल करें। उन्हें प्रोत्साहित करें। उन्हें प्रशिक्षित करें। उनकी राय माँगें। उनकी प्रशंसा करें। उन्हें निर्णय लेने दें। उन्हें श्रेय दें। उनकी सलाह माँगें और संभव हो, तो उस सलाह को मान लें। उन्हें बता दें कि वे बहुत महत्वपूर्ण हैं। उन्हें जोखिम लेने के लिए प्रोत्साहित करें। उन्हें अपने हिसाब से काम करने की आज़ादी दें। और फिर उनके रास्ते से हटकर उनकी योग्यता में विश्वास प्रकट करें।

दूसरे शब्दों में, लोगों को दिखा दें कि आप उन पर विश्वास करते हैं, उनका सम्मान करते हैं और उनकी बहुत परवाह करते हैं। अगर आप यह कर देते हैं, तो आपके आस-पास के लोग हमेशा प्रेरित महसूस करेंगे।

जैसा कि बिल गेपर्ट कहते हैं, "आप अपने कर्मचारियों की परवाह करेंगे, तो कंपनी अपनी परवाह ख़ुद कर लेगी।" गेपर्ट न्यू ऑर्लिएंस में कॉक्स

केबल, इंक. के जनरल मैनेजर हैं। उनके अधीन कुल तीन सौ कर्मचारी काम करते हैं। उनमें से एक है ब्रायन क्लेमॉन्स नामक टेक्निकल कंस्ट्रक्शन स्पेशलिस्ट, जो उपनगरीय जेफ़रसन पैरिश में कॉक्स के लिए काम करता था।

एक दिन क्लेमॉन्स छुट्टी मना रहा था। सुबह-सुबह वह एक होम डिपो स्टोर में लकड़ी ख़रीदने गया। जब लकड़ी चीरी जा रही थी, तब उसने एक आदमी को कॉक्स कंपनी की बुराई करते सुना। होम डिपो के आठ-नौ ग्राहक उस बुराई करने वाले आदमी के आस-पास इकट्ठे होकर केबल-टेलीविज़न संबंधी उसका दुखड़ा सुन रहे थे।

गेपर्ट ने उस घटना को याद करते हुए कहा, "देखिए, ब्रायन के पास कई विकल्प थे। वह छुट्टी मना रहा था। वह वहाँ काम से आया था और उसकी पत्नी ने उससे जल्दी घर लौटने को कहा था। इसलिए वह अपने काम से काम रख सकता था और उस शिकायत को अनसुना कर सकता था। लेकिन ब्रायन ने कौन सा विकल्प चुना ? ब्रायन क्लेमॉन्स सीधे उस आदमी के पास जाकर बोला, 'सर, मैंने वह बात सुन ली, जो आप इन लोगों से कह रहे थे। मैं कॉक्स कंपनी में ही काम करता हूँ। क्या आप मुझे स्थिति सुधारने का एक मौक़ा देंगे ? मैं आपको गारंटी देता हूँ कि हम आपकी यह समस्या सुलझा देंगे।'

"कल्पना करें कि उस वक़्त उन आठ श्रोताओं के चेहरे पर क्या भाव आए होंगे। वे हैरान थे। ब्रायन अपनी यूनिफ़ॉर्म में नहीं था। उसने ऑफ़िस फ़ोन करके उस ग्राहक के घर रिपेयरिंग टीम भेजने को कहा। जैसे ही ग्राहक घर पहुँचा, रिपेयरिंग टीम ने उसकी समस्या हल कर दी, जिससे ग्राहक पूरी तरह संतुष्ट हो गया। दरअसल, हमें बाद में पता चला कि ब्रायन तो एक क़दम आगे तक गया था। जब वह काम पर लौटा, तो उसने इस प्रकरण की खोज-ख़बर ली और इस बात की पक्क़ी तसल्ली कर ली कि ग्राहक परिणाम से संतुष्ट है। फिर उसने ग्राहक को भुगतान के लिए दो हफ़्ते की मोहलत दी और असुविधा के लिए क्षमा माँगी।"

दुर्लभ घटना ? ज़्यादातर कंपनियों में इस तरह की सेवा नहीं होती है। कर्मचारी इतनी ज़्यादा ज़िम्मेदारी लें ? ऐसे मुद्दों में शामिल हों, जो तकनीकी दृष्टि से उनकी ज़िम्मेदारी नहीं हैं ? अपने वैकेशन का वक़्त "बर्बाद" करें ? कभी नहीं। लेकिन गेपर्ट कॉक्स कंपनी में यह नज़रिया विकसित करने के लिए मेहनत कर रहे थे। उन्होंने अपने कर्मचारियों को यक़ीन दिला दिया था कि

कॉक्स उनकी अपनी कंपनी है और इसकी सफलता में ही उनकी सफलता है। गेपर्ट कहते हैं, "शायद आप इसे कॉमन सेंस की कौंध मानें, लेकिन हम इसी तरह की चीज़ में लोगों को शामिल करना चाहते हैं।"

तो आप अपने कर्मचारियों को अपनी कंपनी में इस तरह की दिलचस्पी लेने के लिए कैसे मजबूर कर सकते हैं? जवाब है, आप ऐसा किसी तरह नहीं कर सकते। लोगों को कोई असाधारण काम करने के लिए कभी मजबूर नहीं किया जा सकता। वे असाधारण स्तर पर सिर्फ़ तभी काम करेंगे, जब उनमें ऐसा करने की इच्छा जागेगी। आपकी चुनौती यह है कि आप उन्हें ऐसे कारण दें, जिससे उनकी यह इच्छा जाग जाए।

हैरी ए. ओवरस्ट्रीट ने अपनी अमर पुस्तक *इंफ़्लुएंसिंग ह्यूमन बिहेवियर* में लिखा है, "कर्म उस चीज़ से पैदा होता है, जिसे हम बुनियादी तौर पर चाहते हैं। चाहे बिज़नेस में हो, घर में हो, स्कूल में हो या राजनीति में, दूसरों से अपना मनचाहा काम करवाने वाले लोगों को सबसे अच्छी सलाह यही दी जा सकती है : 'पहले सामने वाले में एक जोशीली इच्छा जगाओ। जो ऐसा कर सकता है, पूरी दुनिया उसके साथ हो जाती है। जो ऐसा नहीं कर सकता, उसे हमेशा अकेलेपन की राह पर चलना पड़ता है।'" ओवरस्ट्रीट का सिद्धांत आज भी सही है।

वेस्ट कोस्ट स्थित सुरक्षा यंत्र बनाने वाली कंपनी पेल्को कॉरपोरेशन के प्रेसिडेंट डेविड मैक्डॉनल्ड ने ठीक ऐसा ही किया। उन्होंने अपने कर्मचारियों में ऐसी इच्छा जगाने और उनमें चाहत का नज़रिया भरने का बेहतरीन काम किया। वे अपने कर्मचारियों से गरिमापूर्ण व्यवहार करते हैं। वे कंपनी के ऐसे जीवनमूल्य व्यक्त करते हैं, जिनमें कर्मचारी यक़ीन कर सकें। वे अपने कर्मचारियों को उनके मनचाहे तरीक़े से काम करने की स्वतंत्रता देते हैं। परिणाम आसाधारण हैं।

मैक्डॉनल्ड कहते हैं, "हमारे यहाँ सेल्स डिपार्टमेंट में बिल रीस नाम का कर्मचारी काम करता है। बिल को शुक्रवार की सुबह सिएटल से एक ग्राहक ने फ़ोन किया। वह ग्राहक पगलाए जा रहा था। उसे ग़लतफ़हमी थी कि उसने एक बेहद महत्वपूर्ण इंस्टॉलेशन के लिए हमें महीनों पहले सुरक्षा यंत्रों का ख़ास ऑर्डर दिया था। मुझे पक्क़ा तो याद नहीं है, लेकिन शायद किसी बोटिंग कंपनी के लिए।

“जब वह अपने इंस्टॉलेशन के अंतिम दौर में पहुँचा, तो उसे एहसास हुआ कि पेल्को के यंत्र तो अब तक आए ही नहीं। रिकॉर्ड देखने पर उसे पता चला कि उसने उनका ऑर्डर ही नहीं दिया था। इंस्टॉलेशन का काम हर हाल में अगले दिन यानी शनिवार को ही पूरा करना था, वरना उस पर तगड़ा आर्थिक जुर्माना हो जाता। उसे समझ में नहीं आ रहा था कि वह क्या करे। ये यंत्र सिर्फ़ हम ही उसे दे सकते थे। इसलिए उसने सुबह बहुत जल्दी ही कंपनी को फ़ोन किया। उसे जो सुरक्षा यंत्र चाहिए था, वह हमारे स्टॉक में नहीं था। यह उन गिने-चुने प्रॉडक्ट्स में से एक था, जिन्हें हम ऑर्डर पर ही बनाते हैं। बिल ने फ़ोन पर उसकी बात सुनी और कहा कि वह अपनी तरफ़ से पूरी कोशिश करेगा।

“बिल ने फ़ैक्ट्री में आकर पूरे उत्पादन नियंत्रण तंत्र को तोड़ दिया। उसने नया काम शुरू करवाया और हर एक को उत्साह से शामिल कर लिया। शायद पंद्रह प्रॉडक्ट्स का ऑर्डर था। उसने हमारे फ़ैब्रिकेशन डिपार्टमेंट से यह प्रॉडक्ट तूफ़ानी रफ़्तार से तैयार करवाया। असेंबलिंग करते समय हमें पता चला कि हमारे पास कैमरे नहीं हैं। बिल ने लॉस एंजेलिस स्थित हमारे सप्लायर से संपर्क किया और पंद्रह कैमरे लॉस एंजेलिस में इस दुकान से उस दुकान तक भिजवाने की व्यवस्था कर ली। जब तक उसने फ़ोन रखा, तब तक उसने कैमरे हवाई अड्डे तक पहुँचवाने का इंतज़ाम भी कर लिया। कैमरे कुछ घंटे बाद ही फ्रेस्नलो पहुँच गए और बिल उन्हें लेने के लिए ख़ुद हवाई अड्डे गया। बिल कैमरे लेकर असेंबली लाइन तक तेज़ी से पहुँचा। यंत्रों में कैमरे फ़िट करने के लिए बहुत कम वक़्त बचा था। जब अंतिम प्रॉडक्ट्स असेंबली लाइन से तैयार होकर आए, तो उन्हें हवाई अड्डे तक पहुँचाने के लिए उसके पास सिर्फ़ पंद्रह मिनट का ही समय बचा था।

“बिल ने यूनाइटेड एयरलाइंस से यह बात कर ली थी कि वे सैन फ़्रांसिस्को तक जाने वाले हवाई जहाज़ में इस प्रॉडक्ट के लिए जगह बचाकर रखें, ताकि वह काउंटर से काउंटर तक होता हुआ सिएटल में हमारे ग्राहक तक पहुँच सके। लेकिन काम इतना आसान भी नहीं था। जब बिल कुछ साथियों के साथ इन यंत्रों को लेकर हवाई अड्डे पहुँचा, तब तक वहाँ के कर्मचारियों की शिफ़्ट बदल चुकी थी। एयरलाइंस के जिस कर्मचारी से बिल की बातचीत हुई थी, वह अब वहाँ मौजूद ही नहीं था। नए कर्मचारी को हालात का ज़रा भी अंदाज़ा नहीं था, इसलिए उसकी बिल से अच्छी-ख़ासी बहस हो गई। थोड़ी

देर बाद उस कर्मचारी ने मुड़कर देखा और कहा, "देखिए, अब इससे कोई फ़र्क़ नहीं पड़ता, क्योंकि अब बहुत देर हो चुकी है। हवाई जहाज़ चलने लगा है और गेट से जा रहा है।"

"इतनी कोशिशें करने के बाद बिल हिम्मत हारने वाला नहीं था। वह यूनाइटेड एयरलाइन्स के फ्रेट डिपो से रैंप पर दौड़ने लगा। अब तक हवाई जहाज़ रनवे की ओर धीमे-धीमे चलने लगा था। बिल हवाई जहाज़ के क़रीब पहुँचा और उसके सामने आ गया। उसने पायलट का ध्यान आकर्षित कर दिया। यह 737 जेट था। उसने पायलट को जहाज़ रोकने पर मजबूर किया। पाइलट ने - आप जानते ही होंगे कि उसने क्या किया होगा। वह हवाई जहाज़ को दोबारा गेट तक ले गया। और अंततः तमाम कोशिशों के बाद बिल प्रॉडक्ट को हवाई जहाज़ में रखने में कामयाब हो गया। हमारे ग्राहक को उसी शाम को सिएटल में प्रॉडक्ट मिल गया और उसने अगले दिन अपना इंस्टॉलेशन पूरा कर लिया।"

इस घटना को ज़्यादा असरदार बनाने वाली बात यह है कि "इस दौरान मैनेजमेंट की ओर से एक भी आदेश या निर्देश नहीं दिया गया। दरअसल मैनेजमेंट को तो इस बात का तब तक पता ही नहीं चला, जब तक कि सब कुछ ठीक से पूरा नहीं हो गया। आप कर्मचारियों को मजबूर करके ऐसे काम नहीं करवा सकते। आप तो बस उनके मन में ऐसे काम करने की इच्छा जगा सकते हैं।"

और लोगों में ऐसे काम करने की इच्छा सिर्फ़ तभी *जागेगी*, जब वे ख़ुद को कंपनी का महत्वपूर्ण हिस्सा मानेंगे। इसीलिए कर्मचारियों का सम्मान करने और उन्हें कंपनी के सपने में शामिल करने की ज़रूरत होती है। इसीलिए कर्मचारियों को कंपनी के शेयर देने की ज़रूरत होती है। इसीलिए उनकी सफलताओं पर उन्हें पुरस्कार, प्रशंसा और जश्न से सम्मानित करने की ज़रूरत होती है। इसीलिए उनकी असफलताओं के मामले में नज़ाकत से पेश आने की ज़रूरत होती है। ये सारे काम करें। फिर पीछे हटकर खड़े हो जाएँ और परिणामों को आते हुए देखें।

यह कोई नई अवधारणा नहीं है। ड्वाइट आइज़नहॉवर से एक बार उद्दंड संसद पर क़ाबू करने का राज़ पूछा गया। क्या पूर्व सेनापति ने सैन्य अनुशासन या राष्ट्रपति के पास मौजूद जिसकी लाठी उसकी भैंस की शक्ति का ज़िक्र

किया ? नहीं, बिलकुल नहीं। उन्होंने तो राज़ी करने या मनवाने की बात की। उन्होंने कहा, "आप लोगों के सिर पर हथौड़ा मारकर उनका नेतृत्व नहीं करते। यह लीडरशिप नहीं, हमला है।"

आइज़नहॉवर ने यह भी कहा, "मैं किसी इंसान को साथ चलने के लिए राज़ी करना बेहतर समझता हूँ, क्योंकि एक बार जब वह राज़ी हो जाएगा, तो फिर वह उस काम को अपने आप ही पूरा कर देगा। अगर मैं उसे डराता हूँ, तो वह सिर्फ़ तभी तक साथ रहेगा, जब तक कि वह डरेगा और इसके बाद मौक़ा पाते ही वह चला जाएगा।"

राज़ी करने की शक्ति आज जितनी महत्वपूर्ण है, उतनी पहले कभी नहीं रही। एप्पल कंप्यूटर्स ने यह बात समझ ली थी। कॉर्निंग ने भी। अच्छे नेतृत्व वाली बाक़ी कंपनियों ने भी। कर्मचारी जो काम कर रहे हैं, उसमें उनकी दिलचस्पी जगाएँ। उस काम को सचमुच उनका बना दें। तब वे न सिर्फ़ अपना काम पूरा करेंगे, बल्कि आगे बढ़कर अतिरिक्त काम भी करेंगे।

जब इस बुनियादी सिद्धांत को पहचान और समझ लिया जाता है, तो हर क़िस्म की ख़ास प्रेरक तकनीकों का सपना देखना दरअसल ज़्यादा आसान हो जाता है। लेकिन उन सभी के मूल में मानव व्यवहार की तीन महत्वपूर्ण अवधारणाएँ ही हैं।

1. कर्मचारियों को प्रक्रिया के सभी हिस्सों में, रास्ते के हर क़दम पर शामिल किया जाना चाहिए। यहाँ अफ़सरशाही या श्रेणीबद्धता नहीं, बल्कि टीमवर्क कुंजी है।

2. लोगों के साथ इंसान की तरह पेश आना चाहिए। हमेशा उनका महत्व स्वीकार करें और उनके प्रति सम्मान दिखाएँ। वे इंसान पहले हैं, कर्मचारी बाद में।

3. श्रेष्ठ काम को प्रोत्साहन, मान्यता और पुरस्कार मिलना चाहिए। हर व्यक्ति उम्मीद के अनुरूप ही प्रतिक्रिया करता है। अगर आप लोगों के साथ इस तरह का व्यवहार करते हैं, जैसे वे सक्षम और चतुर हों – और फिर रास्ते से हट जाते हैं – तो उनका प्रदर्शन आपकी अपेक्षा के अनुरूप होगा।

लोगों को शामिल करें और जोड़ें। पारंपरिक क़िस्म के बड़े कॉरपोरेशन्स में लोग अक्सर थोड़ा अलग-थलग महसूस करते थे। हर व्यक्ति ख़ुद को हज़ारों कर्मचारियों में से एक मानता था, ख़ुद को सिर्फ़ एक संख्या समझता था, जैसे वह विराट औद्योगिक चक्र का बस एक इंसानी दाँता हो। असंतुष्ट कर्मचारी बीमारी का बहाना बनाते हैं, ज़्यादा लंबा लंच ब्रेक लेते हैं और अपनी टेबल पर कम देर तक रहते हैं - इस बारे में सैकड़ों कहानियाँ भी लोकप्रिय हैं और वे इतनी बार सुनाई जा चुकी हैं कि किंवदंती बन चुकी हैं। अगर किसी कंपनी के कर्मचारी ऐसा महसूस करते हैं, तो इसका अर्थ है कि उस कंपनी का नेतृत्व कमज़ोर है और कंपनी के लक्ष्य कर्मचारियों के लक्ष्य नहीं बन पाए हैं। ऐसी स्थिति में कोई भी कंपनी सफल नहीं हो सकती।

आज सफल लीडर्स अपने कर्मचारियों को प्रक्रिया के सभी पहलुओं में शामिल करते हैं - डिज़ाइन, निर्माण, इन्वेंट्री, मार्केटिंग। लीडर्स टीम तैयार करते हैं। वे ऊपर से आदेश भर जारी नहीं करते हैं। लीडर्स को एहसास होता है कि कर्मचारी जो काम करते हैं, उससे संबंधित निर्णय वे ख़ुद ले सकते हैं। निश्चित रूप से, जो कर्मचारी वास्तविक निर्णय लेने में शामिल होते हैं, वे बाक़ी कर्मचारियों की तुलना में बेहतर प्रदर्शन करते हैं।

अमेरिकन एयरलाइंस को ज़्यादातर लोग उथल-पुथल भरे उड्डयन उद्योग की सबसे अच्छी तरह चलने वाली कंपनी मानते हैं। इसने सर्वसम्मति के प्रबंधन (consensus management) को संस्थागत बना लिया है। चेयरमैन रॉबर्ट क्रैनडैल बताते हैं, “इतने बड़े आकार की कंपनियों को एक व्यक्ति की इच्छा से पूरी तरह चलाने की धारणा ही बकवास है। हो सकता है कि कुछ कंपनियाँ इस तरह से चलती हों, लेकिन मैं इसे सही नहीं मानता। ज़्यादातर मामलों में इस तरह की कंपनियाँ सर्वसम्मति के निर्णय की बुनियाद पर ही चलती हैं। ज़ाहिर है, अंतिम निर्णय और ज़िम्मेदारी हमेशा चीफ़ एक्ज़ीक्यूटिव को ही लेनी होती है। लेकिन मेरा काम समाधानों के आदेश जारी करना नहीं है, बल्कि विकल्प तलाशना, समूह को शामिल करना और समूह के सदस्यों के बीच सर्वसम्मति बनाना है।”

बोर्डरूम रिपोर्ट्स के प्रेसिडेंट मार्टिन एडेलस्टन भी अपनी बिज़नेस न्यूज़लेटर पब्लिशिंग कंपनी सर्वसम्मति के इसी तरीक़े से चलाते हैं। वे लगातार अपने पैंसठ कर्मचारियों से नए-नए सुझाव माँगते रहते हैं।

एडेलस्टन कहते हैं, "चारों तरफ़ घूमते समय आप चीज़ों पर ध्यान देते हैं। हममें से कोई भी रॉकेट वैज्ञानिक नहीं है। हम सभी बहुत सामान्य लोग हैं।" सवाल यह है, इन "साधारण लोगों" ने ऐसे असाधारण परिणाम कैसे हासिल किए ? एडेलस्टन बताते हैं, "हमारी मीटिंगों को ज़्यादा दिलचस्प बनाने के लिए मैंने हर व्यक्ति से दो विचार आमंत्रित किए। आज की तारीख़ में हमारे पास हर विषय पर इन लोगों के हज़ारों विचार हैं।"

पूरा कर्मचारी समूह सुझावों से ही संचालित होता है। यह सतत सुधार के लिए जापानी कायज़ेन सिस्टम (*kaizen system*) का ही रूपांतरण है। एडेल्स्टन ने कहा, "अगर मैं आपसे ख़ुद को बेहतर बनाने के दो तरीक़े पूछता हूँ, तो आपको यह अपनी प्रशंसा जैसा लगेगा। आप मुझे बता देंगे कि मैं कैसे बेहतर बन सकता हूँ। अगर मैं आपके सुझाव पर अमल करता हूँ, तो आपको सचमुच बहुत अच्छा लगेगा। मैं अगले हफ़्ते दो और सुझाव माँगता हूँ और फिर दो और। इससे कुछ होने लगता है। इसी तरह मैंने पैंसठ साधारण कर्मचारियों को दिग्गजों में बदल दिया है। आज हमारी कंपनी प्रति कर्मचारी मिलियन डॉलर से भी ज़्यादा का बिज़नेस कर रही है।"

स्टीवन जॉब्स और स्टीवन वोज़्नियाक ने जब एप्पल कंप्यूटर्स की एक्ज़ीक्यूटिव टीम बनाई, तो उन्होंने भी इसी तरह की ग़ैर-श्रेणीबद्ध नीति अपनाई। उन्हें इस बात की ज़्यादा परवाह नहीं थी कि बॉस कौन है। वेनरॉक एसोसिएट्स नामक वेंचर कैपिटल फ़र्म ने शुरुआती दिनों में एप्पल में निवेश किया था। इसके मैनेजिंग पार्टनर पीटर ओ क्रिस्प अब भी एप्पल के संस्थापकों की अपारंपरिक शैली पर मुस्कराते हैं : "वे ख़ुद से कहते थे, 'हमारे पास यह मशीन है, जिसमें कुछ इलेक्ट्रॉनिक कलपुर्ज़े हैं। हम ऐसी ही मशीनें बनाने की उम्मीद करते हैं। हमें उन्हें कम से कम लागत में तैयार करना है और वे दोषरहित होनी चाहिए। इस देश की कौन सी कंपनी इन गुणों के आधार पर सबसे अच्छे तकनीकी प्रॉडक्ट्स बनाती है ?'"

वे इस नतीजे पर पहुँचे कि ह्यूलेट-पैकार्ड में ये गुण हैं। "जॉब्स और वोज़्नियाक ने कहा, 'चलो, चलकर ह्यूलेट-पैकार्ड के मैन्युफ़ैक्चरिंग वाइस-प्रेसिडेंट के पास चलकर उससे बात करते हैं और उसे अपनी कंपनी में शामिल कर लेते हैं।'"

क्रिस्प कहते हैं, "वे ह्यूलेट-पैकार्ड के वाइस प्रेसिडेंट को घेरने की कोशिश करते थे। अगर वे अपने मकसद में कामयाब नहीं हो पाते थे, तो फिर वे यह पता लगाने की कोशिश करते थे कि उसका असिस्टेंट कौन है या ह्यूलेट-पैकार्ड के किस प्लांट का काम सबसे अच्छा है। वे उस प्लांट में जाकर मैन्युफ़ैक्चरिंग सुपरवाइज़र का पता लगाते थे और उसे अपनी कंपनी में शामिल करने की कोशिश करते थे। वे इन लोगों को आकर्षक स्टॉक ऑप्शन्स के पुरस्कार का प्रलोभन देते थे। इस तरीक़े से वे एक अनुभवी व्यक्ति को अपनी कंपनी में ले आते थे और फिर कहते थे, 'ठीक है, अब हमें बताएँ कि हम आगे क्या करें।' इसके बाद एप्पल के कर्मचारी नए प्रभारी की योजनाओं पर अमल करने में उसकी मदद करते थे।"

क्रिस्प कहते हैं, "उन्होंने मार्केटिंग, मैन्युफ़ैक्चरिंग और मानव संसाधन के क्षेत्रों में इसी तरीक़े से प्रभारियों की नियुक्ति की। इसके बाद तो बस! वे सरपट दौड़ने लगे। देखिए, कंपनी के शुरुआती दौर में संस्थापक ही प्रमुख वैज्ञानिक होता है। कई बार वह चीफ़ ऑपरेटिंग ऑफ़िसर नियुक्त नहीं करना चाहता, क्योंकि वह ज़्यादा स्टॉक ऑप्शन्स नहीं देना चाहता या बहुत ज़्यादा अधिकार नहीं देना चाहता और किसी ऐसे व्यक्ति को कंपनी में नहीं लाना चाहता, जो सचमुच उसे चुनौती दे सके। उद्यमी अपनी कंपनी या प्रॉडक्ट के बारे में बहुत पज़ेसिव (नियंत्रणकारी) होते हैं। एप्पल के मामले में इसका विपरीत ही सच था। उनका सिद्धांत था, 'इसे दौड़ने दो।' और कर्मचारियों को कंपनी में शामिल करके एप्पल सचमुच दौड़कर शिखर तक पहुँचने में कामयाब हो गई।"

एप्पल जैसे परिणाम पाने के लिए आपको नियम क्रमांक दो का पालन करना होगा। अपने कर्मचारियों में दिलचस्पी लो और यह बात उनके सामने ज़ाहिर भी करो। *कर्मचारियों से इंसान की तरह पेश आएँ।* यह प्रेरणा की दूसरी बुनियादी अवधारणा है।

पेल्को के डेविड मैक्डॉनल्ड कहते हैं, "अपने कर्मचारियों के साथ अच्छा बर्ताव करें और उनके साथ पूरे सम्मान से पेश आएँ। कर्मचारियों में उदारता से निवेश करें और इससे तत्काल नए फ़ायदे मिलने की उम्मीद न करने लगें। इसके बजाय अपने कर्मचारियों के लिए नई अतिवादी अपेक्षाएँ स्थापित करके अपने प्रगतिशील मानवीय संसाधनों का पूरा लाभ उठाएँ। इससे ग्राहक सेवा

बेहतरीन बन जाती है और कंपनी का मुनाफ़ा भी बढ़ जाता है।"

अपने कर्मचारियों से हेलो कहें। उनसे जान-पहचान बढ़ाएँ। फ़ोर्ट हॉवर्ड कॉरपोरेशन की सबसिडियरी हार्मन एसोसिएट्स कॉरपोरेशन के प्रेसिडेंट जॉयस हार्वे कहते हैं, "कर्मचारियों से परिवार जैसा व्यवहार करना चाहिए। जो चीज़ें आप खुद नहीं करते हैं, कर्मचारियों से उनकी अपेक्षा भी नहीं रख सकते। आपको सच्चे दिल से उनकी परवाह करनी होगी। तभी आप उनसे भरपूर सम्मान पा सकते हैं।"

हार्वे आगे कहते हैं, "मेरे पुराने बॉस के ऑफ़िस में एक चार्ट लगा हुआ था, जिसमें वहाँ काम करने वाले हर कर्मचारी का नाम था। वे बार-बार चार्ट देखते रहते थे। वे उनका और उनके परिवार वालों का नाम भी जानते थे। वे जानते थे कि क्या हो रहा है। वे मिल में घूम-घूमकर सबसे मुलाक़ात करते रहते थे और कहते थे, "हाय, जो," "हाय, सैम," "हाय, मैरी।" वे उन्हें बता देते थे कि उन्हें उनकी परवाह है।" यह तरीक़ा दक़ियानूसी और पुराने ज़माने का लग सकता है, लेकिन आज के दौर में यह पहले से ज़्यादा महत्वपूर्ण बन चुका है।

प्रेरणा की तीसरी बुनियादी अवधारणा भी बाक़ी दो अवधारणाओं जितनी ही महत्वपूर्ण है : *अच्छी तरह से किए गए काम का श्रेय दें।* ऐसे अभिभावक न बनें, जो कभी प्रशंसा न करता हो और हमेशा बुराई ही करता हो। हममें से बहुत से लोगों के माता-पिता ऐसे ही थे। रिपोर्ट कार्ड में ए ग्रेड लाने पर उन्होंने अपने बच्चे को कभी बधाई नहीं दी। उन्हें तो इसकी उम्मीद थी। याद है, यह कितना निराशाजनक था? देखिए, यह आज भी निराशाजनक ही लगता है। आज भी हममें से हर एक के दिल में एक छोटा बच्चा मौजूद है, जो तारीफ़ सुनने का इंतज़ार करता है। इसलिए यह न भूलें : लोग जब कोई अच्छा काम करते हैं, तो अपनी तारीफ़ सुनना चाहते हैं। खुलकर तारीफ़ करें और अक्सर करें।

सफलताओं का जश्न मनाने के दर्जनों सरल तरीक़े हैं। कॉक्स केबल में बिल गेपर्ट शायद उन सभी का इस्तेमाल कर चुके हैं। गेपर्ट कहते हैं, "हमारे यहाँ रैलियाँ होती हैं। मीटिंगें होती हैं। इस संदेश को बलवान बनाने के लिए हम मासिक मीटिंग्स के दौरान स्किट्स करते हैं और अपने कर्मचारियों के सामने स्पष्ट लक्ष्य रखते हैं। हम जश्न मनाते हैं। हम कर्मचारियों को सेना के ट्रकों

में बैठाकर शहर के पार ले जाते हैं और बात करते हैं कि हम अपने प्रतिस्पर्धियों का मुक़ाबला कैसे करेंगे। हमारे जश्नों के दौरान पटाख़े छोड़े जाते हैं। हम अपेक्षित उत्कृष्टता की मिसाल के तौर पर बेहतरीन गायकों-संगीतकारों को आमंत्रित करते हैं। हम प्रेरक वक्ताओं को बुलाते हैं और कर्मचारियों को सार्वजनिक पुरस्कार देते हैं। हम मीटिंग्स में उन्हें नक़द पुरस्कार भी देते हैं। लोगों को शामिल करने और रोमांचित करने के लिए हर तरीक़ा आज़माना चाहिए।"

डन एंड ब्रैडस्ट्रीट सॉफ़्टवेयर सर्विसेस, इंक. के चेयरमैन जॉन पी. इमले, जूनियर कर्मचारियों को एक ख़ास तरीक़े से पुरस्कार देते हैं। वे कहते हैं, "मेरा पूरा कैरियर एक बुनियादी विचार पर आधारित रहा है। यह बड़ा ही आसान है : कर्मचारी ही कुंजी हैं। मैंने टिफ़ैनी एंड कंपनी से बहुत सी छोटी-छोटी चाबियाँ बनवाईं, जिन्हें हम सभी अपने लेपल्स में लगाते हैं। यह बात थोड़ी अजीब लग सकती है। लेकिन उस वक़्त कंपनी दिवालिएपन से उबर रही थी और मैं उन लोगों को पुरस्कार देना चाहता था। कर्मचारियों पर इसका गहरा भावनात्मक असर हुआ। अगर आपको कंपनी में पाँच साल नहीं हुए हैं, तो चाँदी की चाबी। अगर पाँच साल हो गए हैं, तो सोने की चाबी। दस साल से ज़्यादा की सेवा के लिए महिलाओं को हीरे की चाबी मिलती थी।"

आप यह काम किसी भी तरीक़े से करें, लेकिन करें ज़रूर। अपनी ज़िंदगी में मौजूद लोगों को बता दें कि आप उनका बहुत सम्मान करते हैं और उनके काम की प्रशंसा करते हैं। उन्हें जता दें कि वे आपके लिए बेहद महत्वपूर्ण हैं और आपकी दिली इच्छा है कि वे ज़्यादा से ज़्यादा सीखें, तरक़्क़ी करें और अपनी पूर्ण संभावना तक पहुँचें।

प्रेरणा इसी को कहते हैं।

किसी से ज़बरदस्ती असाधारण काम नहीं करवाया जा सकता। लोगों में अच्छा काम करने की इच्छा होनी चाहिए।

4

दूसरों में सच्ची दिलचस्पी का इज़हार करें

यह पुस्तक क्यों पढ़ें ? क्यों न दुनिया में दोस्त बनाने वाले सबसे बड़े विजेता की तकनीक का अध्ययन करें ? वह कौन है ? आप उसे सड़क पर दौड़ते हुए देख सकते हैं। आपके दस फ़ुट क़रीब पहुँचते ही वह अपनी दुम हिलाने लगता है। अगर आप रुककर उसे थपथपाते हैं, तो वह उछलकर जताता है कि वह आपको कितना ज़्यादा पसंद करता है। और आप जानते हैं कि उसके स्नेह प्रदर्शन के पीछे कोई छिपा हुआ उद्देश्य या स्वार्थ नहीं होता। वह आपको रियल एस्टेट नहीं बेचना चाहता या आपसे शादी नहीं करना चाहता।

क्या आपने कभी सोचा है कि कुत्ता ही इकलौता ऐसा जानवर है, जिसे जीने के लिए कोई काम नहीं करना पड़ता ? मुर्गी को अंडे देने पड़ते हैं। गाय को दूध देना होता है और चिड़ियों को गाना पड़ता है। लेकिन कुत्ता सिर्फ़ प्रेम देकर ही अपनी आजीविका कमाता है।

दूसरे आपमें दिलचस्पी लें, यह चाहकर आप दो साल में जितने दोस्त बना पाएँगे, उससे ज़्यादा दोस्त आप दूसरों में सच्ची दिलचस्पी लेकर दो महीनों में ही बना सकते हैं। यह बात इतनी ज़्यादा महत्त्वपूर्ण है कि मैं इसे आपके सामने दोहराना चाहता हूँ। दूसरे आपमें दिलचस्पी लें, यह चाहकर आप दो साल में जितने दोस्त बना पाएँगे, उससे ज़्यादा दोस्त आप दूसरों में सच्ची दिलचस्पी लेकर दो महीनों में ही बना सकते हैं।

बहरहाल, आप और मैं कई ऐसे लोगों को जानते हैं, जो ज़िंदगी भर दूसरों को ख़ुद में दिलचस्पी लेने के लिए परेशान करते रहते हैं। ज़ाहिर है, यह तरीक़ा ज़रा भी कारगर नहीं है। लोगों की आपमें दिलचस्पी नहीं है।

उनकी दिलचस्पी मुझमें भी नहीं है। उनकी दिलचस्पी तो ख़ुद में है - सुबह भी, दोपहर में भी और रात को भी।

- डेल कारनेगी

व*किंग* वुमैन पत्रिका की प्रधान संपादक लिन पोविच न्यूज़वीक में पच्चीस साल तक रहीं। उन्होंने सेक्रेटरी के रूप में काम शुरू किया था, बाद में रिसर्चर बनीं और अंततः न्यूज़वीक की पहली महिला सीनियर एडिटर बनीं। इससे वे उन लेखकों और संपादकों के ऊपर पहुँच गईं, जिनके लिए कभी वे शोध करती थीं। पोविच कहती हैं, "यह काफ़ी दिलचस्प उलटफेर था।"

उनके ज़्यादातर सहकर्मियों ने उनके प्रमोशन पर अच्छी प्रतिक्रिया दी। उनके अधीन काम करने वाले छह सेक्शन एडिटर्स में से पाँच पोविच के प्रमोशन से ख़ुश थे। लेकिन एक सेक्शन एडिटर ख़ुश नहीं था। पोविच कहती हैं, "वे शुरू से ही इस विचार के ख़िलाफ़ थे - इसलिए नहीं, क्योंकि वे मुझे नापसंद करते थे, बल्कि इसलिए क्योंकि उन्हें लगता था कि मुझे यह नौकरी सिर्फ़ महिला होने के कारण मिली और मुझमें शायद इतनी क़ाबिलियत नहीं है। उन्होंने मुझसे तो कुछ नहीं कहा, लेकिन दूसरे लोगों से मुझे उनके विचारों की जानकारी मिलती रहती थी।"

पोविच इस बात से ज़रा भी विचलित नहीं हुईं। उन्होंने पूरे दिल से ख़ुद को नए काम में झोंक दिया। उन्होंने नए लेखों के बारे में रचनात्मक सुझाव दिए। उन्होंने लेखकों से काफ़ी बातचीत की। वे जिन सेक्शन्स - चिकित्सा, मीडिया, टेलीविज़न, धर्म, जीवनशैली और विचार - के लिए ज़िम्मेदार थीं, उनमें से हर एक में उन्होंने सच्ची दिलचस्पी दिखाई।

पोविच की नियुक्ति के लगभग छह महीने बाद उनका वह आलोचक उनके ऑफ़िस में आकर सामने वाली कुर्सी पर बैठ गया। उसने पोविच से कहा, "मुझे आपसे कुछ कहना है। मैं आपके प्रमोशन के ख़िलाफ़ था। मैंने सोचा था कि आप काफ़ी युवा हैं। मैंने सोचा था कि आपके पास अनुभव नहीं है। मैंने सोचा था कि आपको सिर्फ़ महिला होने के कारण यह प्रमोशन मिला है।

"लेकिन मैं आपको बताना चाहता हूँ कि आपने अपने काम, लेखकों और सेक्शन एडिटर्स में जो दिलचस्पी ली है, मैं उसकी वाक़ई सराहना करता

हूँ। आपसे पहले मैं चार सीनियर एडिटर्स को देख चुका हूँ। उनके कामों से यह साफ़ ज़ाहिर था कि वे सब के सब इसका इस्तेमाल अगले पद की सीढ़ी के रूप में कर रहे थे। उनमें से किसी को भी इसकी सच्ची परवाह नहीं थी। आप वाक़ई दिलचस्पी लेती हैं और हर एक में दिलचस्पी दिखाती हैं।"

इसमें हैरानी की कोई बात नहीं कि पोविच ने प्रबंधन की उसी शैली को – जिसे उन्होंने बरसों तक विकसित किया – वर्किंग वुमैन के अपने नए काम में भी लागू किया। वे कहती हैं, "आपको लोगों को गंभीरता से लेना होगा। पहली बात तो यह है कि आप लोगों से दूर नहीं रह सकते। आपको उनसे नियमित संपर्क करना होता है। मैं लोगों के साथ सिर्फ़ बातचीत करने के लिए काफ़ी घूमती हूँ। हमारे यहाँ नियमित मीटिंग्स का एक तंत्र है, जिससे हर व्यक्ति को यह मालूम रहता है कि एक निश्चित सप्ताह में, एक निश्चित समय पर वह मेरे साथ अकेले में बात कर सकता है। उसे पता होता है कि वह जो भी कहना चाहता है, उसे वह कहने का मौक़ा ज़रूर मिलेगा। मैं उपलब्ध हूँ। जो भी वे कर रहे हैं, उसमें मेरी पूरी दिलचस्पी है। मेरी उनके काम और जीवन में दिलचस्पी है।"

दूसरों में सच्ची दिलचस्पी ज़ाहिर करना – दूसरों को ख़ुद में दिलचस्पी लेने के लिए प्रेरित करने का इससे बेहतर कोई तरीक़ा नहीं है। लोग अपने में सच्ची दिलचस्पी लेने वाले लोगों को पसंद करते हैं। वे अच्छी प्रतिक्रिया किए बिना रह ही नहीं सकते।

यह मानव मनोविज्ञान की बुनियादी सच्चाई है। हमें दूसरों का ध्यान पाना अच्छा लगता है। इससे हम ख़ास महसूस करते हैं। इससे हमें महत्वपूर्ण होने का एहसास होता है। हम ऐसे लोगों के आस-पास रहना चाहते हैं, जो हममें दिलचस्पी दिखाते हैं। हम उनके क़रीब रहना चाहते हैं। हम उनमें दिलचस्पी दिखाकर हिसाब बराबर करना चाहते हैं।

मॉनसीन्यूर (Monsignor) टॉम हार्टमैन लॉंग आइलैंड, न्यूयॉर्क के युवा रोमन कैथोलिक्स के बीच एक किंवदंती बन चुके हैं। उन्हें अब तक 3,800 से ज़्यादा विवाह कराने और दस हज़ार से ज़्यादा नवजात शिशुओं के बैपटिज़्म करने का आमंत्रण मिल चुका है । ये लोग हार्टमैन के पास ही क्यों आते हैं ? क्या कोई दूसरा पादरी नहीं है, जिसे इन कार्यों के लिए चुना जा सके ? ज़ाहिर है, दूसरे पादरी भी हैं, लेकिन उनमें से गिने-चुने ही लोगों में इतनी गहरी

दिलचस्पी दिखाते हैं, जिसके लिए हार्टमैन मशहूर हो चुके हैं।

हार्टमैन विवाह की पारंपरिक रस्म अदा नहीं करवाते। इसे ख़ास बनाने के लिए वे एक व्यक्तिगत नीति अपनाते हैं और विस्तृत जानकारी हासिल करते हैं। जब दो लोग उनके पास अपनी शादी कराने के लिए आते हैं, तो वे उनके बारे में सब कुछ जानना चाहते हैं। इसके लिए वे उन्हें रेक्टरी में आमंत्रित करते हैं। वे उनके घर जाते हैं। कई महीनों तक वे उनके अनुभव, रुचियाँ और विचार जानते हैं। इस तरह वे विवाह की ऐसी अनूठी रस्म तैयार कर लेते हैं, जो विवाह के इच्छुक जोड़े की व्यक्तिगत रुचियों और ज़रूरतों के अनुरूप हो।

वे इन जोड़ों से कहते हैं, "हाँ, मैं तुम्हारी शादी करवाऊँगा, लेकिन मैं नहीं चाहता कि यह बस एक बेजान रस्म हो। मैं रहस्य खोजना चाहता हूँ। मैं चाहता हूँ कि यह आपके लिए सर्वश्रेष्ठ संभव विवाह हो। मैं आपके बारे में जानना चाहता हूँ। मैं आपसे सुनना चाहता हूँ कि आपने अपने संबंध के बारे में क्या खोजा है, कि आप एक दूसरे की किन ख़ूबियों को पसंद करते हैं, आप एक दूसरे के बारे में कैसा महसूस करते हैं। मैं आपके संघर्षों के बारे में जानना चाहता हूँ और यह भी कि आप उनसे कैसे उबरे। और मैं आपके विवाह की रस्म में इस सबको शामिल करने जा रहा हूँ।"

हार्टमैन जो शादी करवाते हैं, वह बहुत जल्दी और आसानी से नहीं होती। लेकिन हार्टमैन की व्यक्तिगत दिलचस्पी से इन जोड़ों को बहुत फ़ायदा होता है। उनकी गहरी परवाह से उन्हें एक-दूसरे के बारे में नई-नई चीज़ें पता चलती हैं। हार्टमैन कहते हैं, "जब लोग देखते हैं कि उनकी ज़िंदगी के इतने अहम पलों में मेरी इतनी गहरी दिलचस्पी है, तो वे दूसरे स्तरों पर भी मेरी बात सुनने लगते हैं।"

हार्टमैन से जब किसी बच्चे का बैपटिज़्म करने को कहा जाता है, तब भी वे इसी व्यक्तिगत नीति का पालन करते हैं। वे परिवार, बच्चे और उन सभी चीज़ों के बारे में जानना चाहते हैं, जिनकी वजह से उसका जन्म बाक़ी सभी लोगों के लिए इतना ख़ास है। वे एक अकेली माँ के साथ लेमाजे क्लासों (जिनमें बच्चे पैदा करने की प्रक्रिया का गहन विश्लेषण किया जाता है) में भी जा चुके हैं, जिसके बच्चे का वे बैपटिज़्म करने वाले थे।

वे कहते हैं कि दिलचस्पी की इस अभिव्यक्ति ने उनकी विश्वसनीयता को बढ़ाया है। वे पिता बनने वाले लोगों को भी इसके लिए प्रोत्साहित करते हैं। हार्टमैन कहते हैं, "लेमाजे क्लास में जाने के बाद मैं बहुत से पुरुषों के साथ विश्वास के स्तर तक पहुँचने में समर्थ हो गया हूँ और कह सकता हूँ, 'इसे कर दो। इससे तुम्हें रहस्य मालूम चल जाएगा। कई लोगों ने बाद में आकर मुझे बताया है कि इस अनुभव से वे रोमांचित हुए। उनका कहना था, 'अगर मुझे वह अनुभव नहीं मिलता, तो मैं बाहरी व्यक्ति की तरह ही सब कुछ देख रहा होता।'"

दिलचस्पी दिखाने के कई तरीक़े हैं और उनमें से ज़्यादातर लेमाजे क्लासों में जाने से कहीं ज़्यादा आसान हैं। दिलचस्पी की अभिव्यक्ति टेलीफ़ोन पर मधुर आवाज़ में बोलने से भी हो सकती है। जब कोई फ़ोन करे, तो ऐसे अंदाज़ में हेलो कहें, ताकि उसे यह संदेश मिल जाए, "मुझे आपका फ़ोन पाकर ख़ुशी हुई।" जब आपको शॉपिंग मॉल में कोई परिचित चेहरा दिखे, तो उस व्यक्ति का अभिवादन करें और उससे मिलने की सच्ची ख़ुशी ज़ाहिर करें।

लोगों की ओर देखकर मुस्कुराएँ। उनके नाम और सही उच्चारण याद करें। उनके नामों की स्पेलिंग और सही टाइटल पता करें। उनके जन्मदिन याद रखें। उनके पतियों, पत्नियों और बच्चों के बारे में पूछें। इनवेस्टमेंट-ब्रोकरेज फ़र्म एच.जी. वेलिंगटन एंड कंपनी के सेक्रेटरी-ट्रेज़रर डेविड एस. टेलर कहते हैं, "मैं हमेशा जानता था कि क्लेरेंस माइकैलिस ब्रिस्टल-मायर्स में थी। जिस पल हम मिले, यह बात जैसे क्लिक कर गई। मुझे ये दोनों चीज़ें एक साथ याद आईं। हर कोई ऐसा नहीं कर पाता। मेरे पास एक मेमोरी बैंक है, जो लोगों को कंपनी के साथ जोड़ता है।"

आपको पता नहीं होता कि ये नाम कब आपके काम आएँगे। टेलर ने यह सबक़ तब सीखा, जब वे ब्रेवरेज इंडस्ट्री में एक्ज़ीक्यूटिव के पद पर काम कर रहे थे। उन्होंने कहा, "जब मैं कनाडा ड्राई के लिए काम करता था, तो न जाने क्यों मेरे लिए एयरलाइंस उद्योग के लोगों को जानना महत्वपूर्ण होता था। वे बड़े ग्राहक थे। ग्रम्मैन एयरक्राफ़्ट बहुत से लोगों को खाद्य पदार्थ उपलब्ध कराता था और उनके यहाँ बहुत सी ड्रिंक वेंडिंग मशीनें थीं।

"यह तो बस एक शुरुआत थी। आपको बस फ़ोन करके इतना कहना होता था, 'देखिए, मुझे अमुक-अमुक के साथ दिक्क़त आ रही है।' नाम याद

रखने और संपर्क बनाए रखने से इसमें बड़ी मदद मिली।"

टेलर ने इस तकनीक को लोगों के साथ सच्चे संबंध बनाने की बुनियाद बना लिया। लोगों और उनकी कंपनियों के नाम याद रखने का वक़्त निकालकर वे लोगों को जोड़ने और उनकी समस्याएँ सुलझाने में समर्थ हो गए।

दिलचस्पी का इज़हार ज़िंदगी के तथाकथित महत्वपूर्ण लोगों तक ही सीमित न रखें। संभावना इस बात की है कि उन्हें पहले से ही आपका पर्याप्त ध्यान मिल रहा होगा। सेक्रेटरीज़, असिस्टेंट्स, रिसेप्शनिस्ट्स, संदेशवाहकों और कम महत्वपूर्ण लोगों को न भूलें, जो आपकी ज़िंदगी को पटरी पर बनाए रखते हैं। उनसे पूछें कि उनका दिन कैसा गुज़रा। इसके परिणाम बेहतरीन होते हैं - इससे सुबह आपकी डेस्क पर डाक इतनी जल्दी आने लगेगी कि आप हैरान रह जाएँगे।

लोगों में दिलचस्पी लेना हमेशा से ही स्केलेमैन्ड्रे सिल्क्स की प्रेसिडेंट एड्रियाना बिटर का ख़ास गुण रहा है। एक दिन बिटर जब वालपेपर-प्रिंट इलाक़े से गुज़र रही थीं, तो वहाँ उन्हें वालपेपर डिपार्टमेंट प्रमुख और एक कर्मचारी की बातें सुनाई दीं।

डिपार्टमेंट प्रमुख ने पूछा, "तुम कैसे हो, लुई ?"

लुई ने जवाब दिया, "ज़्यादा अच्छा नहीं हूँ। मैं डिप्रेशन का रोगी हूँ।"

यह सुनकर बिटर उसके क़रीब पहुँच गईं और लुई से बोलीं, "क्या तुम इसका कारण जानते हो ?"

लुई ने बताया, "मुझे ऊँची जगहों से डर लगता है और सँकरी जगहों से भी। मुझे क्रिसमस वैकेशन के लिए हवाई जहाज़ से प्यूर्टो रिको जाना है, लेकिन मुझे इस बात से डर लग रहा है।"

बिटर ने कुछ और सवाल पूछे। अंत में वे बोलीं, "मैं सोचती हूँ कि इस बारे में किसी डॉक्टर से सलाह लेना अच्छा रहेगा।"

"मैं एक डॉक्टर से मिलने गया था। उसका क्लीनिक बत्तीसवीं मंज़िल पर था, इसलिए मैं घबरा गया।"

बिटर ने कहा, "शायद तुम्हें कोई ऐसा डॉक्टर खोजना चाहिए, जिसका क्लीनिक पहली मंज़िल पर हो।"

लुई ने कहा, "मिसेज़ बिटर, कुछ समय पहले मुझे एक सपना आया था। सपने में मैंने देखा कि मैं बहुत डरा हुआ हूँ और आपने मेरे कंधे पर हाथ रखकर मुझसे कहा कि मैं चिंता न करूँ।"

यह सुनकर बिटर ने उसके कंधे पर हाथ रखकर कहा, "लुई, चिंता मत करो। सब कुछ ठीक हो जाएगा। कुछ गहरी साँसें लो।"

उन्होंने कुछ देर तक बातें कीं। अंत में लुई हँसने लगा और बोला, "क्या आप हवाई जहाज़ में मेरे साथ चलेंगी?"

यह सुनकर बिटर भी उसके साथ हँसने लगीं।

कुछ दिन बाद बिटर ने बताया, "वह कल प्यूर्टो रिको चला गया। मुझे लगता है कि अब वह ठीक-ठाक होगा।"

गर्मजोशी के वास्तविक इज़हार पर लोग फ़ौरन प्रतिक्रिया करेंगे। इसलिए हमेशा सच्चे रहें, ईमानदार रहें। दिली और सच्ची दिलचस्पी में वक़्त लगता है।

बातचीत शुरू कैसे करें, चाहे यह बिज़नेस के बारे में ही क्यों न हो? इसके लिए किसी ऐसी चीज़ पर ग़ौर करें, जो सामने वाले से किसी न किसी तरह जुड़ी हुई हो। यह ऑफ़िस की दीवार पर लगी ड्रॉइंग हो सकती है, किसी बच्चे का बनाया डेस्कटॉप पेंसिल होल्डर हो सकता है या फिर कमरे के कोने में टिका स्क्वैश रैकेट भी हो सकता है। दिलचस्पी, प्रशंसा और गर्मजोशी दिखाने वाली टिप्पणी करें या सवाल पूछें। "यह तस्वीर तो बड़ी सुंदर है। किसने बनाई है?" या "कितना बढ़िया तोहफ़ा है? क्या यह आपके किसी बच्चे ने दिया है?" या "स्क्वैश? क्या इस खेल को सीखना मुश्किल नहीं है?" इनमें से कोई भी टिप्पणी बहुत गहरी नहीं है। लेकिन उनमें से हर एक सामने वाले में बुनियादी, व्यक्तिगत दिलचस्पी दिखाती है और आपको एक सकारात्मक, सुरुचिपूर्ण तरीक़े से उससे जोड़ती है।

दिलचस्पी के ऐसे इज़हार सफल मानवीय संबंध बनाने वाली ईंटों की तरह हैं। ये छोटी-छोटी बातें कहती हैं, "आप मेरे लिए महत्वपूर्ण हैं। आपमें मेरी दिलचस्पी है। मैं आपकी परवाह करता हूँ।" इस दुनिया में बहुत कम लोग होंगे, जिन्हें यह सुनना अच्छा नहीं लगेगा।

स्टीवन और रॉबिन वीज़र की ज़िंदगी में हर चीज़ बढ़िया चल रही थी। स्टीवन एक सफल बीमा एजेंसी चलाता था और एक प्यारे से उपनगरीय घर का मालिक था। वह काफ़ी समय से उदारता से दान दे रहा था। इस युवा दंपति की सबसे बड़ी बेटी येल में फ़र्स्ट ईयर में पढ़ रही थी और छोटे जुड़वाँ लड़के हाई स्कूल में अच्छा प्रदर्शन कर रहे थे।

एक शनिवार की रात जब स्टीवन रॉबिन के साथ एक रेस्तराँ में डिनर कर रहा था, तो उसे एक ज़ोरदार हार्ट अटैक आया, जिससे उसकी मौत हो गई। इस हादसे के वक़्त उसकी उम्र सिर्फ़ पैंतालीस साल थी।

अंत्येष्टि में सैकड़ों ऐसे लोग आए, जिनकी ज़िंदगी पर स्टीव वीज़र ने असर डाला था - उसके मित्र, उसके बिज़नेस सहयोगी, कई परोपकारी संस्थाओं के अधिकारी, जिनमें वह दान देता था। इनमें से कई लोगों ने फ़ोन करके वीज़र परिवार को सांत्वना दी।

स्टीवन की असमय मृत्यु किसी सदमे से कम नहीं थी। लेकिन इतनी ही सदमे भरी एक और बात थी, जो उसकी पत्नी ने उस रात कही। रॉबिन वीज़र ने कहा, "शर्म की बात है कि स्टीवन यह नहीं जान पाया कि उसने इतने सारे लोगों की ज़िंदगी पर असर डाला है और इतने सारे लोग उससे प्रेम करते थे।"

स्टीवन वीज़र को यह बात पता क्यों नहीं चल पाई, हालाँकि उसके बहुत सारे दोस्त और सहयोगी उससे प्रभावित थे कि वह इतने परोपकारी काम कर रहा था? वजह साफ़ है। इनमें से बहुत कम लोगों ने उसे अपने दिल की भावनाएँ बताई थीं।

आप यह ग़लती हर्गिज़ न करें। जब आप किसी की - किसी दोस्त की, जीवनसाथी की, सहकर्मी की - परवाह करें, तो उसे फ़ौरन बता दें। हो सकता है, बाद में आपको इसका मौक़ा ही न मिले।

दिलचस्पी *लेने* से भी ज़्यादा महत्वपूर्ण होता है इसे *ज़ाहिर* करना। हैरिसन कॉन्फ्रेंस, इंक. मीटिंग्स और सेमिनार आयोजित करने के व्यवसाय में है। यह कंपनी सारे इंतज़ाम करती है, ताकि ग्राहक असली काम पर ध्यान केंद्रित रख सकें। तरक़्क़ी करने के लिए हैरिसन जैसी कंपनी को अपने ग्राहकों के सामने बार-बार यह ज़ाहिर करना होता है कि स्टाफ़ वाक़ई - पूरी एकाग्रता से - उनमें दिलचस्पी लेता है।

कॉन्फ्रेंस की सुंदर व्यवस्था होना ही काफ़ी नहीं है, जो हैरिसन की पहचान है। आकर्षक कमरे, स्वादिष्ट भोजन, हाई-टेक ऑडियो-विज़ुअल यंत्र या मनोरंजन के विविध विकल्प ही काफ़ी नहीं होते, जो हैरिसन कंपनी अपने ग्राहकों को प्रदान करती है। अगर लोगों को यह महसूस न हो कि उनमें सच्ची दिलचस्पी ली जा रही है और उनसे सम्मानजनक व्यवहार किया जा रहा है, तो वे किसी दूसरी कंपनी के पास चले जाएँगे।

हैरिसन के चेयरमैन वाल्टर ए. ग्रीन कहते हैं, "मुझे याद है, हमारे एक अंतर्राष्ट्रीय कार्यक्रम में एक चाइनीज़ मेहमान शिरकत कर रहा था। हमारी एक कर्मचारी ने सुना कि उसे अपने देश के भोजन की बड़ी याद आ रही थी। वह महिला कर्मचारी चाइनीज़ कुकिंग जानती थी। अगले दिन उसने घर पर कुछ ख़ास चाइनीज़ व्यंजन तैयार किए और उन्हें लेकर आ गई। मैं आपको बता नहीं सकता कि वह चीनी मेहमान अपनी सुख-सुविधा की व्यक्तिगत चिंता से कितना अभिभूत हो गया। उसने बेहद रोमांचित होकर अपनी टेबल के लोगों को अपने देश का भोजन चखाया।"

उस महिला कर्मचारी के इस काम से उस मेहमान को यह स्पष्ट संदेश मिला, "आपमें हमारी दिलचस्पी है - सच्ची दिलचस्पी है, सतत दिलचस्पी है।" इस तरह का ध्यान पाना कौन पसंद नहीं करेगा ?

ईश्वर का शुक्र है, जुड़ने की इस आदत को आसानी से सीखा जा सकता है और इससे बहुत संतुष्टि भी मिलती है। इसके लिए तो बस इस एहसास की ज़रूरत होती है कि यह कितनी महत्वपूर्ण है और इसके बाद थोड़ा सा अभ्यास भी करना होता है। इसे अगली बार आपसे मिलने वाले व्यक्ति पर आज़माकर देखें : "उस समर हाउस का क्या हुआ, जिसे ख़रीदने के बारे में आप सोच रहे थे ?" या "यहाँ से कितना बेहतरीन नज़ारा दिखता है। आप दिन भर खिड़की से बाहर निहारने से ख़ुद को कैसे रोकते हैं ?"

जब आप यह प्रक्रिया शुरू कर देंगे, तो जल्द ही यह आपकी ज़िंदगी का स्वाभाविक हिस्सा बन जाएगी। इससे पहले कि आपको पता चले, आप अपने आस-पास के लोगों में दिलचस्पी लेने लगेंगे और ज़ाहिर भी करने लगेंगे। इसका एक अतिरिक्त फ़ायदा यह होगा कि दूसरों में सच्ची दिलचस्पी लेने से आप अपने सीमित दायरे से बाहर निकलेंगे और निजी समस्याओं से आपका ध्यान भी हटेगा।

आप दूसरों पर जितने ज़्यादा केंद्रित रहेंगे, आपके व्यक्तिगत संबंध उतने ही ज़्यादा अच्छे होंगे और आपके मन में उतने ही कम नकारात्मक विचार रहेंगे। कुछ अच्छे शब्द बोलने के बदले यह सौदा बिलकुल बुरा नहीं है।

बेस्टसेलिंग बिज़नेस लेखक हार्वे बी. मैके ने अपना कैरियर लिफ़ाफ़ा उद्योग से शुरू किया। वहाँ उन्होंने कई सबक़ सीखे, जो आज उनकी बेस्टसेलिंग पुस्तकों में आ गए हैं। मैके कहते हैं, "रचनात्मक तोहफ़ों के बारे में मेरी प्रबल राय है। जब मैं तोहफ़ों की बात करता हूँ, तो मैं उन चीज़ों के बारे में बात नहीं कर रहा हूँ, जो महँगी हों और जिन्हें ख़रीदने में ढेर सारा पैसा लगता हो।"

मैके के यहाँ लिफ़ाफ़े बेचने वाला एक सेल्समैन था। वे कहते हैं, "मेरी राय में वह सिर्फ़ सी-प्लस सेल्समैन था। एक दिन उसने मुझे बताया कि उसके एक ख़रीदार के घर बेटी हुई है, इसलिए वह एक तोहफ़ा ले जा रहा है। मैंने कहा कि उसका यह काम नेक है, अद्भुत है। लेकिन फिर मुझे पता चला कि वह तोहफ़ा नवजात बालिका के लिए नहीं था। वह तो उसके ईर्ष्यालु भाई के लिए था, जो डेढ़ साल का था। मुझे याद है, इस एक रचनात्मक विचार ने मुझ पर बड़ा गहरा असर डाला। इसके बाद मेरी नज़रों में वह सी-प्लस सेल्समैन नहीं रहा। आज वह हमारा प्रमुख सेल्स मैनेजर है।"

दूसरों में ऐसी दिलचस्पी ज़ाहिर करना ख़ास तौर पर तब बहुत महत्वपूर्ण होता है, जब आप किसी जगह पर नए हों। ऐसा लगता है, जैसे बिल क्लिंटन यह बात तभी जान गए थे, जब वे किंडरगार्टन में पहले दिन स्कूल गए थे। उनकी टीचर का कहना है कि बिल स्वाभाविक रूप से दोस्ताना थे और दूसरों में सच्ची दिलचस्पी लेते थे।

वे चारों तरफ़ घूमकर बाक़ी बच्चों से मिलते रहे और कहते रहे, "हाय, मैं बिल हूँ। आपका क्या नाम है?" अजीब लगता है! शायद। लेकिन जब बिल क्लिंटन को अमेरिका का राष्ट्रपति चुना गया, तो होप, अरकांसस के उनके किसी सहपाठी को ज़रा भी हैरानी नहीं हुई।

जब आप ऑफ़िस में नए हों या नए बिज़नेस के मालिक हों, तब भी खुला, दोस्ताना, दिलचस्पी भरा अभिवादन इतना ही महत्वपूर्ण होता है। आपका संदेश यह नहीं होना चाहिए, मैं यहाँ पर हूँ, आप मेरे लिए क्या कर सकते हैं? संदेश तो यह होना चाहिए, मैं यहाँ पर हूँ, मैं आपके लिए क्या कर सकता हूँ?

स्थानीय अस्पताल में स्वयंसेवा करें। लिटिल लीग कोच बनकर सेवा करें। पीटीए (पेरेंट टीचर एसोसिएशन) में शामिल हों। स्थानीय परोपकारी संस्था से जुड़ें। ये सभी अपने समुदाय में दिलचस्पी दिखाने के अलग-अलग तरीक़े हैं। इनसे आप कहते हैं, "मैं इस जगह की परवाह करता हूँ।" इनमें से कोई भी तरीक़ा अपना लें। इसकी बदौलत आपको एक अच्छे माहौल में नए लोगों से मिलने का मौक़ा मिलेगा। यह आपके लिए मज़ेदार होगा। इससे आप अपने बारे में अच्छा महसूस करेंगे। इससे आप नए संबंध बनाएँगे। इससे आपको आत्मविश्वास हासिल करने में मदद मिलेगी और आप अपने आरामदेह दायरे से बाहर भी निकल सकेंगे।

डेल कारनेगी यह बात अच्छी तरह समझते थे। उन्होंने लिखा था, "अगर आप यह चाहते हों कि दूसरे आपको पसंद करें, अगर आप सच्चे दोस्त बनाना चाहते हों, अगर आप अपने साथ-साथ दूसरों की भी मदद करना चाहते हों, तो इस सिद्धांत को हमेशा याद रखें : दूसरे लोगों में सच्ची दिलचस्पी लें।"

बेशक कारनेगी जो कहते थे, उस पर अमल भी करते थे – अपने परिवार के साथ भी। जे. ऑलिवर क्रॉम, जो अब डेल कारनेगी एंड एसोसिएट्स के प्रेसिडेंट हैं, को यह बात तब पता चली, जब वे अपने ससुर डेल कारनेगी से पहली बार मिले।

क्रॉम कहते हैं, "मैं डेल कारनेगी से मिलने में घबरा रहा था, यह कहना न्यूनोक्ति होगी। लेकिन सचमुच कमाल हो गया! मिलने के कुछ पल बाद ही उन्होंने मुझे नए माहौल में आरामदेह महसूस करा दिया। उन्होंने मुझे बोलने के लिए प्रेरित किया और ऐसा उन्होंने मुझसे सवाल पूछकर किया।" कारनेगी ने उस इंसान में सिर्फ़ दिलचस्पी का इज़हार किया था, जिसे युवा रोज़मैरी घर लाई थीं।

"सबसे पहले तो मैंने कहा, 'मि. कारनेगी, आपसे मिलकर अच्छा लगा।' इस पर उन्होंने कहा, 'ओह, मेहरबानी करके मुझे डेल कहें। मि. कारनेगी बड़ा औपचारिक लगता है।' फिर वे बोले, 'मुझे लगता है कि आप एलाएंस, नेब्रास्का में पैदा हुए थे।' मैंने जवाब दिया, 'हाँ, यह सच है।' इस पर वे बोले, 'तो मुझे बताइए कि क्या एलाएंस में वे अद्‌भुत लोग अब भी रहते हैं, जो वहाँ कई साल पहले रहा करते थे, जब मैं उस इलाक़े में सामान बेचता था ?' मैंने कहा, 'हाँ, वे अब भी वहीं रहते हैं।' वे बोले, 'तो फिर मुझे उन लोगों के बारे में

कुछ बताओ और अपने बारे में भी।' वे मुझसे अपने और एलाएंस के बारे में बातें कराने लगे।”

इसके बाद चीज़ें तेज़ी से आगे बढ़ीं। “हम पार्क में एक साथ घूमने गए। हमने उनके गुलाब उद्यान में एक साथ काम किया। हम एक साथ थिएटर गए। वे और मैं शहर के सबवे में घूमे। हम द *सेवन ईयर इच देखने गए*, जिसका मंचन उस वक़्त ब्रॉडवे में हो रहा था। मुझे उस नाटक के बारे में ज़्यादा कुछ याद नहीं है, लेकिन मुझे यह ज़रूर याद है कि जब हम फ़ॉरेस्ट हिल्स गार्डन्स में टहलने गए थे, तो वे उस छोटे से पार्क में मौजूद हर व्यक्ति को जानते थे। वे पुलिस वाले को जानते थे। वे कुत्ता घुमाने वाले सभी लोगों को जानते थे और उन्होंने उन सभी का नाम लेकर उनका अभिवादन भी किया। सभी लोगों ने रुककर डेल का अभिवादन किया। मैं उस वक़्त यह नहीं जानता था कि यह बहुत असाधारण बात थी। मिडवेस्ट से आने की वजह से मैंने सोचा कि लोग इसी तरह के होते हैं।”

दूसरों में सच्ची दिलचस्पी लेना कितना महत्वपूर्ण होता है, यह सबक़ स्टीफ़न घाइसेल्स ने बड़े मुश्किल तरीक़े से सीखा, जो आज बैंक ऑफ़ अमेरिका के वाइस प्रेसिडेंट हैं।

घाइसेल्स जल्दी ही तरक़्क़ी के तेज़ मार्ग पर चल पड़े थे। 1980 के दशक के अंत में कॉलेज से निकलते ही वे एक बड़ी इनवेस्टमेंट फ़र्म में अफ़सर बन गए। उनके पास लॉस एंजेलिस के वेस्ट साइड में आर्ट डेको कॉन्डो था और उनके गैरेज में मर्सिडीज़ थी - जबकि उस वक़्त उनकी उम्र सिर्फ़ 25 साल ही थी। “मुझे लगता था कि मैं कोई शहंशाह हूँ और मैं लोगों को यह बात बताता रहता था। मेरा नज़रिया प्रमुख समस्या था।

“लेकिन 1990 में जब बाज़ार में मंदी आ रही थी, तो मेरे बॉस ने एक दिन मुझे अपने ऑफ़िस में बुलाकर कहा, “स्टीव, समस्या तुम्हारा प्रदर्शन नहीं है। समस्या तो तुम्हारा नज़रिया है। ऑफ़िस के लोग तुम्हारे साथ काम करना पसंद नहीं करते। मुझे लगता है कि हमें जुदा होना पड़ेगा।”

“उनकी यह बात मुझे गोली की तरह लगी। मुझ जैसे सफल और क़ाबिल व्यक्ति को नौकरी से निकाला जा रहा है। मुझे यक़ीन था कि मुझे अच्छी तनख़्वाह वाला दूसरा एक्ज़ीक्यूटिव पद हासिल करने में ज़्यादा वक़्त नहीं

लगेगा। लेकिन मेरा अंदाज़ा ग़लत था। मंदी में आपका स्वागत है, स्टीव!

"नौकरी की तलाश करते-करते कई महीने बीत गए। इस कुंठा की वजह से मेरे नज़रिए की परत उखड़ने लगी और उसकी जगह डर की मोटी परत आ गई। ज़िंदगी में पहली बार मेरा आत्मविश्वास कम हुआ और उसकी जगह एक गहरा डर बैठ गया। चूँकि मैं पहले ही ख़ुद को बाक़ी लोगों से काट चुका था, इसलिए मैं किसी के पास नहीं जा सकता था, किसी से बातचीत नहीं कर सकता था। मैं अकेला पड़ गया था।"

तब जाकर घाइसेल्स ने दूसरों में सच्ची दिलचस्पी लेना सीखा। उन्होंने लोगों की बातें सुनना शुरू कर दिया। उन्होंने अपने अलावा दूसरों की परवाह करना शुरू किया। जब उन्हें अपने से भी बदतर हालात में रहने वाले लोग मिले, तब उन्हें अपनी समस्या के बारे में सही दृष्टिकोण मिला। वे लोगों के प्रति खुले और ज़्यादा मानवीय बने। नतीजा यह हुआ कि लोग उन्हें पसंद करने लगे और इसके बाद उनके लिए नौकरी पाना आसान हो गया।

स्टीफ़न का कहना है, "मैं लोगों को एक अलग रोशनी में देखने लगा। मेरा नज़रिया एकदम बदल गया। मैं अलग तरीक़े से महसूस करने लगा। मेरा डर कम हो गया। मेरा दिमाग़ खुल गया। और लोगों ने इस बात पर ग़ौर करना भी शुरू कर दिया। हालाँकि मुझे अपना कॉन्डो और मर्सिडीज़ बेचनी पड़ी, लेकिन मेरे जीवन की गुणवत्ता बेहतर हो गई।

"तीन साल बाद मैं एक बार फिर अफ़सर बन गया था - फ़र्क़ यह था कि इस बार मैं ऐसे सहकर्मियों से घिरा हुआ था, जिन्हें मैं पूरी ईमानदारी से अपना दोस्त कह सकता था।"

दूसरे लोगों में सच्ची दिलचस्पी दिखाने से ज़्यादा असरदार और पुरस्कारदायक और कुछ भी नहीं है।

दूसरे लोगों में सच्ची दिलचस्पी दिखाने से ज़्यादा असरदार और पुरस्कारदायक कुछ भी नहीं है।

5

सामने वाले के नज़रिए से स्थिति देखना

पिछले साल मैं एक प्राइवेट सेक्रेटरी रखना चाहता था। इसके लिए मैंने एक बॉक्स नंबर लेकर अख़बार में विज्ञापन दिया। मुझे तक़रीबन तीन सौ जवाब मिले। उनमें से लगभग सभी कुछ इस तरह शुरू हुए : "संडे टाइम्स में बॉक्स नंबर 299 के तहत दिए गए आपके विज्ञापन के जवाब में मैं उस पद के लिए आवेदन करना चाहती हूँ। मैं छब्बीस साल की हूँ, वगैरह ..."

लेकिन एक महिला बाक़ी आवेदकों से ज़्यादा स्मार्ट थी। उसने इस बारे में कोई बात नहीं की कि वह मुझसे क्या चाहती है। उसने तो उस बारे में बात की, जो मैं चाहता था। उसका पत्र कुछ इस तरह था : "प्रिय श्रीमान : आपको शायद अपने विज्ञापन के जवाब में दो-तीन सौ पत्र मिले होंगे। आप काफ़ी व्यस्त इंसान हैं। आपके पास उन सभी को पढ़ने का वक़्त नहीं होगा। तो अगर आप इसी वक़्त फ़ोन उठाकर वांडरबेल्ट 3-9512" या नंबर जो भी था, "डायल कर दें, तो मैं ख़ुशी-ख़ुशी आकर सारे पत्र खोलकर बेकार पत्रों को कूड़ेदान में डाल दूँगी और बाक़ी को आपके ग़ौर करने के लिए डेस्क पर रख दूँगी। मेरे पास पंद्रह साल का अनुभव है ..."

फिर उसने बताया कि वह इससे पहले कितने महत्वपूर्ण व्यक्तियों के लिए काम कर चुकी है। जिस पल मैंने उसका वह पत्र पढ़ा, मेरा मन हुआ कि टेबल पर खड़ा होकर नाचने लगूँ। मैंने तत्काल उसे बुलाने के लिए फ़ोन लगाया, लेकिन तब तक देर हो चुकी थी। उसे किसी और नियोक्ता ने नौकरी पर रख लिया था। पूरा बिज़नेस जगत ऐसी महिला को काम पर रखना चाहता था।"

-डेल कारनेगी

बर्ट मैनिंग ने जब मैडिसन एवेन्यू में क़दम रखा, तो वे लेखक बनना चाहते थे। दरअसल लेखक बनना उनकी पुरानी हसरत थी। कॉपीराइटर नहीं, बल्कि लेखक। युवा मैनिंग हर दिन टाइपराइटर पर ठक-ठक करके छोटी-छोटी कहानियाँ और उपन्यास लिखते रहते थे। उन्हें पूरा यक़ीन था कि उनकी कृतियाँ बेहतरीन पटकथा साबित होंगी। लेकिन ज़्यादातर युवा लेखकों की तरह ही मैनिंग भी अपने शब्दों के दम पर अपनी रोज़ी-रोटी नहीं चला सकते थे। अपने बिलों का भुगतान करने के लिए उन्हें किसी काम-धंधे की ज़रूरत थी। तमाम विकल्पों पर ग़ौर करके उन्हें सेल्स लाइन ही सबसे अच्छी लगी और उन्होंने घर-घर जाकर कोई सामान बेचने का निश्चय किया।

बर्ट मैनिंग ने *एनसाइक्लोपीडिया ब्रिटैनिका* बेचे। उन्होंने बेहतरीन गुणवत्ता का किचनवेयर बेचा। उन्होंने अपने जन्मस्थान शिकागो के पुराने मज़दूर इलाकों में घर-घर जाकर क़ब्रिस्तान की ज़मीन बेचने का काम भी किया।

यह आख़िरी काम सबसे ज़्यादा फ़ायदेमंद साबित हुआ - लेकिन शुरुआत में नहीं। शुरू में बर्ट मैनिंग इस क्षेत्र में असफल होते रहे, लेकिन ऐसा कोशिश की कमी के कारण नहीं था। पूरे दिन कहानियाँ टाइप करने के बाद रोज़ शाम को मैनिंग सूट और टाई पहन लेते थे। फिर वे अपना सेल्समैन वाला ब्रीफ़केस पैक करते थे और घर-घर जाकर दरवाज़ा खटखटाने लगते थे। जो लोग दरवाज़ा खोलते थे, उन्हें वे क़ब्रिस्तान की जायदाद के बारे में बेहद उत्साही अंदाज़ में सेल्स टॉक देते थे। वे लोगों को बताते थे कि किस तरह क़ब्रिस्तान की जायदाद निवेश के लिए सबसे फ़ायदेमंद होगी। वे बताते थे कि शिकागो की जनसंख्या जितनी तेज़ी से बढ़ रही है, उसे देखते हुए क़ब्रिस्तान की भूमि निश्चित रूप से कम पड़ जाएगी। वे उन्हें यह भी बताते थे कि कंपनी पाँच साल बाद की बाईबैक गारंटी देती है, इसलिए इस निवेश में ज़रा भी जोख़िम नहीं है।

"मुझे इस बात पर पूरा यक़ीन था कि यह वाक़ई बहुत अच्छा और कम लागत का निवेश है। लेकिन मैं एक भी जायदाद नहीं बेच पाया। वजह यह थी कि मैं ग्राहकों के नज़रिए को नहीं समझ पाया। उनकी सबसे महत्वपूर्ण चिंताओं पर ध्यान केंद्रित करने के बजाय मैं सिर्फ़ आर्थिक पहलुओं पर ही ज़ोर देता रहा। लेकिन जो प्रॉडक्ट मैं बेच रहा था, उसमें उनके लिए एक चीज़ बहुत महत्वपूर्ण थी, जिसके बारे में मैंने कभी सोचा तक नहीं था।"

मैनिंग ने ख़ुद से यह सबसे बुनियादी सवाल नहीं पूछा, "मुझे यह पूछना था, 'इन लोगों की असल चिंता क्या है? उनका नज़रिया मेरी जान-पहचान के बाक़ी लोगों से किस तरह अलग है? मेरे पास उन्हें देने के लिए ऐसा क्या है, जिससे उन्हें अपने बारे में सबसे अच्छा महसूस हो? जिससे उन्हें लगे कि वे अपने परिवार के लिए कोई अच्छा काम कर रहे हैं?'"

एक बार ख़ुद से ये सवाल पूछने पर जवाब आसानी से मिल गया।

मैनिंग बताते हैं, "वह बहुत ही गहराई से जुड़ा जातीय (ethnic) इलाक़ा था। यहाँ परिवार की इकाई बहुत अहम मानी जाती थी। लोग अपने विस्तृत परिवारों के आस-पास ही रहते थे - कज़िन्स, दादा-दादी, नाना-नानी, चाचा-चाची। लोग परिवार के आस-पास रहना पसंद करते थे। वे उस इलाक़े को कभी छोड़ना नहीं चाहते थे।"

मौत के बाद भी - मैनिंग ने सोचा। उनके मन में यह विचार आया कि निवेश और आर्थिक पहलू के बारे में बात करने के बजाय उन्हें इस बारे में बात करनी चाहिए कि वे सब मौत के बाद भी एक-दूसरे के क़रीब रह सकेंगे। वे याद करते हुए कहते हैं, "क़ब्रिस्तान की वह जायदाद दरअसल उन्हें यह अवसर देती थी कि पूरा परिवार एक ही जगह पर दफ़न हो, जहाँ वे आसानी से जा सकें। इससे उन्हें अपने दादा या परदादा की क़ब्र पर फूल चढ़ाने के लिए दो सौ मील दूर जाने की ज़रूरत नहीं होगी। यही इन लोगों के लिए सबसे महत्वपूर्ण मुद्दा था।"

मैनिंग कहते हैं, "मैं पहले यह बात दरअसल समझ ही नहीं पाया था। मैं तो बस इतना जानता था कि मैं उन्हें अच्छी क़ीमत पर एक बढ़िया निवेश अवसर प्रदान कर रहा था, लेकिन इसमें उनकी दिलचस्पी नहीं थी। वे उस वजह से वह प्रॉडक्ट नहीं ख़रीदना चाहते थे।

"एक बार जब मैं उनकी सच्ची परवाह और इच्छा को समझ गया, तो फिर मैंने उन्हें दिखा दिया कि उन्हें यह कितनी आसानी से मिल सकता था। इसके बाद मेरा प्रदर्शन काफ़ी बेहतर हो गया।"

मैनिंग ने बाद में जे. वाल्टर थॉमसन एडवर्टाइज़िंग एजेंसी के प्रमुख के रूप में बहुत सफल कैरियर बनाया। वे ख़ुशक़िस्मत थे, जो उन्होंने यह सबक़ ज़िंदगी में इतनी जल्दी ही सीख लिया : *स्थिति को सामने वाले के नज़रिए*

से देखें। यह दुनिया में सबको साथ लेकर चलने की सबसे अहम कुंजी है।

मैनिंग के लिए सामने वाला था शिकागो के परिवार। लेकिन सामने वाला बॉस, सहकर्मी, कर्मचारी, ग्राहक, जीवनसाथी, दोस्त या बच्चा भी हो सकता है। दरअसल यह कोई भी हो सकता है। सामने वाला चाहे जो हो, बुनियादी सिद्धांत - हमेशा स्थिति को सामने वाले के नज़रिए से देखने की कोशिश करो - उतनी ही सटीकता से लागू होता है।

विश्वव्यापी सेमीकंडक्टर निर्माता कंपनी एसजीएस-थॉमसन के मानव संसाधन निदेशक बिल मकाहिलाहिला का दावा है, "भविष्य के लीडर्स से बहुत ज़्यादा अपेक्षाएँ की जाएँगी। मुझे कोई परवाह नहीं है कि आप जेनिटर हैं या रिसेप्शनिस्ट। आपको लोगों को साथ लेकर चलना सीखना होगा। अगर आप सोचते हैं कि पद मिल जाने के बाद आपको लोगों पर हुक्म चलाने का अधिकार मिल जाता है, तो अब यह क़तई सच नहीं है। आपको दूसरों की रुचियों के बारे में सोचना ही होगा।"

मकाहिलाहिला कहते हैं, जब कंपनी के भीतर यह प्रक्रिया एक बार शुरू हो जाती है, तो इससे एक नए क़िस्म का संवाद होने लगता है। "अगर आप अपने बॉस की रुचियों के संदर्भ में सोचना सीख लेते हैं, तो इसका अर्थ है कि आप और वो एक जैसा सोच रहे हैं। आप खुला संवाद शुरू कर देते हैं। कभी भी सिर्फ़ अपने बारे में न सोचें। अपनी ज़रूरतों के बारे में ही न सोचें। यहाँ जॉर्ज की ज़रूरतों के बारे में भी सोचें। वहाँ सैंडी की ज़रूरतों के बारे में भी सोचें। और सोचें कि उन्हें खुलकर बोलने के लिए प्रेरित करने और उनकी ज़रूरतों को समझने के लिए आपको उनसे कैसे सवाल पूछने चाहिए।"

आपके व्यक्तिगत संबंधों पर भी इसका उल्लेखनीय असर हो सकता है। फ़ीनिक्स के प्रतिष्ठित बिज़नेसमैन वर्न एल. लॉन कहते हैं, "हाल में हमारा चार साल का पोता जॉर्डन एक रात के लिए मैक्सिन और मेरे घर पर रहने आया। जब जॉर्डन शुक्रवार की सुबह जागा, तो मैं टी.वी. पर न्यूज़ देख रहा था और अख़बार भी पढ़ रहा था। जॉर्डन ने देखा कि मैं दरअसल न्यूज़ पर ग़ौर नहीं कर रहा था और वह ख़ुद कार्टून देखना चाहता था।

"जॉर्डन ने मुझसे कहा, '*दादाजी*, क्या आप चाहते हैं कि मैं टी.वी. बंद कर दूँ, ताकि आप पूरे ध्यान से अख़बार पढ़ सकें?' मैं समझ गया कि वह

कार्टून देखना चाहता है। इसलिए मैंने कहा, 'ठीक है, बंद कर दो। या अगर तुम चाहो, तो कोई दूसरा चैनल लगा लो।'

"कुछ ही पलों में रिमोट कंट्रोल उसके हाथ में था। जॉर्डन ने फ़र्श पर लेटकर कार्टून चैनल लगा लिया। हालाँकि वह सिर्फ़ चार साल का है, लेकिन उसने बड़ी परिपक्वता से पहले यह सोचा, 'दादाजी क्या चाहते हैं, ताकि मैं अपनी मनचाही चीज़ पा सकूँ?'"

लर्नर न्यूयॉर्क द लिमिटेड, इंक. का एक डिवीज़न है। यहाँ की मार्केटिंग की वाइस प्रेसिडेंट बारबरा हेज तो इस नीति की जैसे दीवानी हैं। उनके संदर्भ में – जैसा कि रिटेल बिज़नेस में काम करने वाले लोगों के साथ अक्सर होता है – सामने वाला एक ग्राहक होता है।

हेज के हिसाब से यह प्रक्रिया संभावित ग्राहक के लर्नर स्टोर की सीढ़ियाँ चढ़ने से पहले ही शुरू हो जाती है। वे कहती हैं, "कुछ मॉल्स में हमारे यहाँ लीज़ फ्रंट सत्तर फ़ुट के हैं। ग्राहक साढ़े आठ सेकंड में यह फ़ैसला कर लेता है कि वह आपके स्टोर में आएगा या नहीं।" जब मिलियनों ग्राहक यह त्वरित निर्णय लेते हैं, तो उनके इसी निर्णय से बड़े पैमाने पर यह तय होगा कि लर्नर सफल होगा या नहीं। इसे ध्यान में रखकर हेज कहती हैं, "मेरे पास सिर्फ़ साढ़े आठ सेकंड का ही समय होता है।"

उच्च प्रतिस्पर्धा से भरा रिटेल उद्योग वास्तव में ग्राहक के नज़रिए से दुनिया को देखने के क्षेत्र में सबसे आगे रहा है।

हम सब कभी न कभी ख़राब स्टोर्स में गए होंगे। सभी क्लर्क इकट्ठे होकर एक दूसरे से बतियाने में जुटे रहते हैं। ग्राहक को ऐसा महसूस होता है, जैसे वह प्राइवेट क्लब में जबरन घुस आने वाला घुसपैठिया हो। सेवा? आप सेवा चाहते हैं? सेल्स क्लर्क्स इतने बोर, चिड़चिड़े या व्यस्त होते हैं कि आपके आग्रह को अपनी बातचीत में बाधा या व्यवधान मानते हैं।

उदासीन ग्राहक सेवा का युग अब गुज़र चुका है। ग्राहकों ने अपना सिक्का जमा लिया है। ग्राहक-ही-सब-कुछ-है के नए नैतिक सूत्र के अनुसार जो स्टोर्स ख़ुद को नहीं ढालते हैं, वे फटाफट बिज़नेस से बाहर चले जाते हैं और अपने साथ अपने उदासीन कर्मचारियों को भी ले जाते हैं।

स्वर्गीय सैम वाल्टन ने अपने वाल-मार्ट डिस्काउंट स्टोर्स के लिए पूर्णकालिक "अभिवादनकर्ता" (greeter) नियुक्त किए थे। इन लोगों का काम बस यह था कि वे आगे वाले दरवाज़े के पास खड़े रहें, ग्राहकों से हेलो कहें और उन्हें सही दिशा में भेजें। क्यों ? यह सिर्फ़ वाल्टन की अरकांसस प्रदत्त मेहमाननवाज़ी नहीं थी। असल में उनमें ग्राहक के नज़रिए से अपने स्टोर को देखने की गहरी समझ थी। ग्राहक यहाँ आ चुके हैं। वे इस विशाल, तेज़ रोशनी वाले स्टोर में क़दम रख रहे हैं, जहाँ सामान की कई कतारें हैं और उन्हें ज़रा भी पता नहीं है कि उनका मनपसंद सामान कहाँ है। लोगों को मार्गदर्शन की ज़रूरत होती है। वे उस स्टोर को पसंद करने लगते हैं, जहाँ उन्हें मार्गदर्शन मिलता है। वे जिस सामान की तलाश कर रहे हैं, अगर वे उस तक पहुँच सकें, तो इस बात की संभावना बढ़ जाती है कि वे उसे ख़रीद लेंगे। इससे ग्राहक ख़ुश होंगे, जो स्टोर के लिए भी अच्छी बात है। ख़ुश ग्राहक हर स्टोर के लिए अच्छे होते हैं।

सैम वॉल्टन का एक नियम था : "अपने ग्राहकों की अपेक्षाओं से आगे जाएँ। अगर आप ऐसा करते हैं, तो वे आपके पास बार-बार आएँगे। उन्हें उनकी मनचाही चीज़ दें ... और उससे थोड़ा ज़्यादा भी।"

रिटेलिंग के ऊपरी सिरे पर कार्यरत नॉर्डस्ट्रॉम चेन 1980 के दशक के अंत और 1990 के दशक की शुरुआत की मंदी से आसानी से उबर गई। इस डिपार्टमेंट स्टोर की पहली प्राथमिकता थी : चीज़ों को ग्राहक के नज़रिए से देखना।

बिज़नेस कंसल्टेंट डेनिस ई. वेटली कहते हैं, "नॉर्डस्ट्रॉम वह रिटेलर है, जिससे हम सबसे ज़्यादा घबराते हैं। मेरी पत्नी उन्हें अपना सबसे बड़ा समर्थक मानती है। उसने नॉर्डस्ट्रॉम के दो जोड़ी जूते ख़रीदे और दो हफ़्ते पहनने के बाद उन्हें वापस करने गई। उनमें से एक जोड़ी जूते उसे काट रहे थे, लेकिन वह दोनों जोड़ी जूते वापस करना चाहती थी। कोई दिक्क़त नहीं। ऐसा कर सकते हैं। ग्राहक हमेशा महाराजा और महारानी है। ग्राहक शहंशाह है, जिसके साथ वैसा ही बर्ताव होता है, जैसा हम अपने साथ चाहते हैं। यही वह तरीक़ा है, जो कारगर साबित होता है।"

इसके बावजूद वेटली एक दिन रात को घर पर आए फ़ोन कॉल के लिए तैयार नहीं थे। फ़ोन एक दोस्ताना आवाज़ वाली महिला का था।

महिला : “हेलो, क्या मैं सूज़न वेटली से बात कर सकती हूँ ? मैं मार्था बोल रही हूँ, आपकी नॉर्डस्ट्रॉम ग्राहक सेवा प्रतिनिधि।”

डेनिस : “मार्था, आप कमीशन्ड सेल्स रिप्रज़ेन्टेटिव हैं, जो अतिरिक्त पॉइंट्स कमाने की कोशिश कर रही हैं। आप आख़िर चाहती क्या हैं ? मैं खाना खाने की तैयारी कर रहा हूँ और डिनर के दौरान व्यवधान नहीं चाहता। आपको सूज़न से क्या बात करनी है ?”

महिला : “सूज़न के साइज़ और कलर के जूते स्टोर में आ गए हैं और मैं उन्हें ऑफ़िस के बाद आपके घर पहुँचाने आ रही हूँ।”

डेनिस : “जहाँ तक मुझे याद है, आप साउथ काउंटी में रहती हैं और हम नॉर्थ काउंटी में, जो आपके रास्ते में नहीं पड़ता है। मैं पाँच मिनट में डिनर करने वाला हूँ, इसलिए आपको यहाँ आने का पर्याप्त समय नहीं मिलेगा। लेकिन कोशिश करने के लिए धन्यवाद।”

महिला : “मैं आपके ड्राइववे में ही खड़ी हूँ और अपने सेलफ़ोन से बात कर रही हूँ।”

डेनिस : “ओह, तो अंदर आ जाएँ।”

तो इस तरह नॉर्डस्ट्रॉम ने बिक्री कर ली और वेटली को भी यह मानना पड़ा कि वह इस सेवा से प्रभावित हुआ था। स्टोर सभी चीज़ों को ग्राहक की रुचियों के संदर्भ में देख रहा था।

असल बात यह नहीं है कि बिज़नेस का कौन सा तरीक़ा हमारे लिए सबसे ज़्यादा सुविधाजनक रहेगा। मुद्दा तो यह है कि हम आपके लिए सबसे सुविधाजनक तरीक़े से बिज़नेस कैसे कर सकते हैं। ग्राहक को ख़ुश करना – यही सबसे अहम बात है। और संभावित ग्राहक की नज़रों से देखे बिना इस निर्णय पर पहुँचने का कोई उपाय नहीं है।

डन एंड ब्रैडस्ट्रीट सॉफ़्टवेयर सर्विसेस, इंक. अपने द्वारा बेचे जाने वाले हर प्रॉडक्ट के लिए एक “ग्राहक सभा” आयोजित करती है।

कंपनी के चेयरमैन जॉन इमले कहते हैं, “हम कोई प्रॉडक्ट तब तक तैयार नहीं करते हैं, जब तक कि ग्राहक सभा हमें निर्देश नहीं दे देती है कि यह उनकी प्राथमिकता है। उनकी एक प्राथमिकता सूची होती है। हमारे पास भी एक

सूची होती है, जिसमें विशेषताएँ और कार्य होते हैं। हम बेहतरीन सेवा देना चाहते हैं और वे अपनी ज़रूरतें पूरी करना चाहते हैं। वे हमें जानकारी देते हैं और हम उनकी समस्याएँ सुलझाने और उनकी ज़रूरतें पूरी करने में गर्व महसूस करते हैं।"

डन एंड ब्रैडस्ट्रीट में इसे विलासिता नहीं माना जाता। यह तो बिज़नेस करने का एक बुनियादी हिस्सा है। इमले घोषणा करते हैं, "हम ग्राहक से मिलने वाली जानकारी के बिना प्रॉडक्ट विकसित कर ही नहीं सकते। यह तो हाथीदाँत के टॉवर में रहने जैसा होगा और उस स्थिति में हम नाकाम हो जाएँगे।"

बाहर की तरफ़ देखने वाला यह दृष्टिकोण सिर्फ़ ग्राहकों तक ही सीमित नहीं रहना चाहिए। यह कर्मचारियों, सप्लायर्स या रोज़मर्रा के संपर्क में आने वाले हर व्यक्ति पर भी लागू होता है।

डेविड होलमैन एक ऑस्ट्रेलियन प्रोड्यूस वेंडर कंपनी जॉन होलमैन एंड कंपनी प्राइवेट लिमिटेड का निर्यात प्रभाग चलाते हैं। एक दिन होलमैन पर यह दुखद ज़िम्मेदारी थी कि वे अपने एक बहुत बड़े उत्पादक को एक बुरी ख़बर सुनाएँ : उस आदमी की सब्ज़ियों के नए निर्यात भाव उम्मीद से आधे होंगे।

यह ख़बर सुनाते वक़्त उन्हें फ़ोन पर वैसी ही प्रतिक्रिया मिली, जैसी कि आशंका थी। वह आदमी यह सुनकर सदमे में आ गया। हालात इतने गंभीर नज़र आ रहे थे कि होलमैन ने उससे आमने-सामने की बातचीत करने का निर्णय लिया। इसके लिए उन्हें दो घंटे की यात्रा करके उसके फ़ार्म तक जाना पड़ा।

फ़ार्म पहुँचने पर होलमैन ने देखा कि खेत गीले और कीचड़ भरे थे। उन्हें बताया गया कि किसान फ़सल देखने गया था। होलमैन ने किसान के रबड़ के जूतों का अतिरिक्त जोड़ा पहना और उससे मिलने के लिए खेत की तरफ़ चल दिए।

होलमैन ने चिंतित आवाज़ में किसान से पूछा, "आप कैसे हैं?"

फिर उन्होंने पूरी परानुभूति से सुना कि उस किसान ने कितनी कड़ी मेहनत की थी, इस साल फ़सल उगाने में कितना समय लगा था, 1990 के

दशक में खेत में काम करने में कितनी आर्थिक मुश्किलों का सामना करना पड़ा था और वह वर्तमान भाव से कितना निराश था।

होलमैन को किसान का नज़रिया समझने में कोई दिक्क़त नहीं हुई। यह स्पष्ट था कि किसान कई गंभीर समस्याओं से जूझ रहा था। होलमैन ने उसके प्रति दिली चिंता ज़ाहिर की। बस, इतना ही काफ़ी था। होलमैन को काफ़ी हैरानी हुई, जब किसान ने भाव या फ़सल ख़रीदने के बारे में उसके कुछ कहे बिना ही कह दिया, "मैं देख सकता हूँ कि आपने मेरे साथ ईमानदारी से काम किया है और आप मेरी स्थिति को अच्छी तरह समझते हैं। मैं आपका प्रस्ताव इस उम्मीद से स्वीकार करता हूँ कि हालात हम दोनों के लिए जल्द ही सुधर जाएँगे।"

तो ख़ुद को सामने वाले की स्थिति में रखकर देखें। मुश्किल स्थिति को आसान बनाने का इससे बेहतर तरीक़ा दूसरा नहीं है।

स्केलेमैंड्रे सिल्क्स की प्रेसिडेंट एड्रियाना बिटर कहती हैं, "चीन में हमारा गलीचे का छोटा-मोटा बिज़नेस था। ताइनामेन स्क्वेयर नरसंहार वाले दिन बड़ी कंपनियाँ बंद थीं, लेकिन हमारी छोटी सी मिल चल रही थी। उस दिन हमने एक टेलीग्राम भेजकर कहा कि हमें उनकी पीड़ा पर बहुत अफ़सोस है। हमने उस विशाल ऑर्डर का ज़िक्र नहीं किया, जो अगले सप्ताह तक हमें इंग्लैंड पहुँचाना था। हमने सोचा, 'कोई तरीक़ा नहीं है। चीन से कोई चीज़ बाहर नहीं निकल पा रही है।' लेकिन हमें जवाब मिला, 'आपके टेलीग्राम के लिए धन्यवाद। आपका ऑर्डर आज सुबह भेज दिया गया है।' मैं नहीं जानती कि उन्होंने उसे चीन से बाहर कैसे निकाला, लेकिन उन्होंने यह काम कर दिया। पहाड़ों के बीच बनी इस छोटी मिल के साथ हमारा तालमेल बेहतरीन है।"

मिल कर्मचारियों के दृष्टिकोण से स्थिति देखने की वजह से असंभव दिखने वाला ऑर्डर भी आख़िरकार आ गया।

ग्राहक सेवा के प्रति ऐसा जुनून हर बिज़नेस में ज़िंदगी-या-मौत का मुद्दा होता है। हैरिसन कॉन्फ्रेंस सर्विसेस, इंक. में अगर इसका मतलब महिलाओं के लिए ज़्यादा आरामदेह माहौल बनाना है या ज़्यादा सेहतमंद मीनू सर्व करना है, तो कोई दिक्क़त नहीं। कर सकते हैं।

और सिर्फ़ इतना ही काफ़ी नहीं है कि हम सुझाव पेटी के पूरे भरने या डाक में शिकायती पत्रों के आने तक इंतज़ार करते रहें। ग्राहकों से एक क़दम आगे रहना अनिवार्य है। चतुर बिज़नेस लीडर्स हमेशा इस बारे में सोचते रहते हैं कि ग्राहक आगे क्या चाहेगा – आज से कुछ दिन बाद, कुछ हफ़्तों बाद, कुछ महीनों बाद। यह सब सामने वाले के हितों के बारे में सोचने का ही हिस्सा है। यह "इसमें मेरे लिए क्या है" का उल्टा है।

निश्चित रूप से आज बिज़नेस संबंधी प्रकाशनों की कोई कमी नहीं है। ढेर सारी पत्रिकाएँ, पुस्तकें, न्यूज़लेटर्स, ऑन-लाइन डाटा सर्विसेस, फ़ैक्स रिपोर्ट्स बाज़ार में उपलब्ध हैं। लेकिन मार्टिन एडेलस्टन की सोच थी कि इनमें से ज़्यादातर वह व्यावहारिक जानकारी नहीं दे रहे थे, जिसकी ज़रूरत कई व्यवसायियों को थी। "ये प्रकाशन कमोबेश बिज़नेस की ख़बरों तक ही सीमित रहते हैं। लेकिन वे आपको इस बारे में कोई कारगर सलाह नहीं देते कि अपने कर्मचारियों के साथ कैसे निबटें, स्वास्थ्य की लागत को कम कैसे करें। वे स्वास्थ्य संबंधी समस्या के बारे में बात तो करेंगे, लेकिन आपको यह नहीं बताएँगे कि उसमें गहराई तक कैसे जाएँ।" इस ख़ाली जगह को भरने के लिए एडेलस्टन ने अपनी कंपनी बोर्डरूम *रिपोर्ट्स* शुरू की।

क्या इस चीज़ की कल्पना करने के लिए किसी जीनियस की ज़रूरत होती है? बिलकुल नहीं। इसके लिए तो बस लीडर्स की ज़रूरत होती है, जो हर दिन ख़ुद से पूछते हों, "ग्राहक हमारे बिज़नेस को कौन सा ग्रेड देते हैं? ग्राहक अब हमसे आगे क्या चाहेंगे?"

लगभग हर बिज़नेस दुनिया को इस तरह देखने के दृष्टिकोण से फ़ायदा उठा सकता है।

एसएएस एयरलाइंस की प्रेसिडेंट जैन कार्लज़ोन कहती हैं, "पिछले साल हमारे एक करोड़ ग्राहकों में से हर एक हमारे लगभग पाँच कर्मचारियों के संपर्क में आया। यह संपर्क औसतन पंद्रह सेकंड तक चला। सत्य के ये पाँच करोड़ पल ही अंततः यह तय करेंगे कि एसएएस सफल हो पाएगी या नहीं।"

सामने वाले के नज़रिए से स्थिति को देखना अपने आप नहीं हो जाता। सवाल जटिल नहीं होते, लेकिन उन्हें पूछना पड़ता है। ऑफ़िस में, घर पर, समाज में ये सवाल पूछते रहें। जल्द ही आप स्थिति को उस तरह से देखने

लगेंगे, जिस तरह से दूसरे उसे देखते हैं।

सामने वाला ज़िंदगी के किन अनुभवों की बुनियाद पर काम कर रहा है? सामने वाला यहाँ क्या हासिल करने की कोशिश कर रहा है? सामने वाला किस चीज़ से बचने की कोशिश कर रहा है? सामने वाले को और किन निर्वाचन क्षेत्रों की सेवा करनी है? सामने वाले को ऐसी कौन सी चीज़ की ज़रूरत है, जिसे हासिल करने पर वह इस मुलाक़ात को सफल मानेगा?

इन सवालों के जवाब अलग-अलग कंपनियों के लिए अलग-अलग होंगे, हालाँकि कुछ चीज़ें बेशक एक जैसी होंगी। सटीक जवाब जो भी हों, मुद्दे की बात तो यह है कि अपने दृष्टिकोण से सामने वाले की इच्छाओं का अनुमान न लगाते रहें। यह पता लगाने की सच्ची कोशिश करें कि सामने वाला दरअसल किस चीज़ की तलाश कर रहा है - और जहाँ तक इंसान के वश में है, उसे वह चीज़ उपलब्ध करा दें। जैसा कि डेल कारनेगी ने कहा था, "अगर आप लोगों की समस्याएँ सुलझाने में उनकी मदद कर सकते हैं, तो दुनिया आपकी मुट्ठी में होगी।"

कॉर्निंग के डेविड लूथर को ग़ुस्से से भरा एक शिकायती पत्र मिला, जिससे उन्हें यह समझ में आ गया कि महानता की उनकी और ग्राहक की परिभाषाओं में बड़ा भारी फ़र्क़ था। लूथर उन दिनों ब्रिटेन में काम कर रहे थे। कॉर्निंग ने एक व्यापक ग्राहक सर्वे किया था, जिसमें एक ग्राहक ने अपनी भावनाएँ छिपाने की ज़रा भी कोशिश नहीं की। उसने साफ़-साफ़ लिख दिया, "कॉर्निंग घटिया है।"

जैसा कोई भी अच्छा एक्ज़ीक्यूटिव करता, लूथर ने शिकायत पर प्रतिक्रिया करते हुए उस आदमी को बातचीत के लिए बुलाया। वह आदमी एक वेयरहाउस का मालिक था, जो अपने यहाँ कॉर्निंग के प्रॉडक्ट्स का स्टॉक रखता था। लूथर ने उस आदमी से पूछा, "कॉर्निंग घटिया क्यों है?"

उस आदमी ने तपाक से जवाब दिया, "आपके लेबल्स के कारण।"

"ओह, अब बात समझ में आई," लूथर ने चहकते हुए कहा। "आपको शायद ग़लतफ़हमी हो रही है, क्योंकि हमारे लेबल में तो कोई दिक्क़त हो ही नहीं सकती। वे तो कंप्यूटर से प्रिंट होते हैं। उन पर उत्पादन का स्रोत, मूल देश, आपका कोड, हमारा कोड, तारीख़, हर ज़रूरी चीज़ छपी होती है।"

उस आदमी ने अपना सिर इधर से उधर धीरे-धीरे हिलाया और फिर बोला, “बेटे, क्या तुम कभी किसी वेयरहाउस में गए हो?”

लूथर ने जवाब दिया, “हाँ, मैंने एक वेयरहाउस में दस साल काम किया है।”

“क्या तुम कभी मेरे *वेयरहाउस* में गए हो?” लूथर को स्वीकार करना पड़ा कि वह वहाँ नहीं गया है। उस आदमी ने कहा, “तो मेरे साथ चलो।”

वे दोनों सीधे उस आदमी के वेयरहाउस में पहुँचे। इस ख़ास वेयरहाउस के शेल्फ़ उन वेयरहाउसों के मुक़ाबले ज़्यादा ऊँचे थे, जहाँ लूथर ने काम किया था। दरअसल ऊपरी शेल्फ़ तो लूथर के सिर से काफ़ी ऊपर थे।

वेयरहाउस वाले आदमी ने ऊपर के एक शेल्फ़ की तरफ़ इशारा करते हुए कहा, “हम कॉर्निंग का सामान वहाँ रखते हैं। क्या तुम वहाँ लगा लेबल पढ़ सकते हो?”

लूथर को स्वीकार करना पड़ा, “नहीं पढ़ सकता।”

“यही तो मुद्दे की बात है,” वेयरहाउस के आदमी ने उसे बताया। “नहीं पढ़ सकते।” तो “कॉर्निंग घटिया है” से उसका यह मतलब था!

लूथर ने उस दिन एक बेशक़ीमती सबक़ सीख लिया। उसने कहा, “आपको ग्राहक के संगठन के भीतर जाकर देखना होगा। वेयरहाउस वाले व्यक्ति के बारे में सोचें। उसकी कुछ ख़ास ज़रूरतें हैं।” और आपको उनका पता तब तक नहीं चल सकता, जब तक कि आप उससे उनके बारे में न पूछें।

अगर आप अपने ग्राहकों, परिवार वालों और दोस्तों के साथ ज़्यादा सफल संबंध बनाना चाहते हैं, तो स्थिति को सामने वाले के दृष्टिकोण से देखना शुरू कर दें।

खुद से बाहर निकलकर यह पता लगाएँ कि सामने वाले के लिए क्या महत्वपूर्ण है।

6

सीखने के मकसद से सुनें

न्यूयॉर्क के एक पुस्तक प्रकाशक ने एक डिनर पार्टी आयोजित की थी। वहाँ मेरी मुलाक़ात एक मशहूर बॉटनिस्ट से हुई। मैंने ज़िंदगी में पहले कभी किसी बॉटनिस्ट से बातचीत नहीं की थी और मुझे उनकी बातें बड़ी रोचक लगीं। जब उन्होंने मुझे विचित्र क़िस्म के पौधों और इनडोर गार्डन्स के नए रूप विकसित करने के अपने प्रयोगों के बारे में बताया, तो मैं सचमुच अपनी कुर्सी के कोने पर बैठकर उनकी बातें सुनता रहा। मेरे घर पर भी एक छोटा सा इनडोर गार्डन था और उन्होंने बड़ी उदारता से मुझे बताया कि मैं अपनी कुछ समस्याएँ कैसे सुलझा सकता हूँ।

जैसा मैंने बताया, हम एक डिनर पार्टी में थे। वहाँ पर बारह-तेरह दूसरे मेहमान भी थे। लेकिन मैंने शिष्टाचार के सारे नियम तोड़ दिए, बाक़ी सबको नज़रअंदाज़ कर दिया और घंटों तक उसी बॉटनिस्ट की बातें सुनता रहा।

आधी रात हो गई। मैं सभी से शुभ रात्रि कहकर चल दिया। तब बॉटनिस्ट ने मेज़बान से मेरी जमकर प्रशंसा की। उन्होंने कहा, मेरी बातें काफ़ी विचारोत्तेजक हैं। मैं ऐसा हूँ, मैं वैसा हूँ। और अंत में उन्होंने कहा, मैं बड़ी रोचक बातें करता हूँ।

रोचक बातें ?

मैंने तो कुछ कहा ही नहीं था। अगर मैं चाहता भी, तब भी उस विषय पर कुछ नहीं कह सकता था, क्योंकि मुझे बॉटनी का बस उतना ही ज्ञान है, जितना कि पेंग्विन की शरीर-संरचना का। लेकिन मैंने एक काम अच्छी तरह किया था : मैंने उनकी बातें ग़ौर से सुनी थीं। मैंने ग़ौर से इसलिए सुनीं, क्योंकि उनमें मेरी सच्ची दिलचस्पी थी। और उन्हें भी इस बात का एहसास हो गया

था। ज़ाहिर है, इससे वे ख़ुश हुए। किसी की बातें ग़ौर से सुनना बहुत बड़ी तारीफ़ होती है। और इसी वजह से उन्होंने मुझे रोचक बातें करने वाला माना, जबकि दरअसल मैं तो सिर्फ़ अच्छा श्रोता था और उन्हें बातचीत करने के लिए प्रोत्साहित कर रहा था।

–डेल कारनेगी

दूसरों की बातें सुनने के दो बहुत अच्छे कारण हैं। एक तो यह कि इससे आप नई बातें सीखते हैं और दूसरा यह कि लोग अपनी बात सुनने वाले लोगों से ख़ुश होते हैं।

यह बात इतनी स्पष्ट है कि इसे यहाँ पर लिखना मूर्खतापूर्ण लग सकता है। लेकिन हममें से ज़्यादातर लोग ज़िंदगी भर इस सबक़ को नज़रअंदाज़ करते रहते हैं।

ह्यू डाउन्स ख़ुशक़िस्मत थे। वे लंबे समय तक एबीसी के 20/20 कार्यक्रम के होस्ट थे। उन्हें अच्छा श्रोता होने का महत्व अपने प्रसारण कैरियर की शुरुआत में ही पता चल गया था। यह रेडियो के ज़माने की बात थी, जब डाउन्स लाइव इंटरव्यू लेना शुरू कर ही रहे थे। उन्होंने ख़ुद देखा कि उनके एक अनुभवी सहकर्मी के ठीक से न सुनने का परिणाम कितना गंभीर हुआ।

डाउन्स बताते हैं, "वह एक आदमी का इंटरव्यू ले रहा था, जो तीस के दशक में क्रेमलिन की जेल से फ़रार हुआ था। वह आदमी बता रहा था कि क़ैदियों ने जेल से भागने के लिए महीनों तक सुरंग बनाई। वे खोदते गए, लगातार खोदते गए। खुदाई से जो मिट्टी निकली, उसे उन्होंने खा लिया। उन्होंने आरी को चुपके से जेल के भीतर लाने की व्यवस्था कर ली। और जब उन्हें लगा कि सुरंग जेल की दीवार के बाहर तक पहुँच चुकी है, तो वे ऊपर की तरफ़ खोदने लगे। यह बहुत ही नाटकीय कहानी थी।

"आख़िरकार, एक दिन आधी रात को वे फ़रार होने के लिए तैयार थे। उन्होंने पहले ही अपने सिर के ऊपर का लकड़ी का मंच आरी से काट दिया था। लेकिन जैसे ही पहले क़ैदी ने अपना सिर बाहर निकाला, उसे ऐसा दृश्य दिखा, जिससे वह सदमे में आ गया। उस क़ैदी ने इंटरव्यू लेने वाले को बताया, 'जब मैं उठकर खड़ा हुआ, तो मैंने ख़ुद को जोसेफ़ स्टालिन के ऑफ़िस

के बीचोंबीच खड़ा पाया।"

"और आप जानते हैं, इसके बाद इंटरव्यू लेने वाले ने क्या कहा? उसने फ़रार क़ैदी से पूछा, 'क्या आपका कोई ख़ास शौक है?'"

उसने यह नहीं कहा, "क्या सचमुच? जोसेफ़ स्टालिन के ऑफ़िस में?" या "कहीं उस रात स्टालिन देर रात तक तो काम नहीं कर रहे थे?" या "मुझे बताएँ, क्या आपके मन में उनकी कुर्सी पर बैठकर उनका सिगार पीने का लालच नहीं आया?" अगर इंटरव्यू लेने वाला फ़रार क़ैदी की बात ठीक से सुन रहा होता, तो वह इनमें से या इनके अलावा कोई भी ऐसे सवाल पूछ सकता था, जो उसके श्रोताओं के दिमाग़ में बेशक़ घुमड़ रहे थे। लेकिन इंटरव्यू लेने वाले का ध्यान कहीं और ही था। इसलिए वह पहले से तय यह मूर्खतापूर्ण सवाल ही पूछ पाया। और उसके श्रोता एक दिलचस्प कहानी के ज़बर्दस्त रोमांच से वंचित रह गए।

डाउन्स ने कहा, "यह एक सच्ची कहानी है। और मैंने इस तरह के दूसरे इंटरव्यू भी सुने हैं, जहाँ इंटरव्यू लेने वाले ने बात ठीक से सुनी ही नहीं। आश्चर्य होता है कि सुनते वक़्त लोग कितनी महत्वपूर्ण बातें चूक जाते हैं। यह बिज़नेस का ऐसा हिस्सा है, जिसे मैं हाँ-अच्छा इंटरव्यू कहता हूँ।"

ज़ाहिर है, सुनना सिर्फ़ प्रोफ़ेशनल इंटरव्यू लेने वालों के लिए ही महत्वपूर्ण नहीं होता। यह संवाद करने वाले हर व्यक्ति के लिए, हर जगह, हर वक़्त महत्वपूर्ण है।

सुनना सबसे महत्वपूर्ण संवाद कौशल है। प्रेरक संभाषण की कला से भी ज़्यादा महत्वपूर्ण। बुलंद आवाज़ से भी ज़्यादा महत्वपूर्ण। कई भाषाएँ बोलने की योग्यता से भी ज़्यादा महत्वपूर्ण। लिखने की प्रतिभा से भी ज़्यादा महत्वपूर्ण।

और अच्छा सुनना ही वह मोड़ है, जहाँ से असरदार संवाद शुरू होता है। हैरानी की बात है कि बहुत कम लोग सचमुच अच्छी तरह सुनते हैं, लेकिन सफल लीडर्स अक्सर वही होते हैं, जो सुनने का महत्व समझ लेते हैं।

मोटरोला, इंक. के गुणवत्ता निदेशक रिचर्ड सी. ब्यूटो कहते हैं, "मैं शिखर पर बैठकर ये सपने नहीं देखता कि हमें क्या करना चाहिए। यह बात तो मुझे दूसरों से पता लगानी पड़ती है। इसके लिए मुझे उनकी बहुत सी बातें सुननी होती हैं।"

ब्यूटो संवाद कला में माहिर हैं। वे जहाँ भी जाते हैं, उनसे मोटरोला के सपने या भविष्य-दृष्टि को व्यक्त करने और संप्रेषित करने की अपेक्षा की जाती है। लेकिन उन्हें भी यह मालूम है कि कब नहीं बोलना है। उनके ही शब्दों में, "आपको अपने मुँह का ट्रांसमिटर बंद करने और सुनने में समर्थ होना चाहिए - रिसीवर चालू रखें, दूसरों को विचार व्यक्त करने का मौक़ा दें और इसके लिए उन्हें प्रोत्साहित करें।"

यह समझ बिज़नेस लीडर के रूप में ब्यूटो की आत्म-छवि का केंद्रीय हिस्सा है। मिसाल के तौर पर, वे कभी भी अपने बारे में इस तरह नहीं बोलते, जैसे वे कोई महान रणनीतिज्ञ या आधुनिक कॉरपोरेट ज्ञाता हों। वे तो अपनी तुलना एक संदेशवाहक कबूतर से करते हैं।

वे स्पष्ट करते हैं, "मैं मोटरोला में गुणवत्ता की एक भी समस्या ख़ुद नहीं सुलझाता हूँ। अगर आप मुझसे हार्डवेयर के बारे में पूछेंगे, तो मैं आपको हार्डवेयर प्रभारी का फ़ोन नंबर दे दूँगा। मैं तो बस सुनता हूँ, अच्छे विचार चुनता हूँ और उन्हें इस जगह से उस जगह तक पहुँचाता हूँ।"

अंतर्निहित सच्चाई स्पष्ट है : *कोई भी हर चीज़ नहीं जान सकता। दूसरों की बातें सुनना ही सीखने का सबसे अच्छा तरीक़ा है।*

इसका मतलब है कर्मचारियों की बातें सुनना, ग्राहकों की बातें सुनना और अपने मित्रों व परिवार वालों की बातें सुनना - सबसे बड़े आलोचक की बातें भी सुनना। हालाँकि इसका मतलब यह बिलकुल नहीं है कि आप दूसरों की राय के ग़ुलाम बन जाएँ। इसका मतलब तो बस यह है कि आप उनकी बात सुन लें।

यक़ीन मानिए, आप कई विचारों के लिए उनके आभारी रहेंगे।

पैकेज्ड गुड्स कंपनी लीवर चिली, एस.ए. के मैनेजिंग डायरेक्टर जॉर्जियो मैशिएटो दक्षिण अमेरिका में कई फ़ैक्ट्रियों के प्रभारी थे, जिनमें एक विशाल पेप्सोडेंट टूथपेस्ट प्लांट भी था। टूथपेस्ट के स्टील टैंक को बार-बार धोना पड़ता था, जिस कारण फ़ैक्ट्री के उत्पादन कार्यक्रम में बाधा पड़ती थी। एक दिन इस संबंध में लाइन ऑपरेटर ने एक सुझाव दिया और मैशिएटो ने समझदारी से उस पर फ़ौरन अमल कर दिया।

वे याद करते हुए कहते हैं, "हम सिर्फ़ एक ही टैंक का इस्तेमाल कर रहे थे। असेंबली लाइन के उस कर्मचारी ने सुझाव दिया कि हमें एक और टैंक भी रख लेना चाहिए। पहले टैंक को धोते वक़्त हम दूसरे का इस्तेमाल कर सकते हैं। इस तरह उत्पादन नहीं रुकेगा। एक केस में एक बोल्ट लगाने और दूसरे केस में एक छोटा टैंक लगाने से हमने चेंजओवर टाइम को सत्तर प्रतिशत तक कम कर लिया है और अपनी उत्पादकता काफ़ी बढ़ा ली है।"

इसी स्रोत से यानी फ़ैक्ट्री के फ़र्श से ही मैशिएटो को टूथपेस्ट उत्पादन का दूसरा विचार मिला। यह विचार भी पहले विचार जितना ही महत्वपूर्ण था। बरसों से फ़ैक्ट्री टूथपेस्ट कनवेयर बेल्ट के नीचे एक बहुत नाज़ुक और महँगे तराजू का इस्तेमाल कर रही थी। इसका मक़सद यह सुनिश्चित करना था कि टूथपेस्ट के हर पैक (carton) में ट्यूब हो और कोई भी पैक ख़ाली न रह जाए। लेकिन हाई-टेक तराजू कभी कारगर साबित नहीं हुआ। मैशिएटो कहते हैं, "कई ख़ाली पैक भी सील हो जाते थे।

"असेंबली लाइन पर काम करने वाले एक कर्मचारी ने यह सुझाव दिया कि हम यह सारी महँगी मशीनरी हटा दें और कनवेयर बेल्ट के सामने तेज़ हवा फेंकने वाला पंखा लगा दें। इस सुझाव पर भी अमल किया गया। हवा की गति इतनी तेज़ होती है कि ख़ाली पैक बेल्ट से उड़ जाता है, जिससे सबको स्थिति का पता चल जाता है।"

कई लोग ग़लती से सुनने को निष्क्रिय (passive) और बोलने को सक्रिय (active) मान लेते हैं। लोग-बाग अक्सर बातचीत में "पीछे टिककर सुनने" जैसे जुमलों का इस्तेमाल करते हैं। इससे यह पता चलता है कि सुनने के बारे में लोगों की ग़लतफ़हमी कितनी व्यापक है। किसी की कही बात सुनना तुलनात्मक रूप से निष्क्रिय गतिविधि है। लेकिन असरदार तरीक़े से और दिलचस्पी लेकर सुनना बड़ा ही सक्रिय काम है।

दक्षिण अमेरिकी कंप्यूटर सिस्टम्स कंपनी सोंडा, एस.ए. के प्रेसिडेंट आंद्रे नैवारो अपनी स्पेनिश भाषा के ज़रिए इन दोनों बातों में फ़र्क़ बताते हैं। नैवारो कहते हैं, "स्पेनिश में हमारे यहाँ दो शब्द हैं, *ऑइर* और *एस्क्यूकर* (जिनका क्रमशः अर्थ है कान में जाना और सुनना)। सचमुच सुनना कान में बात जाने से कहीं ज़्यादा है। कई लोग जब किसी की बातों को बस अपने कान में जाने देते हैं, तो दरअसल मन ही मन यह सोच रहे होते हैं, 'मैं क्या जवाब दूँगा?'

वे यह सुनने की कोशिश ही नहीं करते कि सामने वाला दरअसल क्या कह रहा है।"

सक्रिय रूप से सुनने के लिए बातचीत में गहरे जुड़ाव की ज़रूरत होती है, भले ही सुनने वाले के होंठ ख़ामोश हों। यह हमेशा आसान नहीं होता। इसमें एकाग्रता की ज़रूरत होती है। सच्ची संलग्नता की ज़रूरत होती है। सवाल पूछने और कुरेदने की ज़रूरत होती है। और इसमें किसी तरह की प्रतिक्रिया देने की ज़रूरत होती है - तत्काल, विचारपूर्ण, लक्ष्य पर और संक्षिप्त।

बातचीत में सक्रिय संलग्नता दिखाने के कई तरीक़े होते हैं, जिनमें हर सात शब्दों के बाद बीच में कूदना या सामने वाले की बात काटना शामिल नहीं है। असल मुद्दा इन सभी तकनीकों में माहिर बनना नहीं है। अच्छे श्रोता आरामदेह और सहज महसूस होने वाली कुछ तकनीकें सीख लेते हैं - और वे उन पर ही अमल करते हैं।

यह कभी-कभार सिर झुकाना, ओह, या मैं समझता हूँ, हो सकता है। कुछ लोग अपनी मुद्रा बदलना या कुर्सी पर आगे की तरफ़ झुकना पसंद करते हैं। बाक़ी लोग सही मौक़ों पर मुस्कुराते या अपना सिर हिलाते हैं। निगाहें मिलाना भी सामने वाले को यह बताने का एक और तरीक़ा है, "हाँ, मैं आपकी बात ग़ौर से सुन रहा हूँ।"

और जब सामने वाला अपनी बात कहकर रुक जाए, तो आगे बढ़कर एक सवाल पूछ लें, जो उसकी अभी-अभी कही बातों के हिसाब से सटीक बैठता हो।

यहाँ महत्वपूर्ण यह नहीं है कि सुनने की किस तकनीक का इस्तेमाल किया जाता है। किसी भी विधि का इस्तेमाल सतही या ऊपरी तरीक़े से नहीं किया जाना चाहिए। ये सिर्फ़ कुछ नीतियाँ हैं, जो दिमाग़ में रखने लायक़ हैं। आपको सही पल आने पर इनका इस्तेमाल करना होगा। इससे सामने वाला आपसे बात करके ख़ुश होगा।

एल्मर व्हीलर दो पीढ़ियों पहले यही विचार सभी तक पहुँचाना चाह रहे थे, जब उन्होंने सेल्समैनशिप पर अपनी शुरुआती पुस्तक लिखी, सेल द सिज़ल, *नॉट द स्टीक* : "अच्छा श्रोता शारीरिक रूप से आपकी ओर झुकता है। वह मानसिक रूप से आपके कहे हर शब्द की ओर झुकता है। वह हर पल 'आपके

साथ' रहता है, सही समय पर सिर हिलाता है और मुस्कुराता है। वह 'ज़्यादा क़रीब से' सुनता है।" यह सिर्फ़ सेल्समैनों के लिए ही अच्छी सलाह नहीं है। व्हीलर की बात याद रखें, "यह सामाजिक और व्यावसायिक सफलता पाने के लिए एक बेहतरीन नियम है।"

एसजीएस-थॉमसन माइक्रोइलेक्ट्रॉनिक्स, इंक. के मानव संसाधन निदेशक बिल मकाहिलाहिला कहते हैं, "सक्रियता से सुनने वाला व्यक्ति आम तौर पर सवाल पूछता है और फिर जवाब का इंतज़ार करता है। वह तत्काल समाधान पेश नहीं कर देता। सक्रिय रूप से सुनना तो तब संभव होता है, जब कर्मचारी बिना किसी शंका के महसूस करता है कि आप नतीजों पर कूद नहीं रहे हैं।"

मकाहिलाहिला इस अवधारणा को इतनी महत्वपूर्ण मानते हैं कि उन्होंने एसजीएस-थॉमसन के सुपरवाइज़र्स के लिए एक्टिव लिसनिंग अवार्ड स्थापित कर दिया। कोई सक्रियता से सुन रहा है या नहीं, यह तय करने के लिए वे तीन सवालों की कसौटी का इस्तेमाल करते हैं :

1. क्या आप सवाल पूछते हैं और फिर जवाब का इंतज़ार करते हैं?
2. क्या आप पूछे गए सवालों पर त्वरित और सीधी प्रतिक्रिया करते हैं?
3. क्या सामने वाला महसूस करता है कि आप उसकी बातें सक्रियता से सुन रहे हैं?

ओमाहा, नेब्रास्का में रहने वाले क्रिस कॉनवे एक बीमा कंपनी में मार्केटिंग विशेषज्ञ थे। वे अकेले अभिभावक थे, जो दो छोटे बेटों को पाल रहे थे। उन्होंने सक्रियता से *सचमुच* सुनने का रहस्य अपने बड़े बेटे डैन से सीखा।

कॉनवे बताते हैं, "डैन पंद्रह किशोरों के एक समूह के साथ हर हफ़्ते एक वृद्ध दंपति के घर जाता है। वे ताज़ा मुद्दों और उन पर युवाओं की स्थिति के बारे में बात करते हैं। वृद्ध पति-पत्नी उनकी बातचीत में संयोजक की भूमिका निभाते हैं। मैंने डैन से पूछा कि उसे इस समूह में कैसा लगता है।"

उसके जवाब में असाधारण उत्साह झलक रहा था। उसने कहा कि उसे पूरा यक़ीन था कि वृद्ध पति-पत्नी की उनके समूह में सच्ची दिलचस्पी है,

क्योंकि वे युवाओं की बातें बड़े ग़ौर से सुनते हैं।

कॉनवे ने कहा, "डैन, मैं भी तो तुम्हारी बात सुनता हूँ।"

डैन ने जवाब दिया, "मैं जानता हूँ, डैडी। लेकिन आप मेरी बात सुनते समय हमेशा खाना बना रहे होते हैं या बर्तन साफ़ कर रहे होते हैं या फिर कोई दूसरा काम कर रहे होते हैं। आप हमेशा जवाब में हाँ, नहीं, या 'मैं इसके बारे में सोचूँगा' कहते हैं। आप तो मेरी बात ग़ौर से सुनते तक नहीं हैं, जबकि ये लोग मेरी ओर चेहरा घुमाते हैं, नज़रों से नज़रें मिलाते हैं और अपनी ठुड्डी पकड़कर सचमुच मेरी हर बात सुनते हैं।"

क्रिस कॉनवे ने भी इसी नीति पर अमल करने का फ़ैसला किया। अगले पाँच हफ़्तों तक उन्होंने अपने दोनों बेटों की बातें सुनने पर पूरा ध्यान केंद्रित किया। "जब मैं बच्चों के साथ खाना खाते वक़्त भोजन परोसता हूँ, तो अपनी प्लेट में सिर्फ़ दो सब्ज़ियाँ लेता हूँ। बच्चों के बोलते वक़्त मैं अपना काँटा नीचे रखकर उनकी ओर चेहरा घुमाता हूँ और फिर उनकी पूरी बात सुनता हूँ। नतीजा यह है कि मेरा वज़न पंद्रह पौंड कम हो गया है। इसका एक और परिणाम हुआ है। पहले हम औसतन आठ मिनट में ही अपना रात का खाना निबटा लेते थे, लेकिन अब लगभग बयालीस मिनट लगने लगे हैं।"

अच्छा सुनने का माहौल – सुनना यहीं से शुरू होता है। जब मन में डर, चिंता या घबराहट हो, तो असरदार ढंग से सुनना असंभव है। इसीलिए अच्छे टीचर्स हमेशा इस बात का ध्यान रखते हैं कि उनके क्लासरूम का माहौल विद्यार्थियों के लिए आरामदेह हो।

किंडरगार्टन टीचर बारबरा हैमरमैन कहती हैं, "जब मैं किसी चीज़ को लेकर परेशान होती हूँ, तो अच्छी तरह नहीं सुन पाती। मैं अपनी ही चिंताओं से घिरी रहती हूँ। अगर बच्चे किसी क्लासरूम में तनावपूर्ण और घबराए हुए हों, तो वे सुनने के लिए ख़ुद को स्वतंत्र महसूस नहीं करेंगे।"

विश्वव्यापी आइसक्रीम और योगर्ट रिटेलर बास्किन-रॉबिन्स के रिटायर्ड चेयरमैन विलियम सैवेल को एक बार नेस्ले कंपनी ने मार्केटिंग और सेल्स प्रभारी बनाकर जापान भेजा।

वे कहते हैं, "इसकी तैयारी के लिए मैं सबसे पहले उन अमेरिकी कंपनियों में गया, जिनकी जापानी सबसिडियरीज़ थीं।" उन्होंने जापानी भाषा भी सीखी।

वे जापानी होटलों में रुके। उन्होंने जापानी भोजन किया। ख़ुद को जापानी चीज़ों से घेरे रखने के लिए उन्होंने हर संभव काम किया।

सैवेल ने कहा, "महत्वपूर्ण बात है सुनना, सचमुच सुनना। इससे पहले कि आप अपना मुँह खोलकर अनाप-शनाप बकने लगें और हर एक को यह बताने लगें कि आप कितने स्मार्ट हैं, सुनें। आपको पहले यह सीखना होगा कि आप कितने नादान हैं। आपको गहराई तक पहुँचना होगा और लोगों को जानना-समझना होगा, उनके साथ बातचीत करनी होगी। ख़ुद को किसी से ऊपर न समझें। चारों तरफ़ घूमें, हर एक से बातें करें, बड़े ग़ौर से सुनें और कभी भी ज़रूरत से ज़्यादा तेज़ी से नतीजों पर न पहुँचें।"

सरल भाषा में कहें, *तो हर जगह के लोगों को यह अच्छा लगता है कि दूसरे व्यक्ति उनकी बातें ग़ौर से सुन रहे हैं।* वे अच्छी तरह सुनने वाले लोगों से लगभग हमेशा ख़ुश होते हैं और बेहतर प्रतिक्रिया करते हैं। किसी की बातें सुनना उसके प्रति सम्मान दिखाने की सबसे अच्छी तकनीकों में से एक है। यह इस बात का संकेत है कि हम उसे महत्वपूर्ण मानते हैं। यह इस बात का सूचक है, "आप जो सोचते हैं, करते हैं और जिस पर यक़ीन करते हैं, वह मेरे लिए महत्वपूर्ण है।"

अजीब बात यह है, सामने वाले की राय सुनना अक्सर उसे अपनी राय से सहमत कराने का सबसे अच्छा तरीक़ा होता है। राष्ट्रपति जॉनसन के सेक्रेटरी ऑफ़ स्टेट डीन रस्क यह बात अच्छी तरह जानते हैं, क्योंकि उन्होंने दुनिया के कुछ सबसे ज़िद्दी नेताओं के साथ दशकों तक सौदेबाज़ी की है। "सुनना अपने कानों के माध्यम से दूसरों को राज़ी करने का तरीक़ा है।" यह वाक़ई सच है। सुनना दूसरों को अपने दृष्टिकोण से दुनिया देखने के लिए राज़ी करने का बहुत सशक्त औज़ार है।

सॉन्डर्स कार्प एंड कंपनी के मर्चेन्ट बैंकर टॉम सॉन्डर्स कहते हैं, "असल कुंजी सामने वाले को समझना है। हमें यह समझना होगा कि वह किसे महत्व देता है। निवेशों को किस तरह देखता है। इसके अलावा, क्या आप ईमानदारी से कह सकते हैं कि हमारी नीति सही है और उसके लिए फ़ायदेमंद है।"

सॉन्डर्स का पेशा है बड़े कॉरपोरेशन्स को बहुत बड़ी धनराशि निवेश करने के बारे में सलाह देना। उनकी पहले नंबर की तकनीक ? सामने वाले की बात सुनना। वे कहते हैं, "हर चीज़ की बुनियाद है सामने वाले की बात सुनना।

उसके दिमाग़ में सचमुच क्या चल रहा है? उसने नहीं क्यों कहा? उसके पीछे असल कारण क्या था?

"एटीएंडटी के साथ मैं पच्चीस साल से जुड़ा हुआ हूँ, जो बहुत ही असाधारण बात है। मैं सोचता हूँ कि इसकी मूल वजह यह है कि मैं अच्छी तरह सुनता हूँ।"

सॉन्डर्स आगे कहते हैं, "मैं आपको बेहतरीन ब्रोशर दे सकता हूँ। मैं आपको ढेर सारी स्लाइड्स दिखा सकता हूँ। लेकिन इसके बावजूद मुझे पहले यह पता लगाना होगा कि सामने वाले को कौन सी चीज़ दिलचस्प लगती है। उस आदमी के दिमाग़ में क्या चल रहा है? वह किस बारे में सोचता है? वह चीज़ों को किस दृष्टिकोण से देखता है?"

सशक्त, सक्रिय श्रोता बनने की दिशा में पहला क़दम यह समझना है कि अच्छी तरह सुनना बहुत महत्वपूर्ण होता है। दूसरा क़दम है सीखने की इच्छा होना। अंत में, आपको सुनने की योग्यताओं का अभ्यास करना होता है।

होम प्रॉडक्ट्स के दिग्गज रबरमेड इंक. के सीईओ वॉल्फ़गैंग आर. शिमट कहते हैं, "मैंने यह सबक़ सुखद तरीक़े से नहीं सीखा। मैंने तो यह बात युवावस्था में तलाक़ की प्रक्रिया से गुज़रकर सीखी। मैं स्वभाव से बहुत ही कैरियर-केंद्रित था। तलाक़ से बचने की कोशिश में मैं और मेरी पत्नी एक परामर्शदाता के पास गए। तब दरअसल मैं पहली बार समझा कि अच्छी तरह सुनना कितना अनिवार्य होता है। मेरा वैवाहिक जीवन मेरे लिए महत्वपूर्ण था और मैं उसे बचाने की कोशिश करना चाहता था। तब पहली बार किसी ने मुझसे खरी-खरी बातें कहीं।"

सुनने के बारे में? शिमट ने कहा, "सिर्फ़ सुनने के बारे में नहीं, बल्कि दूसरों की भावनाओं को महसूस करने और उनके संदर्भ में सोचने के बारे में भी। फिर सामने वाले की भावनाओं को अच्छी तरह से व्यक्त करना होता है, ताकि आप यह दिखा सकें कि वे आपके लिए महत्वपूर्ण हैं।"

मोटरोला में कर्मचारियों को हमेशा अपने विचार बताने के लिए प्रोत्साहित किया जाता है। कंपनी के शीर्ष अधिकारी चुपचाप बैठकर उनके विचार सुनते हैं। मोटरोला के रिचर्ड ब्यूटो कहते हैं, "मैंने बैठकर सैकड़ों टीमों की बातें सुनी हैं, जिन्होंने मुझे बहुत सारे मुद्दों और समाधानों के बारे में बताया है।" और

इन सैकड़ों बातचीतों से ही मोटरोला का भविष्य बना है।

छोटे समूहों की ऐसी चर्चाएँ - जिन्हें आयोजित करने वाले अधिकारी ज़्यादातर वक़्त अपना मुँह बंद रखते हैं - कंपनी में सुनने की शैली को लोकप्रिय बनाने का बहुत मूल्यवान तरीक़ा है। एनालॉग डिवाइसेस के चेयरमैन रे स्टेटा ने एक तकनीक विकसित की है, जिसे वे सीएनए राउंडटेबल कहते हैं। इसकी मीटिंग्स नियमित रूप से आयोजित होती हैं। कर्मचारियों के छोटे समूहों को स्टेटा और एनालॉग के अन्य शीर्षस्थ अधिकारियों के साथ बेबाक बातचीत के लिए आमंत्रित किया जाता है। आम विषयवस्तु होती है, "९० के दशक के लिए एनालॉग को नए सिरे से ढालना," जिसे संक्षेप में सीएनए (Creating a New Analogue) कहा जाता है।

स्टेटा बताते हैं, "ये मीटिंग्स सिर्फ़ कर्मचारियों के सवालों का जवाब देने तक ही सीमित नहीं रहतीं। थोड़ी देर तक बातचीत करने के बाद मैं कहता हूँ, 'अब मैं चाहूँगा कि टेबल पर बैठा हर कर्मचारी मुझे बताए, इस वक़्त आपकी मुख्य चिंताएँ कौन सी हैं? आपके सुझाव क्या हैं? आप कहाँ से आ रहे हैं?' और फिर मैं बैठकर उनकी बातों के ढेर सारे नोट्स लिखता हूँ।"

वे कहते हैं, "इसे सुनना कहते हैं। बाद में मैं एक मेमो लिखता हूँ, जिसमें सुनी हुई सारी बातों का सार रहता है।"

जो बुकर ने स्टील व्यवसाय की आयात-निर्यात कंपनी अलेघेनी लुडलम कॉरपोरेशन में गुणवत्ता सुधार कार्यक्रम के लीडर के रूप में नया पदभार ग्रहण किया। जल्द ही उनका सारा उत्साह डर में बदल गया। "यह कार्यक्रम कंपनी के सबसे बड़े प्लांट में लगभग डेढ़ साल से चल रहा था, लेकिन प्लांट के लगभग दो हज़ार कर्मचारियों ने गुणवत्ता सुधार कार्यक्रम में शामिल होने में घोर अनिच्छा दिखाई थी। समस्या यह थी कि यह ऐच्छिक था, इसलिए किसी को जबरन मजबूर भी नहीं किया जा सकता था। मेरे सामने सवाल यह था, मैं विभागों को गुणवत्ता सुधार की ज़रूरत का एहसास कैसे कराऊँ? कई मामलों में वे इस दिशा में अपनी तकनीकों का इस्तेमाल करके पहले ही सफलता पा चुके थे।"

थोड़े सोच-विचार के बाद बुकर को एहसास हुआ कि उन्हें कर्मचारियों को यह यक़ीन दिलाने की ज़रूरत है कि वे एक सक्षम टीम खिलाड़ी हैं, जो

उनके लिए फ़ायदेमंद होंगे। उन्हें एहसास हुआ कि इसके लिए उन्हें सुनने की कला का ज़बर्दस्त अभ्यास करना होगा।

वे कहते हैं, "मैं प्लांट के सभी छह विभागों में नियमित रूप से जाने लगा। मेरा लक्ष्य यह समझना था कि कर्मचारी अपने प्रॉडक्ट्स की गुणवत्ता के बारे में कैसा महसूस करते हैं। मैं कार्यक्रम के बारे में किसी से कोई बहस नहीं करता था। मैं तो बातचीत का रुख़ इस तरह मोड़ता था, ताकि मैं यह सुन सकूँ कि किस तरह व्यक्ति गुणवत्ता सुधार की प्रक्रिया की कुंजी था। मैं हर विभाग में अपने दोस्त बनाने में कामयाब हो गया और उनकी मदद से मैंने दूसरों को भी प्रोत्साहित किया कि वे विश्वस्तरीय गुणवत्ता तक पहुँचने की हमारी चुनौती में शामिल हों।

"आज हमारे प्लांट में यूनियन सबसे ज़्यादा सहयोग करती है और उनके सहयोग का स्तर पूरी कंपनी में सबसे ऊँचा है। कर्मचारियों को पता होता है कि उनका अगला प्रॉडक्ट या विभाग उनके ग्राहक पर किस तरह असर डाल रहा है। यह सब कर्मचारियों के बीच अच्छी तरह सुनने और खुले संवाद की परंपराओं का सीधा परिणाम है।

कॉर्निंग के डेविड लूथर ने भी ठीक यही नियम खोजा। "किसी भी संवाद योजना (communication plan) पर नज़र डालते वक़्त मैं सबसे पहले यह पता लगाता हूँ कि सुनना शब्द पहली बार कितनी देर बाद आता है? इनमें से ज़्यादातर योजनाओं में इस तरह की बातें भरी पड़ी होती हैं, 'आइए, मैं आपको यह बताता हूँ' या 'मैं आपको यह या वह बताना चाहता हूँ।'

कॉर्निंग में लूथर ने सुनने को व्यावहारिक सुधार साधन बनाने की प्रक्रिया विकसित की है। वे बताते हैं कि यह प्रक्रिया किस तरह काम करती है। "हम एक फ़ैक्ट्री में जाते हैं। मैं पंद्रह कर्मचारियों के दो समूहों से पाँच घंटे चर्चा करने का वक़्त चाहता हूँ। हम भीतर जाते हैं। आम तौर पर मेरे अलावा मेरा एक सहयोगी भी साथ होता है। इसके साथ ही, यूनियन का मुखिया और उसका एक सहयोगी भी होता है। यूनियन का एक आदमी और मैं पंद्रह लोगों के एक समूह को चुन लेते हैं। मेरा सहयोगी और यूनियन का दूसरा आदमी पंद्रह लोगों के दूसरे समूह को साथ ले लेते हैं। इस तरह हर समूह के सामने दो लोग होते हैं।

"हम उन्हें एक प्रक्रिया से गुज़ारते हैं। हमारी पहली बात यह होती है, 'गुणवत्ता के बारे में अच्छा या सही क्या है? याद है, दस साल पहले यहाँ गुणवत्ता कितनी ख़राब हुआ करती थी? अब गुणवत्ता कैसे बेहतर हो गई है? ठीक है, हम यह बात ब्लैकबोर्ड पर लिख देते हैं।'

"दूसरा हिस्सा : 'गुणवत्ता के बारे में क्या सही नहीं है? आप सिर्फ़ एक ही चीज़ के बारे में शिकायत नहीं कर सकते और वह है आपका बॉस। बाक़ी हर चीज़ जायज़ है।' और हम इसे दूसरी सूची में लिख देते हैं।

"फिर हम दूसरी सूची को दस-बारह मुद्दों तक संक्षिप्त करते हैं। चूँकि हमेशा बहुत सी बातें एक जैसी होती हैं, इसलिए हम उन्हें श्रेणीबद्ध कर लेते हैं। फिर हम कहते हैं, 'अब आप वोटिंग करेंगे। यहाँ हमारे सामने बारह मुद्दे हैं और आपमें से हर एक के पास तीन वोट हैं। मैं इन बारह मुद्दों की ओर बारी-बारी से संकेत करूँगा। जिसे आप गुणवत्ता के संबंध में सबसे महत्वपूर्ण तीन मुद्दों में से एक मानते हों, उसके लिए अपना हाथ उठा दें।"

"बारह मुद्दों पर वोटिंग का नतीजा सचमुच दिलचस्प होता है। अक्सर, उनमें से छह को तो एक भी वोट नहीं मिलता, दो को कुछ वोट मिलते हैं और शायद दो को इतने सारे वोट मिलते हैं कि वे चार्ट की ऊपरी सीमाओं को लाँघ जाते हैं। तो आइए, अब हम उन शिकायतों के बारे में बात करते हैं।

"फिर हम दोनों समूहों को एक साथ बैठा लेते हैं। हम प्लांट के मैनेजमेंट को भी बुला लेते हैं। हम हर समूह के एक प्रवक्ता से खड़े होकर अपने समूह की बात रखने का आग्रह करते हैं। वह प्रवक्ता अपनी समूह की बात सबके सामने रखता है, 'हम यह समझ ही नहीं पाते कि प्लांट मैनेजर क्या सोचता है।' और दूसरे समूह का प्रवक्ता खड़े होकर कहता है, 'प्लांट मैनेजर कभी हमसे संवाद नहीं करता है।' मंदबुद्धि से मंदबुद्धि प्लांट मैनेजर भी समझ जाएगा कि उसके सामने एक गंभीर समस्या है और यह पूरी तरह पारदर्शी है। आप हर चीज़ खुले में देख सकते हैं। यह वहीं पर सीधे उसके कर्मचारियों के विचारों से पैदा हुई है। इसके लिए प्रश्नावली भेजने और उनकी रेटिंग या ग्रेडिंग करने की कोई ज़रूरत नहीं होती। मेरा मतलब है यह आपकी आँखों के सामने ही होता है और आपने देखा है कि यह महज़ संयोग नहीं है। आप जानते हैं कि दोनों टीमों को यह पता नहीं था कि दूसरी टीम क्या कह रही है। अब तक शायद हम यह प्रक्रिया पचास बार कर चुके हैं।"

ये सभी तकनीकें अद्भुत हैं। अच्छे नेतृत्व वाली कंपनियों में कई अन्य तकनीकें भी विकसित की गई हैं। याद रखें, उन सभी की बुनियाद में यही दो सिद्धांत होते हैं :

1. सीखने का सबसे अच्छा तरीक़ा है सुनना।
2. लोग अपनी बात सुनने वाले व्यक्तियों को पसंद करते हैं।

सरल सच्चाई यह है कि लोगों को यह अच्छा लगता है कि कोई उनकी बात पूरे ध्यान से सुने। यह बिज़नेस जगत में सच है। यह घर-परिवार में सच है। यह हर उस व्यक्ति के बारे में सच है, जिससे जीवन में हमारा संपर्क होता है।

डेल कारनेगी ने लिखा था, "लोगों को प्रभावित करने का सबसे बड़ा रहस्य अच्छा वक्ता नहीं, बल्कि अच्छा श्रोता बनना है। दूसरों को अपने नज़रिए तक लाने की कोशिश करने वाले ज़्यादातर लोग ख़ुद बहुत ज़्यादा बोलते हैं। दूसरों को बोलने का मौक़ा दें। वे अपने बिज़नेस या समस्याओं के बारे में आपसे ज़्यादा जानते हैं। इसलिए उनसे सवाल पूछें। उन्हें अपने दिल की बात बताने दें।

"अगर आप उनसे सहमत नहीं हैं, तो आपके मन में बाधा डालने या बात काटने का लालच आ सकता है। लेकिन ऐसा हर्गिज़ न करें। यह ख़तरनाक हो सकता है। वे आपकी बातों पर ध्यान नहीं देंगे, क्योंकि उनके मन में उनके बहुत सारे विचार घुमड़ रहे होंगे और बाहर निकलने के लिए कुलबुला रहे होंगे। इसलिए धैर्य से सुनें; खुले दिमाग़ से सुनें। इसे लेकर संजीदा रहें। सामने वाले को पूरी तरह से अपने विचार व्यक्त करने के लिए प्रोत्साहित करें।"

वे यह बात कभी नहीं भूल पाएँगे। और ऐसा करके आप एक-दो नई चीज़ें ज़रूर सीख जाएँगे।

अच्छा श्रोता जितनी अच्छी तरह दूसरों से अपनी बात मनवा सकता है, उतना कोई दूसरा नहीं कर सकता।

7

भविष्य के लिए टीम बनाना

एडॉल्फ सेल्ट्ज़ फ़िलाडेल्फ़िया के एक ऑटोमोबाइल शोरूम में सेल्स प्रभारी थे। उन्होंने मेरे एक कोर्स में हिस्सा लिया था। एक बार अचानक उनके सामने एक मुश्किल आ गई। उन्हें ऑटोमोबाइल सेल्सपीपुल के हताश और असंगठित समूह में उत्साह फूँकना था। उन्होंने सेल्स मीटिंग बुलाकर सेल्सपीपुल से साफ़-साफ़ पूछा कि वे उनसे क्या अपेक्षा रखते हैं। उन्होंने उनके बताए सभी सुझाव ब्लैकबोर्ड पर लिख दिए। फिर उन्होंने कहा, "मैं स्वयं में वे सारे गुण विकसित करूँगा, जिनकी आप मुझसे उम्मीद करते हैं। अब आप मुझे यह बताएँ कि मुझे आपसे किन गुणों की अपेक्षा रखने का हक़ है।"

जवाब तेज़ी से आए : "वफ़ादारी। ईमानदारी। पहल। आशावाद। टीमवर्क। हर दिन आठ घंटे की जोशीली मेहनत।"

मीटिंग एक नए साहस, एक नई प्रेरणा के साथ ख़त्म हुई - एक सेल्सपर्सन ने तो हर दिन चौदह घंटे तक स्वेच्छा से काम करने का प्रस्ताव रख दिया। मि. सेल्ट्ज ने बाद में मुझे बताया कि इससे सेल्स में ज़बर्दस्त उछाल आ गया।

सेल्ट्ज ने कहा, "उन लोगों ने मेरे साथ एक तरह का नैतिक समझौता किया था। जब तक मैं अपनी ज़िम्मेदारी पूरी तरह निभाता रहूँ, तब तक उन्होंने भी अपनी ज़िम्मेदारी पूरी तरह निभाने की ठान ली थी। उनकी अपेक्षाओं के बारे में पूछना ही वह इंजेक्शन था, जिसने जादू जैसा असर दिखाया।"

- डेल कारनेगी

पहले बड़े संगठन पिरामिड के आकार के होते थे। तलहटी में बहुत सारे कर्मचारी होते थे और उनके ऊपर सुपरवाइज़र्स और मध्यम मैनेजर्स की परतें होती थीं। हर परत के पास नीचे वाली परत से ज़्यादा सत्ता होती थी। कई परत वाला यह तंत्र ऊपर उठकर एक आदर्श बिंदु तक पहुँचता था- जहाँ, सीईओ या चेयरमैन और बोर्ड ऑफ़ डायरेक्टर्स बैठे होते थे।

क्या यह कंपनी, अस्पताल या स्कूल के लिए सबसे अच्छा ढाँचा था? किसी ने भी यह पूछने की जहमत नहीं उठाई। पुराना पिरामिड वैसा ही था, जैसा कि वह हमेशा से था : ठोस, प्रभावशाली और परिवर्तन का घोर विरोधी।

कुछ लोगों को यह जानकर हैरानी हो सकती है कि अब पिरामिड टूट रहे हैं। ऐसा लगता है, जैसे प्राचीन मिस्र के ग़ुलामों ने वापस लौटने का फ़ैसला कर लिया है और वे पत्थर निकाल-निकाल कर ले जा रहे हैं। नया परिदृश्य सहारा के रेगिस्तान जितना समतल तो नहीं हो सकता, लेकिन आप शर्त लगा लें, भविष्य अतीत की तुलना में ज़्यादा समतल (flat) ज़रूर होगा।

वे सारी कठोर श्रेणियाँ, वे सारी विभागीय सीमारेखाएँ, वे सारे जटिल आदेश तंत्र - जिन सभी की वजह से रचनात्मक काम करने वालों का दम घुटता था, अब कैसे बने रह सकते हैं? तेज़ी से बदलती दुनिया में उन्हें भला कौन बर्दाश्त कर सकता है?

मैरी के कॉरपोरेशन के वाइस चेयरमैन रिचर्ड सी. बार्टलेट कहते हैं, "आप ख़ुद ही देख लें, श्रेणीबद्धता (hierarchy) की वजह से पूर्व सोवियत संघ का क्या हश्र हुआ। श्रेणीबद्धता के कारण यही शायद चीन में भी होगा। सरकारों के लिए यह नीति कारगर नहीं है। और यह कंपनियों के लिए भी कारगर नहीं है। अमेरिका के सबसे बड़े कॉरपोरेशन्स ने इस बात पर ग़ौर ही नहीं किया कि दुनिया किस तरह समतल होती जा रही है।"

स्पष्ट रूप से ज़रूरत एक ऐसे तंत्र की है, जो कठोरता की पुरानी बेड़ियाँ खोल दे, जो लोगों को उनकी सर्वश्रेष्ठ सृजनात्मकता का इस्तेमाल करने की छूट दे, जो बरसों से सोए पड़े गुणों को पूरी तरह विकसित कर सके। अच्छे नेतृत्व वाले संगठनों में इसका जवाब है - टीमें तैयार करना। अब यह पहले से कहीं ज़्यादा देखने को मिल रहा है कि कर्मचारियों से उनके दायित्वों से परे, उनकी संस्कृतियों से परे, उनके आम पदों से ऊपर और नीचे काम करने के

लिए कहा जा रहा है।

क्लेयरमॉन्ट ग्रेजुएट स्कूल, कैलिफ़ोर्निया में मैनेजमेंट के प्रोफ़ेसर और व्यावसायिक सिद्धांतवादी पीटर ड्रकर कहते हैं, "आधुनिक संगठन बॉस और अधीनस्थ का नहीं हो सकता। यह टीम जैसा होना चाहिए।"

चिली की **सॉन्डा, एस.एस.** के प्रेसिडेंट आंद्रे नैवारो इससे सहमत होते हुए कहते हैं, "अब अकेले हीरो बनना संभव नहीं है - एक एकाकी व्यक्ति, जो अचानक किसी चीज़ का आविष्कार कर ले। अब दुनिया बहुत जटिल हो चुकी है। कई क्षेत्रों के कई लोगों के साथ मिलकर काम करना ज़रूरी हो गया है।"

पूरे संगठन से कई लोगों को चुनकर एक छोटा समूह बनाया जाता है। इस छोटे समूह को किसी प्रोजेक्ट या ख़ास काम के लिए नियुक्त किया जाता है - जैसे कोई नया प्रॉडक्ट डिज़ाइन करना, किसी प्लांट का पुनर्गठन करना, यह पता लगाना कि गुणवत्ता सुधार कार्यक्रम की रफ़्तार कैसे बढ़ाई जाए। पुरानी विभागीय प्रतिस्पर्धाएँ ख़त्म हो रही हैं। इसके साथ ही ऑटोमैटिक प्रमोशन्स, वरिष्ठता के आधार पर मिलने वाले पे-स्केल्स और पुराने पिरामिड के बाक़ी कुंठाजनक अवशेष भी धीरे-धीरे ख़त्म हो रहे हैं।

पिरामिड कंपनियों में इंजीनियर दिन भर दूसरे इंजीनियरों के साथ एक हॉल में बंद रहते थे। अब किसी इंजीनियर को भी सेल्समैनों के समूह में शामिल करके उससे कहा जा सकता है, "इस प्रॉडक्ट को ग्राहकों के लिए और ज़्यादा आकर्षक बनाओ।" या "यह पता लगाओ कि उस कलपुर्ज़े को ज़्यादा तेज़ी से कैसे तैयार किया जा सकता है।" या "अपनी इंजीनियरिंग विशेषज्ञता का इस्तेमाल करके इस तकनीकी गड़बड़ी के मामले में मार्केटिंग समूह का मार्गदर्शन करो।"

ऐसे समूहीकरण का नतीजा यह हुआ है कि आज मार्केटिंग वाले इंजीनियरिंग विभाग के लोगों की बातें सुन रहे हैं और इंजीनियर मार्केटिंग वालों की। कई बड़ी कंपनियों में ऐसा पहले कभी नहीं हुआ था। और अब उत्पादन, ग्राहक सेवा, श्रम संबंध और एक-दूसरे से दूर-दूर रहने वाले बाक़ी सारे विभाग भी आपस में संवाद कर रहे हैं। कई प्रगतिशील कंपनियों में तो ये कृत्रिम विभाजन अब ग़ायब होने लगे हैं।

जैसा ड्रकर तर्क देते हैं, दुनिया अब सैनिकों और ड्रिल सार्जेन्ट्स के तरीक़े से नहीं चलती है। वे लिखते हैं, "सेना आदेश-और-नियंत्रण के ढाँचे पर चलती थी और बिज़नेस व ज़्यादातर अन्य संस्थाओं ने उसी मॉडल की नक़ल कर ली। यह सब अब बहुत तेज़ी से बदल रहा है। जैसे-जैसे संगठन सूचना-आधारित बनते जा रहे हैं, वे सॉकर या टेनिस टीम जैसे बन रहे हैं - यानी, वे ज़िम्मेदारी पर आधारित संगठन बन रहे हैं, जहाँ हर सदस्य को निर्णय लेने वाले एक ज़िम्मेदार व्यक्ति के रूप में काम करना होगा। सभी सदस्यों को ख़ुद को एक्ज़ीक्यूटिव्ज़ मानना होगा।"

मैरी के कॉरपोरेशन के ढाँचे पर ग़ौर करें। वाइस चेयरमैन रिचर्ड बार्टलेट कहते हैं, "मैरी के का संगठनात्मक ढाँचा मुक्त है। मैं इसे एक आणविक (molecular) संरचना जैसा मानता हूँ, जहाँ लोग बिना किसी कृत्रिम अवरोध के कहीं भी सीधे जा सकते हैं। वे किसी दायरे में सीमित नहीं हैं। वे विभागीय सीमारेखाओं के पार एक रचनात्मक टीम में शामिल होकर काम कर सकते हैं। दुनिया का हमारा दृष्टिकोण यह है कि - हालाँकि यह कहना अब घिसी-पिटी बात लगती है, क्योंकि इस लोकप्रिय प्रवृत्ति को कई लोग अपना चुके हैं - ग्राहक शिखर पर है।

"लेकिन हमारे बिज़नेस का तरीक़ा थोड़ा अलग है। इसमें ग्राहक सबसे ऊपर होता है। ग्राहक के ठीक नीचे हमारी सेल्स टीम है और हमारे संगठन का पूरा ध्यान सेल्स टीम का समर्थन करने पर केंद्रित है। संगठन के चार्ट में सबसे नीचे एक ऐसी चीज़ है, जिसे एक महत्वहीन हरा बिंदु कहा जाता है।

बार्टलेट कहते हैं, "जब मैंने इस विषय पर पहली बार स्लाइड प्रज़ेन्टेशन दिया कि किसी संगठन की संरचना कैसी हो, तो कलाकार ने नीचे एक हरा बिंदु लगा दिया। वह महत्वहीन हरा बिंदु मैं ख़ुद हूँ। मेरा निजी दृष्टिकोण यह है कि किसी कंपनी में प्रेसिडेंट या चेयरमैन की कोई ज़रूरत ही नहीं है, जब तक कि वह दूसरों की ज़रूरतें पूरी करने और काम करने वाले लोगों को संसाधन देने के लिए पूरी तरह समर्पित न हो।"

"संगठन दरअसल अपना पुनर्गठन कर रहे हैं," एडेल स्कीले कहती हैं, जिनके कैरियर प्रबंधन संबंधी लेख अमेरिकी और जापानी बिज़नेस पत्रिकाओं में नियमित रूप से प्रकाशित होते हैं। "पहले जो कारगर था, वह अब कारगर नहीं है। लोग उम्मीद कर रहे थे कि कोई निश्चित राह होगी, लेकिन कोई

निश्चित राह नहीं होती है। आप किसी चीज़ पर जितना ज़्यादा यक़ीन करते हैं, उसे लेकर आप उतने ही कम लचीले होंगे। नतीजा यह होगा कि आप उन अवसरों का फ़ायदा नहीं उठा पाएँगे, जिन पर कोई लेबल नहीं लगा है। आपको हमेशा खुला और लचीला रहना होगा।"

आज समतल संगठन आश्चर्यजनक रूप से हर जगह नज़र आने लगे हैं – शैक्षणिक जगत में भी। जेरिको, न्यूयॉर्क स्थित कैन्टियाग्यू एलीमेंट्री स्कूल के प्रिंसिपल मार्क होरोविट्ज़ कहते हैं, "मैनेजमेंट ज़्यादा समतल बनता जा रहा है। टीम बनाने, टीमों का नेतृत्व करने और लोगों को प्रेरित करने की सच्ची ज़रूरत है। कई मामलों में यह बिना पदनाम, बिना आर्थिक भुगतान या पुरस्कार के करना पड़ता है। टीम का प्रदर्शन ही कुंजी है।"

होरोविट्ज़ के स्कूल में इसका मतलब यह है कि विद्यार्थियों को अब दिन भर डेस्कों की क़तारों में बैठने की ज़रूरत नहीं है। वे आपसी सहयोग से पढ़ाई करते हैं। वे टीम बनाकर काम करते हैं। वे ग्रुप प्रोजेक्ट्स बनाते हैं। विद्यार्थियों से अपेक्षा की जाती है कि वे एक-दूसरे की भरपूर मदद करें। टीचर्स भी पहले से ज़्यादा सहयोगी तरीक़े से काम करते हैं।

होरोविट्ज स्पष्ट करते हैं, "अब मामला यह हो गया है, 'हम किस तरह एक साथ जुड़कर असली दुनिया में परिणाम हासिल कर पाते हैं?' हम विद्यार्थियों को भविष्य के लिए तैयार कर रहे हैं। सच तो यह है कि वे अब अकेले काम कर ही नहीं सकते। उन्हें टीम में शामिल होकर ही काम करना होगा। ऐसे में आधी जंग तो समूह के उन लोगों को प्रोत्साहित करने की सामाजिक योग्यताएँ सीखना है, जो अच्छा प्रदर्शन नहीं कर पा रहे हैं। अगर वे चूक गए हैं या उनके पास सारे जवाब नहीं हैं, तो उन्हें कभी भी कम योग्य होने का एहसास नहीं कराना चाहिए।"

होरोविट्ज़ के स्कूल के पहले ग्रेड के तीन बच्चे एक दिन एक ग्रुप प्रोजेक्ट तैयार कर रहे थे। एक बच्चे को काग़ज़ पर टू (Two) लिखना था। उसने उसकी स्पेलिंग ग़लत करके टो (Tow) लिख दी। जब समूह की एक लड़की ने उसे उसकी ग़लती बताई, तो लड़के को पल भर के लिए बुरा लगा। लेकिन फिर छोटी लड़की बोली, "चिंता मत करो। मैं जानती हूँ कि तुम्हारी स्पेलिंग ग़लत हो गई। लेकिन तुम्हारा डब्ल्यू बड़ा सुंदर बना है, है ना?" लड़की ने उसका घुटना भी थपथपाया। तीनों विद्यार्थियों ने मिल-जुलकर सहयोग से

काम करने का अच्छा सबक़ सीख लिया।

हार्वर्ड बिज़नेस स्कूल की मार्केटिंग फ़ैकल्टी ने हाल ही में फ़र्स्ट-ईयर के ग्रेजुएट विद्यार्थियों पर टीमवर्क का एक प्रयोग किया। आम तौर पर मिड-टर्म केस स्टडी एग्ज़ाम होता था, लेकिन इस बार एक नया प्रयोग हुआ। उन्होंने बिना किसी आधार या क्रम के चार-चार विद्यार्थियों की टीमें बना दीं। हर टीम को बिज़नेस की एक-एक समस्या दे दी गई - और उनसे कहा गया कि वे चौबीस घंटों के भीतर उसे सुलझाने की एक लिखित योजना तैयार करके लाएँ। सबसे बड़ी बात यह थी कि टीम के सभी सदस्यों को एक सा ग्रेड मिलेगा।

हार्वर्ड बिज़नेस स्कूल के प्रोफ़ेसर जॉन क्वेल्च कहते हैं, "शुरुआत में इसकी बड़ी आलोचना हुई। कुछ विद्यार्थियों ने शिकायत की कि इससे उनके व्यक्तिगत ग्रेड पर बुरा असर पड़ सकता है। उनका कहना था कि उन्हें ऐसे लोगों की टीम में रख दिया गया है, जिनके साथ काम करने का विकल्प वे कभी नहीं चुनते।" स्कूल का जवाब था : असली दुनिया में आपका स्वागत है।

अंत में हार्वर्ड के विद्यार्थी इसके लिए राज़ी हो गए। जब विद्यार्थियों के अख़बार ने इस प्रयोग के बाद विद्यार्थियों का सर्वे किया, तो उन्होंने नए ग्रुप-प्रोजेक्ट के मिड टर्म एग्ज़ाम का ज़बर्दस्त समर्थन किया।

क्वेल्च कहते हैं, "सबसे ज़्यादा सीखने का मौक़ा उन समूहों के विद्यार्थियों को मिला, जो घड़ी की सुइयों की तरह सुचारु रूप से नहीं चले थे। उनमें ज़बर्दस्त मतभेद हुए और पलटकर देखने पर हम पाते हैं कि इस पूरी प्रक्रिया के दौरान इन्हीं विद्यार्थियों को सबसे ज़्यादा सीखने को मिला।"

सफल टीमवर्क कोई जादू से नहीं हो जाता। इसके लिए खिलाड़ियों के सहयोगी समूह की ज़रूरत होती है। इसके लिए एक योग्य कोच की भी ज़रूरत होती है। आप कुछ लोगों को सिर्फ़ एक साथ रखकर - चाहे वे कितने ही योग्य क्यों न हों - उनसे ज़बर्दस्त प्रदर्शन की अपेक्षा नहीं रख सकते।

इसीलिए नेशनल बास्केटबॉल एसोसिएशन के सभी-सितारा मैच (all-star game) प्रचार की तुलना में अक्सर फीके साबित होते हैं। यक़ीनन, उस मैच में अमेरिका के सबसे अच्छे खिलाड़ी एक ही बास्केटबॉल कोर्ट में एक साथ खेलते हैं। इनसे बेहतर गाड्र्स, फ़ॉरवड्र्स और सेंटर्स का ज़्यादा योग्य समूह और कहीं नहीं है। तो फिर ऐसा क्यों होता है कि ज़बर्दस्त सितारों के

होने के बावजूद मैच ज़बर्दस्त नहीं हो पाता?

बहुत ज़्यादा अहंकार। स्पॉटलाइट में बहुत ज़्यादा समय रहने की इच्छा। खेल के पन्ने पर छा जाने का मोह। ये सुपरस्टार्स अक्सर टीम के सदस्य के रूप में नहीं खेल पाते हैं। यहाँ जिस चीज़ की कमी होती है, वह है टीमवर्क।

सफल टीम तैयार करना एक कला है। कोच चाहे जितना महान हो, रातोंरात विजेता टीम तैयार नहीं कर सकता। लेकिन आने वाले समय में जो भी लीडर बनना चाहता है, उसे कुछ बुनियादी कोचिंग तकनीकों में माहिर बनना होगा। ये तकनीकें बिज़नेस जगत में भी उतनी ही ज़रूरी हैं, जितनी कि बास्केटबॉल के कोर्ट में।

उद्देश्य का साझा एहसास कराएँ

मिलकर काम करने वाले लोग ज़बर्दस्त लक्ष्य हासिल कर सकते हैं। टीम को जो चीज़ ख़ास उछाल देती है, वह है व्यक्तिगत सदस्यों का एकीकृत या साझा सपना।

विचार, रचनात्मकता, बुद्धिमत्तापूर्ण चिंगारियाँ - सब कुछ समूह के सदस्यों की ओर से ही आना चाहिए। लेकिन इसके बावजूद इस सारी ऊर्जा को केंद्रित करने के लिए किसी सशक्त लीडर की ज़रूरत भी होती है। लीडर का काम यह होता है कि वह सबके सामने टीम के सपने को स्पष्ट करे, लक्ष्य रेखांकित करे, टीम का मकसद बताए और यह बताए कि उनकी उपलब्धियों का बाहरी दुनिया पर कैसा असर पड़ेगा।

एनालॉग डिवाइसेस, इंक. के चेयरमैन रे स्टेटा कहते हैं, "आपको माहौल बनाना होगा। आपको कंपनी का उद्देश्य बताना होगा। और आपको प्रोत्साहन देना होगा, ताकि कर्मचारी व्यक्तियों और टीमों के रूप में यह महसूस कर सकें कि वे सचमुच विश्व स्तरीय हैं और किसी भी दूसरी टीम से कई गुना बेहतर हैं। उन्हें समय-समय पर श्रेय और फ़ीडबैक भी देना चाहिए, जिसमें यही बताया जाए कि वे विश्व-स्तरीय हैं।"

लक्ष्यों को टीम के लक्ष्य बनाएँ

जब तक पूरी टीम नहीं जीतती है, तब तक दरअसल कोई भी नहीं जीतता। यह अवधारणा खेल जगत पर सबसे ज़्यादा लागू होती है, लेकिन यह हर तरह की टीम के बारे में सच है। व्यक्तिगत रिकॉर्ड इतिहास की पुस्तकों के लिए तो अच्छे होते हैं, लेकिन दरअसल ये बाद की चीज़ें हैं। इससे ज़्यादा महत्वपूर्ण है पूरी टीम का संयुक्त प्रदर्शन।

रबरमेड के वोल्फ़गैंग शिमट कहते हैं, “जब आप लोगों को अच्छी तरह से जोड़ देते हैं और वे एक-दूसरे से प्रेरणा व पोषण पाने लगते हैं, तो यह संक्रामक होता है। तब वे असेंबली लाइन के कर्मचारियों के बजाय खिलाड़ी टीम के सदस्य बन जाते हैं। इससे काम में उनकी ऊर्जा के स्तर में बहुत फ़र्क़ आ जाता है और इसकी गहनता बहुत बढ़ जाती है।”

इसीलिए ज़्यादातर अच्छे कोच – ज़्यादातर अच्छे लीडर्स – अक्सर “हम” के संदर्भ में बात करते हैं। “हमें ... ज़रूरत है।” “हमारी डेडलाइन ...” “हमारे सामने यह चुनौती है ...” अच्छे लीडर्स हमेशा इस बात पर ज़ोर देते हैं कि हर व्यक्ति अपना सर्वश्रेष्ठ योगदान दे।

बिज़नेस में : “हमें एक साथ मिलकर यह नया प्रॉडक्ट बाज़ार में बेहतरीन तरीक़े से उतारना है।” अगर विज्ञापन देने वाला उम्दा काम करता है, लेकिन पैकेजिंग विशेषज्ञ असफल हो जाता है, तो इसे सफलता नहीं कहा जा सकता।

नौकायन में : “हमें एक साथ मिलकर इस नाव को तूफ़ान के बीच से ले जाना है।” अगर नैविगेटर सितारों को पेपरबैक उपन्यास की तरह पढ़ सकता है, लेकिन स्किपर को स्टारबोर्ड और पोर्ट में फ़र्क़ मालूम न हो, तो इसे सफलता नहीं कहा जा सकता।

राजनीति में : “हमें एक साथ मिलकर यह चुनाव जीतना है।” अगर उम्मीदवार ज़बर्दस्त वक्ता है, लेकिन एडवांस स्टाफ़ उसे भाषण नहीं देता है, तो इसे सफलता नहीं कहा जा सकता।

लोगों के साथ इंसानों जैसा व्यवहार करें

जब लोग टीम में शामिल होते हैं, तो उनकी निजता अचानक ग़ायब नहीं हो जाती। उनके व्यक्तित्व तब भी अलग-अलग ही होते हैं। उनमें तब भी अलग-अलग योग्यताएँ होती हैं। उनमें तब भी अलग-अलग आशाएँ और डर होते हैं। योग्य लीडर उन भिन्नताओं को पहचान लेगा, उनकी क़द्र करेगा और टीम के फ़ायदे के लिए उनका सही इस्तेमाल करेगा।

अंतर्राष्ट्रीय ख्याति प्राप्त जिमनास्टिक्स कोच बेला कैरोली ने अपने विद्यार्थियों को ऑलंपिक गेम्स के लिए तैयार करते वक़्त यही व्यक्तिगत नीति अपनाई। कैरोली की सितारा विद्यार्थी ऑलंपिक गोल्ड मेडलिस्ट मैरी लाउ रेटन कहती हैं, "अगर मैं उनके मनचाहे तरीक़े से प्रदर्शन नहीं करती थी, तो वे मुझे नज़रअंदाज़ करने लगते थे। मुझे तो लाख गुना ज़्यादा अच्छा यह लगता कि वे मुझ पर चीख़ते-चिल्लाते।" लेकिन चतुर कैरोली यह जानते थे कि रेटन के मामले में यही नीति कारगर रहेगी।

रेटन कहती हैं, "मैं एक वॉल्ट करती थी। इसके बाद जब मैं अपने पलटकर देखती थी, तो वे अगली लड़की की ओर देख रहे होते थे, जो जाने के लिए तैयार होती थी। ओह, मैं उनका ध्यान आकर्षित करने के लिए बुरी तरह बेताब थी। मैं उनके मुँह से यह सुनना चाहती थी, 'मैरी लाउ, तुम्हारा प्रदर्शन अच्छा था।' वे मुझसे बेहतर प्रदर्शन करवाने के लिए इस तकनीक का इस्तेमाल करते थे। इससे मुझे अपने प्रदर्शन में सुधार करके उनकी तारीफ़ पाने की प्रेरणा मिलती थी।"

क्या कैरोली बदमिज़ाज़ इंसान थे? ज़रा भी नहीं। दूसरी विद्यार्थियों के साथ उनकी नीति बिलकुल ही अलग हुआ करती थी। रेटन उनकी उस नीति को कभी नहीं भूल पाएँगी, जो वे टीम की एक सदस्य जूलियाना मैकनेमारा पर आज़माते थे। रेटन कहती हैं, "जूलियाना का व्यक्तित्व मुझसे बहुत अलग था। वह बहुत संकोची और कम बोलने वाली लड़की थी। वे उसके साथ बड़ी नरमी से पेश आते थे। अगर उसके प्रदर्शन में सुधार नहीं होता था, तो वे उसके शरीर को वहाँ रखते थे, जहाँ उसे होना चाहिए था। वे उससे बड़े धीमे लहज़े में बात करते थे। वे हमेशा उसके साथ बहुत नर्मी से पेश आते थे। इसी वजह से उन्हें व्यक्तिगत परिणाम मिले।

"वे हर विद्यार्थी के साथ अलग तरीक़े से पेश आते थे और मेरे हिसाब से यह बहुत महत्वपूर्ण था।"

हर सदस्य को टीम के प्रॉडक्ट के लिए ज़िम्मेदार बनाएँ

लोगों को यह महसूस करने की ज़रूरत होती है कि उनका योगदान महत्वपूर्ण है। वरना वे उस काम पर पूरा ध्यान नहीं देंगे, जो उन्हें मिला है।

प्रोजेक्ट को टीम के नाम कर दें। समूह को ही ज़्यादा से ज़्यादा निर्णय लेने दें। सहभागिता की माँग करें। समाधान का आदेश न लादें। इस बात पर ज़ोर न दें कि चीज़ें एक ख़ास तरीक़े से ही की जाएँ।

जेक्राट कॉरपोरेशन के सामने एक समस्या थी। उसके सबसे बड़े ग्राहक ने एक बहुत बड़ा ऑर्डर दिया था - और डिलिवरी की तारीख़ इतनी क़रीब थी कि इतने कम समय में माल पहुँचाना असंभव लग रहा था। कंपनी के शिखर पर बैठे प्रेसिडेंट डग वैन वेक्टन आदेश जारी करके समाधान लाद सकते थे।

लेकिन वेक्टन समझदार थे, इसलिए उन्होंने ऐसा कुछ भी नहीं किया। इसके बजाय उन्होंने अपने कर्मचारियों की टीम से पूछा कि ऐसी स्थिति में क्या किया जाए। वैन वेक्टन कहते हैं, "उन्होंने मेरे पास आकर कहा, 'हम यहाँ पर कुछ चीज़ें कर सकते हैं, वहाँ पर कुछ उपाय कर सकते हैं। हमें लगता है कि हम यह काम कर सकते हैं और हमें यह काम ले लेना चाहिए।'" जेक्राट ने वह काम ले लिया और समयसीमा के भीतर ही ग्राहक को डिलिवरी दे दी।

श्रेय बाँटें, इल्ज़ाम अपने सिर लें

जब टीम अच्छा प्रदर्शन करे और उसके नाम का डंका बजे, तो टीम के हर सदस्य को इसका श्रेय देना लीडर की ज़िम्मेदारी होती है। सबके सामने पीठ थपथपाना, बोनस, कंपनी की पत्रिका में लेख - प्रशंसा चाहे जिस रूप में हो, वह हर सदस्य तक पहुँचनी चाहिए।

स्टैनले कप जीतने वाली न्यूयॉर्क आइलैंडर्स हॉकी टीम के कप्तान डेनिस पोटविन श्रेय बाँटने का महत्व बख़ूबी जानते थे। लेकिन अगर वे नहीं भी जानते, तब भी कोई फ़र्क़ नहीं पड़ता, क्योंकि टीम के कोच अल आर्बर ने कप्तान को यह बात याद दिला दी। जब फ़ाइनल मैच का हूटर बजा, तो उसके

कुछ ही पल बाद कोच ने पोटविन के कान में फुसफुसाकर कहा, "बाक़ी खिलाड़ियों को भी कप उठाने का मौक़ा ज़रूर देना।"

पोटविन बताते हैं, "वे बर्फ़ पर आए और जश्न मनाते खिलाड़ियों के समूह पर कूद गए। हम सभी एक-दूसरे को बधाई दे रहे थे। पल भर बाद अल मेरे सामने खड़े थे। हम दोनों एक-दूसरे के गले लग गए। और तब उन्होंने मेरे कान में वह बात कही।

पोटविन कहते हैं, "उनकी इस बात से मैं बड़ा प्रभावित हुआ। उनके मन में टीम का ख़्याल सबसे ऊपर था। हालाँकि टीम ने स्टैनले कप जीत लिया था, बावजूद इसके वे अब भी अपने खिलाड़ियों के बारे में ही सोच रहे थे। और हाँ, यह बात ज़्यादा मायने इसलिए भी रखती है, क्योंकि कोच के रूप में यह उनकी पहली जीत थी।"

लोगों को प्रशंसा पाना हमेशा अच्छा लगता है। इससे उन्हें आगे और ज़्यादा कोशिश करने का प्रोत्साहन मिलता है। इससे वे उसी लीडर के साथ दोबारा काम करना चाहते हैं, जिसने इस सफलता की ओर उनका मार्गदर्शन किया। और इस तरह की सदाशयता का एक और फ़ायदा भी होता है : अंत में लीडर को इसका श्रेय ख़ुदबख़ुद मिल जाता है।

आलोचना के मामले में चतुराई का परिचय दें और इसकी ठीक विपरीत नीति आज़माएँ। दूसरों की तरफ़ उँगली न उठाएँ। कभी भी जंज़ीर की "कमज़ोर कड़ी" के बारे में सार्वजनिक शिकायत न करें। जब शिकायतें आएँ, तो आगे बढ़कर उन्हें स्वीकार कर लें। फिर टीम के सदस्यों से अकेले में बात करें कि परिणामों को कैसे बेहतर बनाया जा सकता है और इस तरह उनका ध्यान अगली बार बेहतर करने की ओर मोड़ दें।

टीम का आत्मविश्वास बढ़ाने के हर अवसर को लपक लें

महान लीडर टीम में दृढ़ता से विश्वास करता है और हर सदस्य के सामने यह बात ज़ाहिर भी करता है।

यह एक ऐसा सबक़ है, जिसे किंडरगार्टन टीचर बारबरा हैमरमैन अपने क्लासरूम में अमल में लाती हैं, हालाँकि यह किसी फ़ैक्ट्री या बोर्डरूम में भी उतनी ही अच्छी तरह लागू किया जा सकता है। वे कहती हैं, "मैं कमरे में

क्लास की भावना लाने की कोशिश करती हूँ। मेरी क्लास के बच्चों की नज़रों में हमारी क्लास सबसे अच्छी है। उनमें ऐसी भावना है कि कोई भी बाक़ी लोगों को निराश नहीं करना चाहता - एक सबके लिए और सब एक के लिए। हमने ख़ास पैमाने खुद बनाए हैं, उनकी लगातार समीक्षा की है और साल भर उनका पालन भी किया है। बच्चे इन पैमानों को बहुत अच्छी तरह समझते हैं।"

वे उनसे घबराते नहीं हैं। हैमरमैन कहती हैं, "वे तो उन पैमानों के अनुरूप व्यवहार करना पसंद करते हैं, क्योंकि हम महान हैं। कौन यह महसूस नहीं करना चाहता कि वह एक अद्‌भुत टीम का सदस्य है? जब उन्हें दूसरों से प्रशंसा मिलती है, तो उन्हें नज़र आ जाता है कि हम प्रगति कर रहे हैं और खुद में बदलाव कर रहे हैं। और इस तरह वे अपने बारे में अद्‌भुत महसूस करते हैं।"

जुड़ें और जुड़े रहें।

पुरानी पिरामिड कंपनियों में बॉस के लिए तुलनात्मक रूप से अलग-थलग रहना कहीं ज़्यादा आसान था। आख़िरकार, चापलूसों की फ़ौज हमेशा आस-पास मँडराती रहती थी और बॉस का नवीनतम ज्ञान सैनिकों तक पहुँचाने के लिए उत्सुक रहती थी।

यह नीति टीम की बुनियाद वाले नए संसार में काम नहीं करती। शक्तिशाली लीडर को टीम के सदस्यों से जुड़ना होगा और जुड़े रहना होगा। कल्पना करें कि लीडर एक व्यस्त एयरक्राफ़्ट कैरियर का कमांडर है, जो डेक पर खड़ा हुआ है। हवाई जहाज़ आ रहे हैं। कुछ जा भी रहे हैं। जहाज़ को दिशा में बने रहना है और साथ ही हमले से भी बचना है। उसे इन सारी चीज़ों के बारे में एक साथ सोचना पड़ता है।

लीडर को सचमुच *वहाँ मौजूद होना* होता है। मैनहैचेट, न्यूयॉर्क में नॉर्थ शोर यूनिवर्सिटी हॉस्पिटल के प्रेसिडेंट जैक गैलेघर कहते हैं, "आपको अनुभव लेना होता है और सुनना होता है। अगर आप पर्याप्त अनुभव ले लेते हैं, अगर आप पर्याप्त मेहनत कर लेते हैं, अगर आप पर्याप्त चतुर होते हैं, अगर आप अपना होमवर्क पूरा कर लेते हैं, तो कुछ समय बाद आपको हवाई जहाज़ों के ऊपर-नीचे जाने और आस-पास की बाक़ी चीज़ों का अच्छा आभास होने लगता है।"

आप युद्ध की सटीक योजना कभी भी बना सकते हैं। गैलेघर कहते हैं, "आपको इसका सहज बोध रखना होता है और अपना एंटीना खड़ा रखना होता है, जो आपके सिर के पीछे होता है। यक़ीनन, बहुत सारी चीज़ें एक साथ होती रहती हैं और यह काफ़ी जटिल काम है। लेकिन आप इसका सहज बोध विकसित कर सकते हैं।"

मार्गदर्शक बनें।

टीम के सदस्यों की योग्यताओं को विकसित करना और उन्हें सशक्त बनाना लीडर का काम है। यह अल्पकाल में सच है, जब टीम के सदस्य हाथ के काम से निबटते हैं। लेकिन यह दीर्घकाल में भी सच है : लीडर्स को टीम के सदस्यों के जीवन और कैरियर की सच्ची ज़िम्मेदारी लेनी चाहिए।

"आप किस तरह बेहतर बनना चाहेंगे?" "आप अपने कैरियर को यहाँ से आगे कहाँ ले जाना चाहते हैं?" "आप किस तरह की नई ज़िम्मेदारियाँ लेना चाहेंगे?" ये सारे सवाल पूछना लीडर के रूप में आपका काम है। आपके पास जितना भी ज्ञान और अनुभव है, उससे लक्ष्य हासिल करने में टीम के सदस्यों की मदद करना भी आप ही की ज़िम्मेदारी है।

उनकी योग्यताओं में अपने विश्वास को संप्रेषित और सशक्त करें। उन्हें ऐसे पैमाने दें, जिन पर वे खरे उतर सकें। सबके सामने उनकी तारीफ़ करें: "सैली ने इस रिपोर्ट पर ज़बर्दस्त काम किया है।" निजी चिट्ठियाँ भेजें : "आपने आज यह बेहतरीन टिप्पणी की। आपने हम सभी का ध्यान उस मुद्दे पर केंद्रित कर दिया, जो सबसे अहम था।" और यह हमेशा याद रखें, जब वे सफल होते हैं, तो आप भी सफल होते हैं।

हार्वर्ड यूनिवर्सिटी के ग्रेजुएट स्कूल ऑफ़ बिज़नेस एडमिनिस्ट्रेशन में फ़ैकल्टी के नए सदस्यों को जीने-मरने के लिए उन्हीं के हाल पर नहीं छोड़ दिया जाता।

प्रोफ़ेसर जॉन क्वेल्च कहते हैं, "प्रारंभिक मार्केटिंग कोर्स पढ़ाने वाले हमारे सभी सात-आठ प्रशिक्षक हर हफ़्ते चार घंटे के लिए आपस में मिलते हैं। इस ग्रुप मीटिंग में वे आने वाले केसेस पर चर्चा करते हैं, और यह भी कि उन्हें सिखाने का सबसे अच्छा तरीक़ा क्या है। वे यह समीक्षा भी करते हैं कि केसेस पिछले हफ़्ते में कैसे रहे, किन सुधारों की सबसे ज़्यादा ज़रूरत है आदि। इस

तरह से नए आने वाले प्रशिक्षक हमारे ज़्यादा अनुभवी स्टाफ़ से पढ़ाने की टिप्स हासिल कर सकते हैं।"

फ़ैकल्टी के वरिष्ठ सदस्य दूसरी तरह से भी मदद करते हैं। एक सेमिस्टर में तीन-चार बार उनमें से कोई भी किसी नए प्रशिक्षक की क्लास में जाकर बैठ जाता है। वह मूल्यांकन करने नहीं, बल्कि मदद करने आता है। क्वेल्च कहते हैं, "वे एक तरह से कोच की भूमिका निभाते हैं। वे रिपोर्ट बनाने नहीं जाते, जिससे आपका प्रमोशन तय होगा। हमारा लक्ष्य संपत्ति यानी फ़ैकल्टी के नए सदस्य की प्रभावकारिता को बढ़ाना होता है, जिसमें हमने निवेश किया है।"

क्लास के बाद फ़ैकल्टी का वरिष्ठ सदस्य अल्पकालीन और दीर्घकालीन दोनों तरह के सुधारों की सलाह दे सकता है। क्वेल्च कहते हैं, "मैं फ़ैकल्टी के किसी नए सदस्य से यह कहने की कोशिश करता हूँ, 'अगली बार पढ़ाते समय आप ये पाँच चीज़ें कर सकते हैं, जिनसे विद्यार्थियों के सीखने पर सकारात्मक असर होगा।" मिसाल के तौर पर, ब्लैकबोर्ड पर बड़े अक्षरों में लिखने जैसा छोटा-मोटा सुझाव भी दिया जा सकता है। या "ब्लैकबोर्ड के आस-पास मत मँडराओ। क्लास को कमरे के सामने एक जगह पर खड़े रहकर ही निर्देशित मत करते रहो। पूरे कमरे में घूमो और विद्यार्थियों के पीछे खड़े रहो। उनके दृष्टिकोण से अनुभव करो कि उन्हें क्या दिख रहा है।"

जैसा वाल्टर लिमैन ने फ्रैंकलिन डेलैनो रूज़वेल्ट की मृत्यु पर लिखा था, "किसी लीडर का अंतिम इम्तहान यह होता है कि वह दूसरों में आगे बढ़ने का विश्वास और इच्छा की विरासत छोड़ जाता है।"

इन कुछ सरल तकनीकों पर अमल करके अपनी टीम को सफल होते हुए देखें। लीडर जो सबसे बड़ा पुरस्कार हासिल कर सकता है - लीडर जो सबसे बड़ी विरासत छोड़ सकता है - वह है योग्य, आत्मविश्वास से भरे और सहयोगी लोगों की टीम, जो ख़ुद नेतृत्व करने के लिए पूरी तरह तैयार हों।

टीम के खिलाड़ी ही आने वाले कल के लीडर्स हैं।

8

दूसरों की गरिमा का सम्मान करना

क्राइस्लर कंपनी ने फ्रैंकलिन डेलैनो रूज़वेल्ट के लिए एक ख़ास कार बनाई थी। रूज़वेल्ट सामान्य कार नहीं चला सकते थे, क्योंकि उनके पैरों को लक़वा मार गया था। कार पहुँचाने के लिए डब्ल्यू. एफ़. चैंबरलेन एक मैकेनिक को साथ लेकर व्हाइट हाउस पहुँचे। मेरे सामने मि. चैंबरलेन का वह पत्र है, जिसमें उन्होंने अपना यह अनुभव बताया है।

मि. चैंबरलेन लिखते हैं, "मैंने राष्ट्रपति रूज़वेल्ट को असाधारण यंत्रों वाली उस कार को चलाने का तरीक़ा सिखाया। लेकिन उन्होंने मुझे इससे भी ज़्यादा महत्वपूर्ण चीज़ सिखाई। उन्होंने मुझे लोगों के साथ व्यवहार करने की कला के बारे में बहुत कुछ सिखाया। जब मैं व्हाइट हाउस पहुँचा, तो राष्ट्रपति बहुत ख़ुश दिख रहे थे। उन्होंने मुझे नाम लेकर संबोधित किया। उनके सहज व्यवहार से मैं बहुत आरामदेह महसूस करने लगा। मैं उनकी इस बात से भी बड़ा प्रभावित हुआ कि वे मेरे द्वारा दिखाई और बताई जाने वाली सभी चीज़ों में बहुत दिलचस्पी दिखा रहे थे।

"उस कार को इस तरह बनाया गया था, ताकि उसमें पैरों की ज़रूरत न पड़े और उसे सिर्फ़ हाथों का इस्तेमाल करके ही चलाया जा सके। कार देखने के लिए भीड़ लग गई और राष्ट्रपति ने सबके सामने यह टिप्पणी की, 'मुझे तो यह बड़ी ज़बर्दस्त लगी। बस एक बटन दबाने भर की देर है और यह फ़ौरन चल पड़ती है। इसे चलाने में ज़रा भी कोशिश या मेहनत नहीं लगती। पता नहीं, यह कैसे काम करती है ? काश मुझे इसके पुर्ज़े-पुर्ज़े खोलकर देखने का वक़्त मिल जाए कि यह कैसे काम करती है!'

"जब रूज़वेल्ट के मित्रों और सहयोगियों ने कार की प्रशंसा की, तो उन्होंने

उनके सामने मुझसे कहा, 'मि. चैंबरलेन, आपने इस कार को बनाने में बहुत समय और मेहनत लगाई है। मैं इस बात के लिए आपकी प्रशंसा करता हूँ। आपने वाक़ई बेहतरीन काम किया है।" उन्होंने रेडिएटर की तारीफ़ की, ख़ास रियर-व्यू मिरर और घड़ी की तारीफ़ की, ख़ास स्पॉटलाइट, विशेष सीट कवर, ड्राइवर की सीट के कोण, ट्रंक के ख़ास सूटकेसों और हर सूटकेस पर लगे उनके नाम के मोनोग्राम की तारीफ़ की। दूसरे शब्दों में, उन्होंने हर उस चीज़ पर ग़ौर किया, जिसके बारे में मैंने काफ़ी सोचा था। उन्होंने कार की तमाम ख़ूबियाँ मिसेज़ रूज़वेल्ट को बताईं, श्रम मंत्री मिस पर्किन्स को बताईं और अपने सेक्रेटरी को भी बताईं। वे व्हाइट हाउस के बूढ़े पोर्टर को भी यह बताने से नहीं चूके, 'जॉर्ज, आप इन सूटकेसों की देखभाल अच्छी तरह करना।'

"जब ड्राइविंग लेसन पूरा हो गया, तो राष्ट्रपति मेरी ओर मुड़कर बोले, 'अच्छा, मि. चैंबरलेन, मैं पिछले तीस मिनट से फ़ेडरल रिजर्व बोर्ड को इंतज़ार करवा रहा हूँ। मुझे लगता है कि अब मुझे काम पर लौट जाना चाहिए।'"

-डेल कारनेगी

डॉन मॉन्टी जब सोलह साल के थे, तब उनके परिवार को यह बुरी ख़बर मिली : डॉन को ल्यूकेमिया था और डॉक्टरों का अनुमान था कि वह बस दो हफ़्तों का ही मेहमान है।

डॉन मॉन्टी की माँ टीटा मॉन्टी उस समय को याद करते हुए बताती हैं, "हम अस्पताल में डॉन के कमरे में थे। यह भयंकर ख़बर मिलने के ठीक बाद की बात थी। हमने बहुत सावधानी बरती, ताकि उसे यह पता न चल पाए कि उसे जानलेवा बीमारी है।

हमने डॉ. डेग्नेन और डेस्क वालों को चेता दिया कि वे इस बारे में उससे कुछ भी न कहें। हम नाटक करते रहे।"

उस रात डॉन के माता-पिता ने अस्पताल के लगभग पंद्रह नियमों को नज़रअंदाज़ करते हुए अपने बेटे के प्राइवेट वार्ड में भोजन तैयार किया। उसकी माँ कहती हैं, "उसे फ़ेट्यूसिने अल्फ़्रेडो बड़ा पसंद था। हमने दरवाज़ा अटका दिया। हमारे पास स्टर्नो का छोटा डिब्बा था। हम उसके लिए फ़ेट्यूसिने अल्फ़्रेडो पका रहे थे। तभी दरवाज़े पर दस्तक हुई और टॉम डेग्नेन अंदर आ गए।

मैंने अपनी साँस रोककर सोचा, 'हे भगवान, अब वे जाने क्या कहेंगे?' मुझे उस वक़्त बड़ा डर लग रहा था।

"लेकिन डॉ. डेग्नेन ने डिश देखकर कहा, 'यह तो मेरी पसंदीदा डिश है।' वे भी वहीं बैठ गए और हमने उन्हें भी वह डिश परोसी। उनके व्यवहार से हमें कभी यह एहसास नहीं हुआ, 'देखो, वे इतने बड़े डॉक्टर हैं और हम मरीज़।'"

जब डॉ. डेग्नेन डॉन मॉन्टी के कमरे में आए, तो वे बहुत सी बातें कह सकते थे। वे यह कह सकते थे, "क्या किसी ने तुम्हें अस्पताल के नियम नहीं बताए?" वे कह सकते थे, "तुम लोग कमरे में खाना क्यों पका रहे हो?" वे कह सकते थे, "फ़ेट्यूसिने अल्फ़्रेडो तो अस्पताल के मील प्लान में क़तई शामिल नहीं है।"

लेकिन डेग्नेन के मन में रोगी और उसके परिवार की इंसानी गरिमा के लिए सम्मान था। उन्होंने पल भर के लिए भी उन्हें नीचा नहीं दिखाया। वे तो बस मॉन्टी परिवार के पास बैठे और इंसानियत से पेश आए। विश्वसनीय संबंध बनाने का इकलौता तरीक़ा दूसरों की गरिमा का सम्मान करना है।

लेकिन डेग्नेन के मन में रोगी और उसके परिवार की इंसानी गरिमा के लिए भरपूर सम्मान था। उन्होंने पल भर के लिए भी उन्हें नीचा नहीं दिखाया। वे तो बस मॉन्टी परिवार के साथ बैठे और इंसानियत से पेश आए। विश्वसनीय संबंध बनाने का एकमात्र तरीक़ा दूसरों की गरिमा का सम्मान करना है।

मैडिसन एवेन्यू स्थित दिग्गज विज्ञापन फ़र्म जे. वाल्टर थॉमसन कंपनी के चेयरमैन बर्ट मैनिंग को कुछ समय पहले युवा कॉपीराइटर्स के सामने एक भाषण देना था। इनमें से ज़्यादातर बीस-तीस साल की उम्र के थे और उन्होंने इस उच्च प्रतिस्पर्धा वाले, अक्सर गलाकाट बिज़नेस में क़दम रखा था। वे मैनिंग जैसे मशहूर सुपरस्टार से कुछ तकनीकें सीखने के लिए उत्सुक थे। कारण स्पष्ट था : मैनिंग इतने लंबे समय से शिखर पर थे, जितनी कि बाक़ी लोगों की उम्र भी नहीं थी।

मैनिंग ने उस दिन अपने युवा श्रोताओं को बताया "दिमाग़, योग्यता और ऊर्जा तो सिर्फ़ दौड़ में शामिल होने की एंट्री फ़ीस है। आप उनके बिना भीतर ही नहीं आ सकते।"

लेकिन योग्यता ही काफ़ी नहीं होती। वाक़ई नहीं होती। उन्होंने कहा, "जीतने के लिए आपको इससे कहीं ज़्यादा की ज़रूरत होती है। जीतने के लिए आपको रहस्य मालूम होना चाहिए और उसके अनुसार ही जीना चाहिए। यह बहुत ही सरल रहस्य है। यह जादुई रहस्य क्या है? यह इस तरह है : *दूसरों के साथ वैसा ही व्यवहार करो, जैसा तुम उनसे अपने लिए चाहते हो।"*

यह सही है, स्वर्णिम नियम, मैडिसन एवेन्यू के बीचोंबीच। मैनिंग की बात धर्म, नैतिकता, आत्म-संतुष्टि या सही और ग़लत के फ़र्क़ पर आधारित नहीं थी, हालाँकि उन्होंने युवा कॉपीराइटर्स को बताया कि ये सभी उनकी सलाह पर अमल करने के अच्छे कारण हैं। लेकिन उन्होंने एक और कारण भी बताया : इस स्वर्णिम नियम से बेहतरीन परिणाम मिलते हैं।

इस मशहूर विज्ञापन हस्ती ने कहा, "भले ही आप दुनिया के सबसे स्वार्थी इंसान हों, भले ही आप अपने स्वार्थ, पैसे, प्रतिष्ठा, प्रमोशन्स के लिए पूरी तरह समर्पित हों, लेकिन इन सब चीज़ों को पाने का सबसे अचूक तरीक़ा यही है कि स्वर्णिम नियम का हर वक़्त पालन करें।"

कॉरपोरेशन के प्रेसिडेंट, क्लासरूम में टीचर, सुपरमार्केट में क्लर्क - ये सभी बेहतर प्रदर्शन करेंगे, आगे तक जाएँगे, ज़्यादा हासिल करेंगे और अपने बारे में बेहतर महसूस करेंगे, बशर्ते वे इस सरल, समयसाध्य नियम में माहिर बन सकें : दूसरों के साथ वैसा ही व्यवहार करो, जैसा तुम उनसे अपने लिए चाहते हो। या यदि इसे आधुनिक अंदाज़ में कहा जाए, तो दूसरों को सम्मान दो। बदले में वे भी आपको सम्मान देंगे।

आज दुनिया पुराने सहपाठियों का क्लब नहीं रह गई है। एक पीढ़ी पहले की तुलना में इसमें ज़्यादा अनेकता और भिन्नता (diversity) नज़र आती है। यह भिन्नता बिज़नेस जगत में जितनी स्पष्ट है, उतनी कहीं और नहीं है। महिलाएँ, समलैंगिक, अपाहिज, विभिन्न नस्लों और प्रजातियों के लोग-ये सभी आज के समीकरण का हिस्सा हैं।

बदले हुए माहौल में सफल होने के लिए यह अनिवार्य है कि आप हर एक के साथ आरामदेह तरीक़े से आगे बढ़ें, चाहे उसकी पृष्ठभूमि या संस्कृति जो भी हो। "इक्कीसवीं सदी में सिर्फ़ पंद्रह-बीस कर्मचारी ही अल्पसंख्यक, महिलाएँ या अप्रवासी कर्मचारी नहीं होंगे," कॉर्निंग, इंक. के चेयरमैन जॉन हाउटन भविष्यवाणी करते हुए कहते हैं। "मेरा मतलब है, हम वहाँ पहुँच चुके

हैं। तो यदि आप सिर्फ़ पंद्रह प्रतिशत कर्मचारियों की योग्यता का लाभ न उठाना चाहते हों, तो आपको फ़ौरन भिन्नता का सम्मान करना शुरू कर देना चाहिए।"

दूसरी संस्कृति – या किसी दूसरी चीज़ – का सम्मान करना शुरू करने का सबसे अच्छा तरीक़ा इसके बारे में सीखना है। यह एक ख़ास वजह थी, जिसने स्वर्गीय आर्थर ऐश को प्रोफ़ेशनल टेनिस की ओर आकर्षित किया। उन्होंने कहा, "मैं जानता था कि इस पेशे में काफ़ी यात्राएँ करनी होंगी। दरअसल, इसी वजह से मैं इसके प्रति आकर्षित हुआ। मैं उन जगहों पर जाना चाहता था। मैं उन जगहों को देखना चाहता था, जिनके बारे में मैंने सिर्फ़ नेशनल ज्योग्राफ़िक के पन्नों पर पढ़ा था। मैंने उन्हें जानने के अवसर का स्वागत किया।"

ऐश ने अपनी मृत्यु के कुछ समय पहले दिए एक इंटरव्यू में कहा था, "पीछे पलटकर देखने पर मैं पाता हूँ कि टेनिस की बदौलत मुझे स्मृतियों का सबसे विशाल ख़ज़ाना हासिल हुआ। इसी की बदौलत मुझे भिन्न संस्कृतियों के बहुत सारे लोगों से मिलने-जुलने का मौक़ा मिला।"

ऐश ने कहा, "आप यात्रा करते समय दो नज़रिए रख सकते हैं। पहला नज़रिया है अपनी संस्कृति के बारे में घमंड का नज़रिया। आप दूसरी जगहों पर जाकर वहाँ के लोगों को हिक़ारत भरी नज़रों से देख सकते हैं, जिनकी सभ्यताएँ आपसे कई हज़ार साल पुरानी हैं। अगर वे प्रौद्योगिकी की दृष्टि से ज़्यादा उन्नत नहीं हैं, तो आप अपने तंत्र को बेहतर मान सकते हैं। इसकी ओर देखने का दूसरा तरीक़ा यह है, 'हाँ, उनकी भौतिक स्थिति और परिस्थितियाँ अच्छी नहीं हैं। लेकिन उनकी धार्मिक और सांस्कृतिक विरासत कितनी समृद्ध है? वे दस हज़ार साल से यहाँ पर हैं, इसलिए वे कुछ न कुछ तो जानते होंगे। हमें तो यहाँ सिर्फ़ दो सौ साल ही हुए हैं।' मुझे दूसरी नीति ज़्यादा पसंद है।"

यहाँ तक कि पड़ोसी देश भी अक्सर एक-दूसरे को अलग तरीक़े से देखते हैं। इन भिन्नताओं को पहचानना होगा, इनका सम्मान करना होगा। बस हिक़ारत से न देखें। जर्मनी और स्विट्ज़रलैंड के बीच यात्रा करते समय हेल्मट क्रिंग्स को इस बात का एहसास हो गया था। क्रिंग्स एक जर्मन हैं, जो अग्रणी वर्क-स्टेशन निर्माता सन माइक्रोसिस्टम्स में सेंट्रल यूरोप के वाइस प्रेसिडेंट हैं।

वे कहते हैं, "मैं तुलना करने से बचता हूँ। मैं स्विट्ज़रलैंड में जर्मनी का ज़िक्र करने से बचता हूँ। अगर आप लगातार कहें कि आप अपने देश में जो करते हैं, वही सही है और यह संकेत देते रहें कि दूसरे लोग अपने देश

में चीज़ों को सही तरीक़े से नहीं कर रहे हैं, तो वे इस बात से बहुत ज़्यादा चिढ़ जाते हैं।"

अपनी संस्कृति और भाषा का सम्मान हर कोई करता है और दूसरों से भी ऐसी ही उम्मीद करता है। यह स्वाभाविक भी है। बेल्जियम के उप प्रधानमंत्री मेल्चियर वैथेलेट फ्रेंच बोलने वाले बेल्जियन परिवार में बड़े हुए। अपने राजनीतिक कैरियर की शुरुआत में ही वैथेलेट ने अपने देश की भाषा की खाई पर पुल बनाने का फ़ैसला कर लिया। उन्होंने फ़्लेमिश बोलना सीख लिया, जो दूसरी आधिकारिक भाषा थी। वे बेल्जियम के पहले फ्रेंच-बेल्जियन राजनेता बने, जो दोनों ही राष्ट्रीय भाषाएँ फर्राटे से बोलते थे। इस तरह उन्होंने देश के सभी लोगों के प्रति सम्मान दिखाया। वे एकता के राष्ट्रीय प्रतीक बन गए और उनका राजनैतिक कैरियर परवान चढ़ने लगा। उन्होंने भिन्नता के साथ जीना सीख लिया।

तो आप कंपनी के बोर्डरूम, यूनिवर्सिटी, स्थानीय सेल्स ऑफ़िस, ग़ैर-लाभकारी संगठन, सरकारी ऑफ़िस में भिन्नता के साथ आरामदेह तरीक़े से कैसे जी सकते हैं? पहला क़दम बुनियादी है : ख़ुद को सामने वाले की जगह पर रखकर देखें। दूसरे लोग भी वैसे ही हाड़-माँस के पुतले और साँस लेने वाले इंसान हैं, जैसे कि आप हैं। अपने घर पर वे भी दबावों से जूझ रहे हैं। वे भी कामयाब होना चाहते हैं। वे भी गरिमा, सम्मान और समझ के उसी व्यवहार की उम्मीद करते हैं, जिसकी आप करते हैं।

फ़्लीट बैंक के चेयरमैन थॉमस ए. डोहर्टी कहते हैं, "लोगों के साथ आम व्यवहार का तरीक़ा महत्वपूर्ण होता है। लोग चाहते हैं कि उनके साथ इंसानों जैसा व्यवहार किया जाए और उन्हें व्यक्तिगत मान्यता दी जाए। जब मैं तीस साल पहले बैंकिंग के क्षेत्र में आया था, तब भी यह सच था और मुझे लगता है कि यह आज से सौ साल बाद भी सच रहेगा।" डोहर्टी की नज़र में इसका कारण स्पष्ट है : "क्योंकि हम सभी इंसान हैं।"

डोहर्टी कहते हैं, महत्वपूर्ण यह है कि "लोगों के साथ सम्मान से पेश आएँ। 'गुड मॉर्निंग' और 'थैंक यू' जैसी छोटी-छोटी बातों का ख़्याल रखें। मुझे लगता है कि ऐसा माहौल बनाना मैनेजमेंट की ज़िम्मेदारी है, जहाँ लोग अपने सर्वोच्च स्तर पर प्रदर्शन कर सकें।" यह माहौल वहाँ मौजूद होता है, जहाँ लोगों को यह महसूस होता है कि उनका सम्मान किया जाता है और

उनके साथ इंसान के तौर पर व्यक्तिगत बर्ताव किया जाता है। और यह वहाँ ग़ायब होता है, जहाँ लोग महसूस करते हैं कि वे सिर्फ़ एक संख्या हैं, बाक़ी कर्मचारियों जैसे ही एक कर्मचारी हैं।

ज़्यादातर सफल लोगों ने इतने बरसों में यह सीख लिया है कि एक या चंद बड़े काम करके दूसरों को महत्वपूर्ण महसूस कराना मुश्किल होता है। यह तो एक अनवरत् प्रक्रिया है, जिसमें छोटी-छोटी चीज़ें लगातार करनी होती हैं।

स्कैलेमेंड्रे सिल्क्स की एड्रियाना बिटर ने इस वास्तविकता की शक्ति को बख़ूबी भाँपा था। 1980 के दशक का अंत और 1990 के दशक की शुरुआत वस्त्र उद्योग के लिए मुश्किल समय था, लेकिन कंपनी कर्मचारियों को एकजुट करके इससे उबरने में कामयाब रही। बिटर कहती हैं, "हमारे लोगों ने अविश्वसनीय ढंग से अद्भुत काम करके हमें इस मुश्किल स्थिति से बाहर निकाल लिया। मेरा मतलब है कि वे ज़बर्दस्त थे और मैं सोचती हूँ कि असल बात नज़दीकी है। अगर हममें नज़दीकी नहीं होती, तो वे हमारे लिए इतना बेहतरीन प्रदर्शन क्यों करते? आप जानते हैं कि अगर आपको कुछ पाना है, तो आपको किसी को कुछ देना भी होता है। हमारा जीवनदर्शन यही है।"

आप इस तरह की नज़दीकी कैसे पैदा कर सकते हैं? अपने साथ काम करने वाले लोगों के प्रति सम्मान, करुणा और गरिमा दिखाकर। यह स्वीकार करके कि वे इंसान हैं, जिनकी ऑफ़िस के बाहर भी ज़िंदगी है। बिटर की कंपनी में इसका मतलब यह था कि उच्चाधिकारी आगंतुक वक्ता को पहले से बता देते थे कि वह कर्मचारियों को मिल मज़दूर कहने के बजाय कारीगर कहे। इसका मतलब था कि बिटर मिल में घूमें और एक डिज़ाइनर का हवाई उड़ान का डर दूर करें, ताकि वह योजना के अनुसार छुट्टियाँ मनाने जा सके। इसका मतलब था कि प्रेसिडेंट के ऑफ़िस का दरवाज़ा हमेशा खुला रहे और जब अधनंगा कारीगर डाई हाउस की समस्याओं के बारे में बात करने आए, तो उसका स्वागत किया जाए। इसका मतलब था कर्मचारियों के समूह के साथ बेहतर संवाद करने के लिए स्पेनिश बोलना सीखना।

न्यूयॉर्क लाइफ़ के फ्रेड सीवर्ट एक बहुत अलग उद्योग में हैं, लेकिन वे यह बात जानते हैं कि कुछ नियम समान होते हैं। छोटी-छोटी बातें बीमा क्षेत्र में भी बड़ी महत्वपूर्ण होती हैं। बीमा उद्योग में दरअसल एजेंट्स ही कंपनी की जान होते हैं। अगर एजेंट्स बेचेंगे नहीं, तो कंपनी जल्दी ही डूब जाएगी।

यह इतना ही सरल समीकरण है।

सीवर्ट बरसों पहले अंतर्राष्ट्रीय बीमा कंपनी मैकेबी में काम करते थे। कंपनी का ऑफ़िस एक नई इमारत में शिफ़्ट हुआ। उस इमारत में कई अन्य कंपनियों के ऑफ़िस भी थे। सीवर्ट यह पक्का करना चाहते थे कि ऑफ़िस बदलने से व्यक्तिगत पहलू न खो जाए। इसलिए नई इमारत में वे सबसे पहले सिक्युरिटी डेस्क पर पहुँचे। वे बताते हैं, "मैंने सिक्युरिटी का काम करने वाले दस-बारह लोगों को घेर लिया। उन्हें यह पता ही नहीं था कि हम बीमा बिज़नेस के क्षेत्र में हैं। वे तो बस हमारी कंपनी का नाम जानते थे। मैंने उनसे कहा, 'देखिए, हमारे यहाँ डेट्रॉयट के कुछ प्रमुख एजेंट आएँगे। जब आपको पता चले कि कोई एजेंट हमसे मिलने आया है, तो उसके लिए लाल गलीचा बिछा देना। इस तरह से व्यवहार करना, ताकि वह खुश हो जाए। अगर आपको आगंतुक के साथ सही व्यक्ति खोजने के लिए सातवीं मंज़िल तक भी आना पड़े, तो आ जाना।" बाद में कुछ एजेंट्स ने मुझे भावुकता के साथ बताया कि इमारत में आने पर उनके साथ बड़ा अच्छा व्यवहार हुआ।

ये सभी छोटी-छोटी चीज़ें मिलकर एक बड़ी भारी चीज़ में बदल जाती हैं : लोग अपने बारे में अच्छा महसूस करते हैं। जो लोग यह यक़ीन करते हैं कि उनका संगठन उनकी परवाह करता है और उनकी ज़रूरतों को समझता है, उनके कड़ी मेहनत करने और संगठन के लक्ष्यों को आगे बढ़ाने की ज़्यादा संभावना होती है।

डेल कारनेगी फ्रैंकलिन डेलैनो रूज़वेल्ट के कैम्पेन मैनेजर जिम फ़ार्ले की कहानी बताते थे। फ़ार्ले जिस भी व्यक्ति के संपर्क में आते थे, उसका नाम ज़रूर याद रखते थे और उसका इस्तेमाल करते थे। इसका मतलब यह था कि उन्हें हज़ारों नाम याद रहते थे। जब रूज़वेल्ट चुनाव में दोबारा खड़े हुए, तो चुनाव अभियान के दौरान फ़ार्ले नाव, ट्रेन और कार से यात्रा करके एक क़स्बे से दूसरे क़स्बे गए और हर जगह सैकड़ों लोगों से मिले। जब वे कई हफ़्तों तक यात्रा करने के बाद घर लौटे, तो निढाल हो चुके थे। लेकिन फिर भी उन्होंने तब तक आराम नहीं किया, जब तक कि वह एक काम पूरा नहीं कर लिया, जिसे वे बिलकुल अनिवार्य मानते थे : उन्होंने उन सभी लोगों को एक व्यक्तिगत हस्ताक्षर वाली चिट्ठी लिखी, जिनसे वे अभियान के दौरान मिले थे। और उन्होंने हर पत्र उस व्यक्ति के पहले नाम से शुरू किया : प्रिय

बिल या प्रिय रीटा।

क्या लोग आज भी इन छोटी-छोटी बातों को महत्वपूर्ण मानते हैं? शर्त लगा लें, हाँ, ज़रूर मानते हैं। फ़ोन कॉल रिटर्न करना, कोई नाम याद रखना, किसी से सम्मान के साथ पेश आना - ये शायद वे सबसे महत्वपूर्ण चीज़ें हैं, जो कोई लीडर कर सकता है। विज्ञापन हस्ती बर्ट मैनिंग कहते हैं, ये बुनियादी बातें "कारगर होती हैं। इन्हीं बुनियादी बातों पर चलकर लोग ख़ुद को भीड़ से अलग कर लेते हैं।"

मैनिंग के ऑफ़िस में कुछ समय पहले एक आगंतुक आया, जिसे एक छोटी सी बात बहुत अच्छी लगी। ऑफ़िस में सिर्फ़ एक ही हैंगर था। मैनिंग ने आगंतुक का कोट लेकर हैंगर पर लटका दिया। इसके बाद उन्होंने अपना ख़ुद का कोट दरवाज़े के हत्थे पर टाँग दिया। छोटी बात? शायद, लेकिन यह न सोचें कि इस पर ग़ौर नहीं किया गया होगा। इसी तरह की छोटी-छोटी बातों से यह संदेश पहुँचता है : "मैं आपकी परवाह करता हूँ। आपकी चिंताएँ मेरी चिंताएँ हैं। हम इसमें एक साथ हैं।" इसी तरीक़े से एक सच्चा सकारात्मक माहौल बनाया जा सकता है।

और इसे सशक्त बनाने का सबसे अच्छा तरीक़ा यह है कि स्वर्णिम नियम के दूसरे क़दम का पालन किया जाए : *कर्मचारियों से सहकर्मियों जैसा व्यवहार करें। उन्हें नीचा न दिखाएँ, उन पर हुक्म न चलाएँ या डाँट-फटकार न लगाएँ।* आख़िर वे आपके सहकर्मी हैं, आपके नौकर या सबसे अच्छे दोस्त नहीं हैं। तो उनके साथ सम्मान भरा व्यवहार करें। हमेशा ध्यान रखें कि कंपनी में काम करने वाला हर व्यक्ति इंसान है। बड़े बॉस की भूमिका निभाने से कर्मचारी कोई काम करने के लिए प्रेरित नहीं जाएँगे। इससे तो वे बॉस से चिढ़ जाएँगे।

सम्मान में प्रबल शक्ति होती है। तो फिर ज़्यादातर मैनेजर अपने अधीनस्थ कर्मचारियों को नीचा क्यों दिखाते हैं या उन्हें डाँटते-फटकारते क्यों रहते हैं? अक्सर इसकी वजह है कम आत्मसम्मान। फ़्लीट बैंक की मालिक कंपनी फ़्लीट फ़ाइनैंशियल ग्रुप इंक. के एक्ज़ीक्यूटिव वाइस-प्रेसिडेंट जॉन बी. रॉबिन्सन कहते हैं, "मैनेजर असुरक्षित होते हैं। उन्हें आक्रमण का सामना करना पड़ता है। इस मुश्किल स्थिति में मैंने अक्सर लोगों को अस्वाभाविक शैली अपनाते हुए देखा है। मैं बरसों से कुछ लोगों को सख़्त मैनेजर बनने की कोशिश करते देख रहा हूँ, हालाँकि वे वास्तव में सख़्त मैनेजर नहीं हैं। वे शायद अपनी

असहजता को छिपाने के लिए यह नाटक करते हैं।"

क्या यह तरीक़ा कारगर है? नहीं। रॉबिन्सन कहते हैं, "वे कर्मचारियों को जली-कटी सुनाकर ज़लील करते हैं और फिर लोगों को आदेश देकर या आवेश में आकर या किसी दूसरे तरीक़े से सम्मान माँगने की कोशिश करते हैं। और आम तौर पर उन्हें इसके उल्टे परिणाम ही मिलते हैं।" कारण स्पष्ट है : लोग कभी दबंगता पर अच्छी प्रतिक्रिया नहीं देते।

ज़्यादा असरदार तरीक़ा तो यह है कि आप अपने कर्मचारियों के सामने यह ज़ाहिर करें कि आप भी इंसान हैं। लोगों के साथ बराबरी वालों जैसा व्यवहार करें, बहुमूल्य संपत्तियों जैसा व्यवहार करें। उनके साथ कंपनी की मशीन के पुर्ज़ों जैसा व्यवहार न करें। एसजीएस-थॉमसन माइक्रोइलेक्ट्रॉनिक्स के बिल मकाहिलाहिला कहते हैं, करना यह चाहिए कि "हम ख़ुद को पद से अलग कर लें, पदनाम से अलग कर लें, जिस तरह हम अतीत में इसे देखते थे। इसे हर व्यक्ति के योगदान के रूप में देखें।"

कुछ बिज़नेस लीडर्स के लिए इसका मतलब है कर्मचारी और बॉस के आपसी संबंध की एक बिलकुल नई समझ। सम्मान और खुले संवाद के लिए अंदाज़ (tone) सही होना चाहिए। जॉन राबिन्सन कहते हैं, "मुझे लगता है कि आपको विनम्रता का एहसास क़ायम रखना चाहिए। कंपनी जगत में ऊपर के पायदानों पर रहकर यह यक़ीन करना बड़ा ही आसान होता है कि हम उतने महत्वपूर्ण या चतुर हैं, जितना हमारे पद या पदनाम से प्रकट होता है।" बरसों पहले रॉबिन्सन ने यह याद रखने का एक बेहतरीन तरीक़ा खोज लिया कि अपने आकर्षक पदनामों के बावजूद वे भी अपने साथ काम करने वाले लोगों जैसे ही हैं। वे कहते हैं, "जब मैं तीस-पैंतीस साल का था, तो एक बैंक में प्रेसिडेंट था। मैं ख़ुद को बड़ा महत्वपूर्ण मानता था। फिर जब मैं घर लौटता था और मेरा बच्चा गीला तथा दुखी दिखता था, तो मैं उसका डायपर बदलता था। यह चीज़ मुझे फ़ौरन नीचे खींच लाती थी और सही दृष्टिकोण देती थी। दरअसल मेरे बच्चों ने ही मुझे संतुलित रखा।"

ख़ुद को सामने वाले की जगह पर रखकर देखें। कभी भी ख़ुद को दूसरों से ऊपर न समझें। ये दोनों ही बातें महत्वपूर्ण हैं। स्वर्णिम नियम का तीसरा क़दम है : *लोगों को शामिल करें।* उन्हें चुनौती दें। उनसे जानकारी माँगें। उनके सहयोग को प्रोत्साहित करें।

यह सोचें कि काम उनकी ज़िंदगी का भी उतना ही बड़ा हिस्सा है, जितना कि आपकी ज़िंदगी का। वे यक़ीनन शामिल होना चाहते हैं। वे जुड़ना चाहते हैं। वे चुनौती और विस्तार चाहते हैं। और वे क़तई नहीं चाहते कि उनकी राय को नज़रअंदाज़ कर दिया जाए।

जो लोग भावुक होते हैं और अपने काम से जुड़ जाते हैं, वे उसे अच्छी तरह करेंगे। एनालॉग डिवाइसेस इंक. के रे स्टेटा कहते हैं, "कर्मचारी महत्व, प्रभाव और योगदान की भावना चाहते हैं।"

यह भावना किस तरह पैदा की जा सकती है ? कर्मचारियों को सशक्त बनाकर, उन्हें चुनौतियाँ देकर और उन्हें अपने संगठन के नियोजन में शामिल करके। स्टेटा कहते हैं, "मैं सोचता हूँ, सबसे महत्वपूर्ण चीज़ यह है कि लोगों के पास ऐसे काम हों, जिनके बारे में वे महसूस करते हों कि वे उनकी योग्यता के अनुरूप हैं या शायद उनकी योग्यता से थोड़े आगे हैं। मैं सोचता हूँ कि प्रेरणा का सबसे अहम हिस्सा काम को व्यक्ति के साथ इस तरह जोड़ने की कोशिश करना है, ताकि वह एक असल चुनौती बन जाए, ताकि वह अपेक्षा का विस्तार बन जाए।"

रबरमेड ने इस बात को जल्दी ही समझ लिया था। इस कंपनी ने मैनेजमेंट की कर्मचारी सशक्तीकरण विधि का क्रांतिकारी सूत्रपात किया। 1980 के दशक के अंत में रबरमेड को एक नई मशीन का टुकड़ा डिज़ाइन करना था, जिसकी क़ीमत कई मिलियन डॉलर थी। इसके लिए बॉस लोगों ने कर्मचारियों को हुक्म नहीं दिया। इसके बजाय रबरमेड के उन कर्मचारियों ने इस प्रक्रिया की अगुआई की, जो मशीन का इस्तेमाल करने वाले थे। वोल्फ़गैंग शिमट कहते हैं, "हमने छह लोगों की टीम बनाई। ये सभी प्रॉडक्शन एसोसिएट थे। इस टीम में मैनेजमेंट का सिर्फ़ एक ही आदमी था। टीम के सदस्य वैसी मशीनें बनाने वाली कई कंपनियों में गए और उन्होंने पैमाने तय किए। उन्होंने ही यह सलाह दी कि क्या ख़रीदना है। वे ही यूरोप गए और जर्मनी में मशीनों का प्रशिक्षण लिया। वे सप्लायर के कर्मचारियों के साथ लौटकर आए और उन्होंने इसे इंस्टॉल करवाया। उन्होंने ही इसका प्रबंधन किया। इसकी समयसारणी बनाई। इसकी गुणवत्ता सुनिश्चित की। और उन्होंने ही निवारक रखरखाव किया।"

इस नीति से रबरमेड को बेहतरीन परिणाम मिले। कंपनी में कर्मचारियों के रुकने का आँकड़ा सबसे ज़्यादा था। यही नहीं, रबरमेड के कर्मचारी सचमुच बेहतरीन काम करते थे। 1982 से 1992 तक रबरमेड ने अपने निवेशकों को

25.7 प्रतिशत का सालाना रेट ऑफ़ रिटर्न दिया।

बिल मकाहिलाहिला अपने कर्मचारियों के सशक्तीकरण की प्रक्रिया का वर्णन करते हुए कहते हैं कि यह उनकी सबसे महत्वपूर्ण भूमिकाओं में से एक है। यह अक्सर मुश्किल होता है। इसमें कर्मचारियों में आत्मविश्वास का एहसास भरना शामिल होता है। "इसमें कर्मचारियों की इस तरह मदद करनी होती है कि वे अपने विचारों को व्यवस्थित कर सकें और अपने दिमाग़ में जमा सकें, ताकि वे उन विचारों पर अमल करने में आत्मविश्वास महसूस कर सकें और अपनी योग्यताओं पर भरोसा कर सकें।" इसमें अपनी-अपनी चलाने की नहीं, बल्कि आस-पास रहकर निर्णयों का समर्थन करने की ज़रूरत होती है।

वे कहते हैं, "मेरी राय में सही या ग़लत फ़ैसले जैसी कोई चीज़ होती ही नहीं है। ज़रूरी तो इस बात की होती है कि मैं आपको फ़ैसला करने का पूरा अधिकार दूँ। अगर यह सबसे अच्छा फ़ैसला नहीं है, तो हम इस पर बातचीत करेंगे। लेकिन अगर यह सबसे अच्छा फ़ैसला है, तो मैं इसके लिए आपको बधाई दूँगा, ताकि आपको यह बात पता चल जाए।"

काम मुश्किल है, लेकिन इसके परिणाम इतने बढ़िया होते हैं कि इसकी कोशिश करना तर्कसंगत लगता है। कर्मचारी जो भी काम कर रहे हैं, उसके प्रति उन्हें समर्पित बनाना चाहिए। शायद रे स्टेटा ने इस बात को सबसे अच्छी तरह कहा है : "मैं सोचता हूँ कि आत्म-वास्तविकीकरण, आत्म-पूर्णता का मुद्दा ख़ास तौर पर शिक्षित, पेशेवर, ज्ञानी कर्मचारियों के लिए सबसे महत्वपूर्ण होता है। उनकी क्षमताओं में सतत सुधार और विकास की यह धारणा लोगों को प्रेरित करने वाली सबसे महत्वपूर्ण चीज़ होती है।"

लोगों के साथ अच्छा व्यवहार करें, उनसे बराबरी वालों जैसा बर्ताव करें और उन्हें टीम में शामिल करें। गरिमापूर्ण कार्यस्थल बनाने का एक अंतिम तरीक़ा है : *छोटे-बड़े सभी तरीक़ों से संगठन को ज़्यादा से ज़्यादा मानवीय बनाएँ।*

यहाँ प्रतीकात्मक प्रयास काफ़ी बड़ी भूमिका निभा सकते हैं। मिसाल के तौर पर, अपनी बड़ी एक्ज़ीक्यूटिव डेस्क के पीछे से हट जाएँ। हार्मन एसोसिएट्स कॉरपोरेशन के जॉयस हार्वे के ऑफ़िस में एक छोटी सी कॉन्फ़्रेंस टेबल है और वे मीटिंग करते वक़्त इसी का इस्तेमाल करती हैं। हार्वे कहती हैं, "हम इसके आस-पास बैठकर बातें करते हैं। मैं अक्सर दोपहर को मीटिंग

रखती हूँ और मेरी आदत है कि मैं लंच के दौरान रुकने वाली कर्मचारी के लिए लंच लाती हूँ। इससे मीटिंग ज़्यादा अनौपचारिक हो जाती है। इससे यह भी पता चलता है कि हम उसके समय की सच्ची परवाह और सम्मान करते हैं।"

कॉर्निंग लैब सर्विसेस, इंक. के चेयरमैन ई. मार्टिन गिब्सन प्रतीकात्मकता से आगे तक जाते हैं। वे संगठन के मानवीयकरण को इतना महत्वपूर्ण मानते हैं कि उन्होंने अपने कारखानों का आकार तक इसी आधार पर तय किया है। गिब्सन कहते हैं, "मैं सोचता हूँ कि एक ही जगह पर दस, पंद्रह, बीस हज़ार लोगों का काम करना तबाही जैसा है। मेरा मतलब है, मैं यह कल्पना नहीं कर सकता कि मैं कार से उतरूँ और पार्किंग लॉट में गाड़ी खड़ी करके ऐसे विशाल कॉम्प्लेक्स में जाऊँ, जिसमें दस हज़ार कर्मचारी काम करते हों। मैं हमेशा ख़ुद से यह सवाल पूछता हूँ, 'अगर मैं हवा में ग़ायब हो जाऊँ, तो क्या यह बात किसी को पता चलेगी ?' संभावना है, नहीं। या फिर मेरे साथ काम करने वाले सिर्फ़ यह कहेंगे, 'वह कहाँ गया, न जाने उसका नाम क्या था ?'"

जो कर्मचारी ख़ुद को इतना अलग-थलग महसूस करता है, वह संगठन के प्रति समर्पित नहीं होगा। कॉर्निंग लैब सर्विसेस ने इसी बात को ध्यान में रखकर एक समाधान सोचा। नतीजा : कंपनी के बत्तीस अलग-अलग ऑफ़िस हैं। हालाँकि उनमें से एक बड़ा है और उसमें उन्नीस सौ कर्मचारी काम करते हैं, लेकिन बाक़ी सभी में कर्मचारियों की संख्या तीन सौ से छह सौ तक सीमित है।

परिणाम ? गिब्सन कहते हैं, "हमारे यहाँ काम करने वाले लोग एक-दूसरे का नाम जानते हैं। अगर वे हवा में ग़ायब हो गए, तो यह बात किसी को पता ज़रूर चल जाएगी। आप जानते हैं, छोटी इकाई में काम करने की वजह से लोग आपका ध्यान रखते हैं। हर कोई आपका नाम जानता है। यह रोमांचक है।"

रबरमेड के वोल्फ़गैंग शिमट इससे पूरी तरह सहमत हैं। इसीलिए वे अपने ऑफ़िसों का आकार चार सौ से छह सौ कर्मचारियों तक सीमित रखने की कोशिश करते हैं। इतना ही बड़ा आकार क्यों ? पैसा बचाने के लिए ? दरअसल नहीं। शिमट स्पष्ट करते हैं, "हम कर्मचारियों के आपसी संबंधों को सचमुच अनिवार्य मानते हैं। जब आप छह सौ की संख्या के पार पहुँच जाते हैं, तो संबंध के व्यक्तिगत पहलू, समझ और परानुभूति चली जाती है। तब आप इसे सहज समझ के बजाय कृत्रिम रूप से पैदा करने की कोशिश करते हैं। मानवीय

दृष्टिकोण और विशुद्ध लागत की दृष्टि से यह समझदारी भरा, दरअसल स्मार्ट तरीक़ा है कि हम इतनी ही बड़ी इकाइयों तक ही सीमित रहें।"

शिमट इस नतीजे पर कैसे पहुँचे? उन्हें कर्मचारियों से बातचीत करने पर यह पता चला कि कर्मचारी इतने ही बड़े ऑफ़िस में सबसे ज़्यादा ख़ुश रहते हैं। "हम इस नीति पर जितना ज़्यादा चलते हैं, कर्मचारी ख़ुद को संगठन के उतना ही ज़्यादा क़रीब मानते हैं और उतना ही ज़्यादा जुड़ाव महसूस करते हैं।"

ये मुद्दे बेहद महत्वपूर्ण हैं और सिर्फ़ शीर्ष मैनेजरों के लिए ही नहीं हैं। हम सभी - चाहे हमारा पद जो भी हो - दूसरों के महत्व और गरिमा का सम्मान करके ज़्यादा आगे तक जाएँगे और ज़्यादा हासिल करेंगे, चाहे हमारी तुलना में उनका पद, पृष्ठभूमि या संबंध जो भी हो।

यह कोई नई अवधारणा नहीं है। डेल कारनेगी ने बरसों पहले इसे दुनिया भर के लोगों पर लागू कर दिया था। कारनेगी ने पूछा था, "क्या आप ख़ुद को जापानियों से श्रेष्ठ मानते हैं?" इसके बाद उन्होंने कहा था, "सच तो यह है कि जापानी ख़ुद को आपसे बहुत ज़्यादा श्रेष्ठ समझते हैं। क्या आप ख़ुद को भारत के हिंदुओं से श्रेष्ठ मानते हैं? यह आपकी मान्यता है। लेकिन दस लाख हिंदू ख़ुद को आपसे कहीं ज़्यादा श्रेष्ठ समझते हैं।

"हर देश ख़ुद को बाक़ी देशों से श्रेष्ठ समझता है। इसी वजह से देशभक्ति का ज़ज़्बा पैदा होता है और युद्ध होते हैं।

"बेबाक सच्चाई तो यह है कि आप जितने भी लोगों से मिलते हैं, वे सभी किसी न किसी पहलू में ख़ुद को आपसे श्रेष्ठ समझते हैं। और उनके दिल तक पहुँचने का एक अचूक रास्ता यह है कि आप किसी भी सूक्ष्म तरीक़े से यह बात उन तक पहुँचा दें कि आप दुनिया में उनके महत्व को पहचानते हैं, वाक़ई पहचानते हैं।"

दूसरों के प्रति सच्चा सम्मान ही प्रेरित करने की बुनियाद है।

9

सम्मान, प्रशंसा और पुरस्कार

उन्नीसवीं सदी के पूर्वार्ध में लंदन का एक किशोर लेखक बनना चाहता था। लेकिन हर चीज़ उसके ख़िलाफ़ थी। उसे चार साल से ज़्यादा स्कूल जाने का मौक़ा नहीं मिला था। उसके पिता कर्ज़ न चुका पाने की वजह से जेल में बंद थे और वह किशोर अक्सर भूख की मरोड़ें महसूस करता था। आख़िरकार उसे चूहों से भरे एक वेयरहाउस में बोतलों पर लेबल चिपकाने का काम मिला। वह रात को दो अन्य लड़कों - जो लंदन की झुग्गियों से आए थे - के साथ एक गंदी अटारी में सोता था। उसे लिखने की अपनी योग्यता पर इतना कम भरोसा था कि उसने अपनी पहली पांडुलिपि डाक के डिब्बे में आधी रात को डाली, ताकि कोई यह देखकर उसकी हँसी न उड़ा सके। एक के बाद एक उसकी कहानियाँ अस्वीकृत होती गईं। आख़िरकार वह महान दिन आया, जब एक कहानी स्वीकृत हो गई। यह सच है कि उसे इसके बदले में कोई भुगतान नहीं मिला, लेकिन एक संपादक ने उसकी प्रशंसा की। एक संपादक ने उसे मान्यता दी। इस बात से वह इतना रोमांचित हुआ कि वह बहुत देर तक सड़कों पर बिना किसी उद्देश्य के यूँ ही भटकता रहा और उसके गालों पर आँसू बहते रहे।

उसे अपनी एक कहानी छपने से जो तारीफ़, जो सम्मान मिला, उसने उसकी पूरी ज़िंदगी बदल दी। अगर यह प्रोत्साहन न मिला होता, तो हो सकता है कि उसकी पूरी ज़िंदगी चूहों से भरी फ़ैक्ट्रियों में ही बीत जाती। आपने उस लड़के के बारे में ज़रूर सुना होगा। उसका नाम चार्ल्स डिकेंस है।

- डेल कारनेगी

विश्व प्रसिद्ध कॉस्मेटिक कंपनी की संस्थापक मैरी के ऐश ने व्यावसायिक जगत में अपना कैरियर स्टैनले होम प्रॉडक्ट्स कंपनी की सेल्स पार्टी से शुरू किया था। वे कोई बेहतरीन सेल्सवुमैन नहीं थीं – शुरुआत में। ऐश कहती हैं, "हमें मेज़बान को एक झाड़ू और एक डस्टर देने होते थे, जिनकी क़ीमत थी चार डॉलर निन्यानवे सेंट। मैं एक पार्टी से लगभग सात डॉलर कमा लेती थी, जिसका मतलब यह था कि जब मैं दरवाज़े से बाहर निकलती थी, तो लगभग दो डॉलर बचते थे।" लेकिन ऐश के ऊपर तीन छोटे बच्चों को पालने की ज़िम्मेदारी थी और वे सामान बेचने में ज़्यादा योग्य नहीं थीं। तब भी वे जुटी रहीं।

कुछ हफ़्तों बाद उन्हें एहसास हुआ कि वे इस तरह से आजीविका नहीं कमा सकतीं, जब तक कि कोई चीज़ पूरी तरह न बदल जाए – और वह भी बहुत तेज़ी से। अब एक बड़ा क़दम उठाने का वक़्त आ चुका था। "मैंने उन सभी लोगों की ओर देखा, जो मुझे अपनी बिक्री की कहानियाँ बता रहे थे। मैंने मन ही मन सोचा, 'उन्होंने यह कैसे किया? ओह, मुझसे तो ये झाड़ू कोई भी नहीं ख़रीदता।' मैं नहीं जानती थी कि ऐसा कैसे किया जाता है। तो मैंने कहा, 'मुझे स्टैनले कन्वेंशन में जाना होगा। अपने तीन बच्चों का पेट भरने के लिए मुझे पता लगाना होगा कि यह काम कैसे किया जाता है।"

उन दिनों टेक्सास में अकेली माँ के लिए यह किसी जुए से कम नहीं था। ऐश के पास पैसे नहीं थे और कोई प्रोत्साहन भी नहीं था। उन्होंने कहा, "मुझे सम्मेलन में जाने के लिए भी पैसे उधार लेने पड़े। इसमें बारह डॉलर का ख़र्च आया। इसमें हाउस्टन से डल्लास तक जाने और दोबारा लौटने के लिए चार्टर्ड ट्रेन का ख़र्च शामिल था – आप समझ सकते हैं कि यह कितनी पुरानी बात है – और इसमें एडॉल्फ़स होटल में तीन रात रुकने का ख़र्च भी शामिल था। बारह डॉलर लेकर आप आज घर की चौखट भी पार नहीं कर सकते। लेकिन तब आप ऐसा कर सकते थे। मैंने एक सहेली से बारह डॉलर उधार लिए। पैसे उधार माँगने के चक्कर में मैंने बहुत सी सहेलियों को खो दिया। मैं बस उधार माँगने की कोशिश करती रही और जिस सहेली ने मुझे उधार दिया, उसने यह सलाह भी साथ दी, 'तुम्हें इन बारह डॉलर्स के साथ घर पर ही रुकना चाहिए और इनसे अपने बच्चों के लिए जूते ख़रीदने चाहिए। तुम्हें उन बेकार चीज़ों के चक्कर में नहीं पड़ना चाहिए, जिनकी ओर मर्द आकर्षित होते हैं।"

लेकिन ऐश टस से मस नहीं हुईं। "उनके ब्रोशर में खाने का ज़िक्र नहीं था। इसलिए मैंने सोचा, 'ओह, बेहतर होगा कि मैं चीज़ और क्रैकर्स भी पैक कर लूँ।' मैंने एक पौंड चीज़ और क्रैकर्स का एक बॉक्स पैक कर लिया। फिर मैंने अपना स्टैनले सैंपल्स सूटकेस ख़ाली किया। मेरे पास यही एक सूटकेस था। मजबूरी थी! मेरे पास कोई अच्छा सूटकेस नहीं था। मैंने चीज़ और क्रैकर्स के साथ-साथ अपनी एकमात्र अतिरिक्त पोशाक भी पैक कर ली।

"मैं ट्रेन में बैठ गई। मेरे साथ वाले लोग गाने लगे, **'स्टैनले, स्टैनले** हर वक़्त। यह नारा आप सुनेंगे, तो फिर आपके कान में और कुछ नहीं गूँजेगा।' मैं सोचने लगी, "हे भगवान! यह क्या हो रहा है?" मैं बहुत असहज महसूस कर रही थी। "ये सिरफिरे लोग।" मैंने नाटक किया कि मैं उनमें शामिल नहीं हूँ। मेरे पास कोई ढंग की पोशाक तक नहीं थी। मेरे पास कुछ भी नहीं था। मेरा हुलिया बहुत बुरा रहा होगा, लेकिन चाहे जो हो, मैं वहाँ पहुँची और इसने मेरी ज़िंदगी बदल दी।"

उनकी ज़िंदगी बदल गई? कैसे?

"स्टैनले के लोगों ने एक गर्ल क्वीन को ताज़ पहनाया। उसका नाम लिविटा ओ'ब्रायन था। मैं उसकी छवि कभी नहीं भूल पाऊँगी। वह ऊँची, दुबली, काले बालों वाली और सफल थी। मेरे ठीक विपरीत। मैंने हॉल के पीछे की आख़िरी क़तार से उसकी ताज़पोशी देखी। उसी पल मैंने यह फ़ैसला किया कि अगले साल क्वीन मैं बनूँगी। उन्होंने उसे एक एलिगेटर बैग दिया। उस वक़्त यही सबसे बड़ा पुरस्कार था। मैं सच्चे दिल से इसे पाना चाहती थी। मैं हर क़ीमत पर वह एलिगेटर बैग पाना चाहती थी।

"उनके पास कोई सेल्स मैन्युअल नहीं था कि बेचा कैसे जाए, लेकिन उन्होंने तीन बातें कहीं। पहली, दौड़ने के लिए एक पटरी खोजो। फिर, अपने डिब्बे को किसी सितारे से बाँध लो। देखिए, मेरे पास स्टैनले का अपना काम था और मैंने अपना डिब्बा उस औरत के सितारे से इतना कसकर बाँध लिया कि उसे पिछली क़तार की ओर से इस बात का आभास ज़रूर हुआ होगा। आख़िरकार उन्होंने यह सलाह दी, किसी को बताओ कि आप क्या करने वाले हैं। मैंने हॉल में चारों ओर देखा। फिर मैं इस नतीजे पर पहुँची कि उनमें से किसी को बताने से कोई फ़ायदा नहीं होने वाला। मैं सीधे प्रेसिडेंट के पास पहुँची, जो सामने खड़े थे। मैं मि. फ्रैंक सैमी बीवरेज के पास जाकर बोली,

'मि. बीवरेज, अगले साल क्वीन मैं बनूँगी।'

"अगर उन्हें पता होता कि वे किससे बात कर रहे हैं, तो वे सचमुच हँस देते। मुझे इस बिज़नेस में सिर्फ़ तीन हफ़्ते ही हुए थे। स्टैनले पार्टी से मेरी औसतन आमदनी सिर्फ़ सात डॉलर थी। और मैं अगले साल क्वीन बनने का दावा कर रही थी ? छोड़िए भी! लेकिन वे बहुत भले इंसान थे। मैं नहीं जानती कि उन्होंने मुझमें क्या देखा, लेकिन उन्होंने मेरा हाथ थामा, सीधे मेरी आँखों में झाँका और बोले, 'देखिए, मुझे भी लगता है कि आप ही क्वीन बनेंगी।' उनके इन शब्दों ने मेरी ज़िंदगी बदलकर रख दी। मैं किसी भी हाल में उन्हें निराश नहीं कर सकती थी। मेरा मतलब है, मैंने उनसे वादा कर लिया था कि अगले साल क्वीन मैं ही बनूँगी।" और वे बन गईं।

मैरी के ऐश ने बाद में एक बेहद सफल कॉस्मेटिक्स कंपनी की स्थापना की। मैरी के नामक इस कंपनी के पार्ट-टाइम प्रतिनिधि अपने दोस्तों, पड़ोसियों और सहकर्मियों को प्रॉडक्ट्स बेचते थे। स्टैलने में शामिल होने से पहले ही वे सफलता पाने के लिए प्रेरित हो चुकी थीं। और उन्हें होना ही था : उनका पति नहीं था, नौकरी नहीं थी और घर पर तीन भूखे बच्चे थे। इसके अलावा वे सफलता की सुखद भावनाओं को महसूस करना चाहती थीं। स्टैनले कंपनी के प्रेसिडेंट के प्रोत्साहन से उन्हें वह प्रेरणा मिली, जिसकी उन्हें सख़्त ज़रूरत थी : उनका आत्मसम्मान बढ़ गया और उनके मन में यह भावना आई कि दुनिया में कोई और भी है, जो उनके सफल होने की परवाह करता है।

आम तौर पर लोगों को प्रेरित करना बस इतना ही आसान होता है।

सभी लोग, सबसे सफल कॉरपोरेशन के प्रेसिडेंट से लेकर सुपरमार्केट में बॉटल लौटाने वाले क्लर्क तक, यह सुनना चाहते हैं कि वे आला दर्जे का काम कर रहे हैं, वे स्मार्ट हैं, सक्षम हैं और उनकी मेहनत पर ग़ौर किया जाता है। अक्सर एक अच्छे कर्मचारी को महान कर्मचारी में बदलने के लिए बस थोड़े से सम्मान – सही पल पर प्रोत्साहन की एक ख़ुराक – की ही ज़रूरत होती है।

डेल कारनेगी कहते हैं, "लोगों को बदलने की कोशिश करते वक़्त क्यों न हम उसी कॉमन सेंस का इस्तेमाल करें, जिसका इस्तेमाल हम कुत्तों को बदलने की कोशिश करते वक़्त करते हैं ? क्यों न हम कोड़े के बजाय गोश्त का इस्तेमाल

करें? क्यों न आलोचना के बजाय प्रशंसा का इस्तेमाल करें? ज़रा सा भी सुधार हो, तो उसकी प्रशंसा करें। इससे सामने वाले को लगातार सुधार करते रहने की प्रेरणा मिलती है।"

इनमें से कोई भी काम जटिल नहीं है, लेकिन न जाने क्यों कई लोगों को सच्ची तारीफ़ करने में बड़ी मुश्किल महसूस होती है! न्यूयॉर्क लाइफ़ के फ़्रेड सीवर्ट कहते हैं, "मुझे राय (feedback) व्यक्त करने में, चाहे वह सकारात्मक हो या नकारात्मक, मुश्किल होती थी, हालाँकि मैं इसका कारण कभी नहीं समझ पाया। यह काम बड़ा सरल है और इसका महत्त्व भी बहुत ज़्यादा होता है। मैं नहीं जानता कि मैंने कभी रुककर यह क्यों नहीं कहा, 'आप जानते हैं, मैं सचमुच आपकी प्रशंसा करता हूँ। आपने जो किया है, उसके लिए धन्यवाद। मैं जानता हूँ कि आपने बहुत सा अतिरिक्त समय लगाया है और मेरा यक़ीन मानें, मैं इसके लिए आपका सम्मान करता हूँ।"

सीवर्ट ने बरसों तक दूसरों की प्रशंसा करने की आदत नहीं डाली। उन्होंने आख़िरकार प्रशंसा देने का महत्त्व आंशिक रूप से अपने बॉस से सीखा। सीवर्ट कहते हैं, "मेरे बॉस उल्लेखनीय इंसान थे और हर दिन फ़ीडबैक देते थे। जब उन्हें कोई समस्या होती थी या उनके दिमाग़ में कुछ नकारात्मक होता था, तो वे आपको बता देते थे। लेकिन वे साथ ही वे यह भी कहते थे, 'मैं आपकी प्रशंसा करता हूँ और आपका काम वाक़ई ज़बर्दस्त है।' यह सुनना बड़ा अच्छा लगता था।"

यह ज़रूरी नहीं है कि प्रशंसा भरी टिप्पणियाँ आसमान छूने वाली या धरती हिला देने वाली ही हों। सीवर्ट कहते हैं, "कभी-कभार वे समझ लेते थे कि मैं ज़रूरत से ज़्यादा कड़ी मेहनत कर रहा हूँ और वे कहते थे, 'अब यहाँ से चले जाओ। घर जाओ। अपने परिवार के साथ थोड़ा वक़्त गुज़ारो। कुछ दिन की छुट्टी मना लो।' वे मुझ पर इतना ध्यान देते थे, यही बात मेरे लिए महत्त्व रखती थी।"

पुरस्कार। आजकल जब भी बिज़नेस जगत में इस शब्द का इस्तेमाल होता है, तो लगभग हमेशा ही लोग पैसे के बारे में सोचने लगते हैं। तनख़्वाह, बोनस, लाभ, पर्क्स - ज़्यादातर लोग सिर्फ़ आर्थिक पुरस्कारों के बारे में ही सोचते हैं।

देखिए, इस बात से कोई इंकार नहीं कर सकता कि पैसा महत्वपूर्ण होता है। हमारे समाज में तो यह बहुत महत्वपूर्ण है। लेकिन हक़ीक़त यह है कि पैसा सिर्फ़ एक कारण है, जिसकी वजह से ज़्यादातर लोग सुबह काम करने जाते हैं और जिसे साथ लेकर वे रात को घर लौटते हैं। हम चाहे जितना विरोध कर लें, लेकिन हममें से सबसे भौतिकवादी लोग भी दूसरे क़िस्म के पुरस्कारों के बारे में बेहद परवाह करते हैं।

पुरस्कार सूची में दो चीज़ें सबसे ऊपर होती हैं : आत्मसम्मान और दूसरों का सम्मान। ये सबसे प्रबल प्रेरक शक्तियाँ हैं। हैरिसन कॉन्फ्रेंस सर्विसेस के वाल्टर ग्रीन ख़ुद को लगातार याद दिलाते रहते हैं, "लोग अच्छे दिखना चाहते हैं। इसलिए आप जो करना चाहते हैं, उसके लिए एक ऐसा माहौल बना दें, जिसमें लोग अच्छे दिख सकें।"

हाउटन ने यही काम कॉर्निंग में किया। वे एक ऐसा माहौल बनाने की कोशिश करते हैं, जहाँ कर्मचारी अच्छे दिख सकें और अच्छा महसूस कर सकें। यह डिश हज़ार सामग्रियों से बनती है। ऐसी ही एक सामग्री है कर्मचारियों के सुझावों पर विचार करने का तरीक़ा।

गुणवत्ता की प्रक्रिया में शामिल होने से पहले कॉर्निंग कंपनी कर्मचारियों की सलाह आधे-अधूरे मन से माँगती थी। कॉर्निंग की फ़ैक्ट्रियों और ऑफ़िसों के कोनों पर कुछ सुझाव पेटियाँ लगी रहती थीं, जो आम तौर पर धूल खाती रहती थीं। हाउटन याद करते हैं, "हमारा सुझाव तंत्र इस अर्थ में किसी दूसरे के सुझाव तंत्र जैसा ही था कि अगर आपका दिया सुझाव मान लिया जाता था, तो आपको इसके बदले में कुछ पैसा मिल सकता था। लेकिन आप इसे सुझाव पेटी में डालते थे और सुझाव पेटी दरअसल एक ब्लैक होल जैसी थी। शायद छह महीने बाद आप कोई चीज़ सुनते हैं। और जब आप कोई चीज़ सुनते हैं, तो पगला जाते हैं। या तो आपको बताया जाता है कि आपको कोई पैसा नहीं मिलेगा या फिर आपको थोड़ा-बहुत पैसा मिलता भी है, लेकिन आप उसे पर्याप्त पुरस्कार नहीं मानते। न सिर्फ़ आप पगला जाएँगे, बल्कि आपके आस-पास का हर व्यक्ति पगला जाएगा, क्योंकि आपको पुरस्कार में पैसा मिला और उन्हें नहीं मिला।"

... लेकिन अब कॉर्निंग ने कर्मचारियों से सुझाव लेने का तरीक़ा बदल दिया है। "अब वे सुझाव पेटियाँ हट चुकी हैं और उन पर आधारित नीति

भी ख़त्म हो चुकी है। ऐसा किसी आदेश से नहीं हुआ है। एक-एक जगह करके वे बस ग़ायब हो गईं।"

... और सिर्फ़ यही बदलाव नहीं हुआ है। कॉर्निंग की वर्तमान कर्मचारी सुझाव योजना में पैसों का कोई पुरस्कार नहीं है, लेकिन सम्मान का है। "कर्मचारी जो पाते हैं, वह है सप्ताह के कर्मचारी का पुरस्कार। उनकी तस्वीर संचालक मंडल तक पहुँचती है, या उन्हें फूल या कॉफ़ी के मग मिलते हैं या कोई बस धन्यवाद कह देता है।" सम्मान ही इस योजना को कारगर बनाता है।

क्या कर्मचारियों को पैसे की कमी नहीं खलती? इतनी नहीं कि नज़र आए। हाउटन कहते हैं, "हमने सिर्फ़ एक नियम बनाया है। हर सुझाव का जवाब दो हफ़्ते में देना अनिवार्य है। यह निर्भर करता है कि जवाब एक हफ़्ते में दिया जाता है या दो में, लेकिन जवाब जल्दी देना होता है - हाँ या नहीं, या हम इसके बारे में जो भी सोच रहे हों।"

लेकिन नक़द पुरस्कार हटाने से सुझावों की संख्या में कमी आई होगी, है ना? हाउटन कहते हैं, "पिछले साल हमें पहले की तुलना में अस्सी गुना ज़्यादा सुझाव मिले। हमने चालीस-पचास गुना ज़्यादा सुझावों पर अमल किया।"

कर्मचारी कई कारणों से शामिल होते हैं। वे अपने कार्य जीवन की गुणवत्ता को बेहतर बनाना चाहते हैं - यह इसका स्पष्ट हिस्सा है - और वे सुझाव इसलिए देते हैं, क्योंकि वे जानते हैं कि उनकी बात सुनने वाला कोई है। लेकिन इतनी ही स्पष्ट बात यह भी है कि वे आत्मसम्मान और सार्वजनिक सम्मान चाहते हैं, जो किसी अच्छे विचार को पेश करने पर ही मिलता है। हाउटन कहते हैं कि वे इस पर ज़रा भी हैरान नहीं हैं। "इससे मुझे यह पता चलता है कि लोग परवाह करते हैं और जुड़ना चाहते हैं। आपको बस उन्हें इसकी स्वतंत्रता देनी है और धन्यवाद देना है। इसके बाद जो होता है, वह सचमुच आश्चर्यजनक है।"

हाउटन की बात सच है। जो कर्मचारी महसूस करते हैं कि उनके योगदान को पहचाना जाता है और सम्मानित किया जाता है, वे आश्चर्यजनक चीज़ें हासिल करते हैं। कर्मचारियों को सम्मानित महसूस कराना, उनके अच्छे विचारों पर ध्यान केंद्रित करना, उन्हें ट्रेड शो में शिरकत के लिए आमंत्रित करना,

जो पहले सिर्फ़ उच्चाधिकारियों तक ही सीमित होते थे, यह कहने का एक तरीक़ा है, "आपको धन्यवाद। हम जानते हैं कि आप एक अच्छे कर्मचारी हैं। हम आपको और आपके काम का महत्व समझते हैं।" यह सफल प्रेरणा की शुरुआत है।

आज जिन कंपनियों का नेतृत्व अच्छा है, वे धनरहित पुरस्कारों को स्थापित करने में अपना समय, ऊर्जा और पैसा ख़र्च कर रही हैं।

प्रिंटेड कंप्यूटर कार्ड्स के स्वीडन के सबसे बड़े उत्पादक इलेक्ट्रोट्रिक एबी के प्रेसिडेंट एंडर्स योरसेल ने कहा था, "मैं अभी जो कर रहा हूँ, वह है पूरे समूह के सामने सम्मान देना। यह बहुत महत्वपूर्ण होता है - किसी को अधिकाधिक संभव लोगों के सामने बताना, 'सचमुच आपने बहुत अच्छा काम किया है।' अकेले में यह बात कहने से उतना असर नहीं पड़ता।"

सार्वजनिक सम्मान मिलने से ख़ुशी होती है। योरसेल कहते हैं, "इससे लोग ख़ुद को बहुत सम्मानित महसूस करते हैं। आपको ऐसा करना कभी बंद नहीं करना चाहिए और यह एक ऐसी चीज़ है, जिसकी आप कभी अति नहीं कर सकते।"

वैल क्रिस्चिएन्सन अमेरिका में डेनीज़ रेस्तराँ चेन के सबसे ज़्यादा बिक्री करने वाले रेस्तराँ के मालिक हैं। यह देश भर के अठारह सौ रेस्तराँओं में नंबर वन है।

क्रिस्चिएन्सन का रेस्तराँ विक्टरविले, कैलिफ़ोर्निया में है, जो लॉस एंजेलिस और लास वेगास के ऊँचे रेगिस्तान में स्थित है। यहाँ के मेन्यू में तरह-तरह के सलाद, सूप, सैंडविच और भोजन हैं। लेकिन क्रिस्चिएन्सन ने अपने एक कमज़ोर पहलू पर ग़ौर किया। बहुत सारे ग्राहक अपना भोजन ख़त्म करके सीधे बिल माँग लेते थे। यह देखकर क्रिस्चिएन्सन ने फ़ैसला किया कि रेस्तराँ को ज़्यादा पाई बेचने की ज़रूरत है। इसलिए उन्होंने सबसे ज़्यादा पाई बेचने की एक प्रतियोगिता रखी।

वे कहते हैं, "उस वक़्त हम हर दिन औसतन सिर्फ़ दो पाई बेच रहे थे। इसलिए मैंने पूरे समूह के सामने स्पष्ट किया कि मेरे हिसाब से उन्हें पाई कैसे बेचनी चाहिए। मैंने उन्हें इस बारे में एक छोटा डेमो भी दिया कि पाई कैसे बेची जाए। समूह मुझे इतनी अच्छी तरह समझता था कि उन्होंने पूछ लिया,

'ठीक है, अगर हम ढेर सारे पाई बेच लेते हैं, तो हमें क्या मिलेगा?' मेरा मतलब है कि वे बेरहम पूँजीपतियों जैसे थे और हमें इस बात से कोई दिक्क़त नहीं है। यह ठीक है।"

क्रिस्चिएन्सन ने कर्मचारियों को बताया कि हर शिट के सबसे ज़्यादा पाई बेचने वाले वेटर को शहर में एक शानदार रात का पुरस्कार मिलेगा। "वह व्यक्ति और उसका जीवनसाथी या जो भी हो, उसे शोफ़र वाली लिमोसिन में लॉस एंजेलिस में *फ़ैंटम ऑफ़ द ओपेरा* दिखाने ले जाया जाएगा।"

दिन की शिफ़्ट में एक महिला ने यह इनाम जीता। उसने पहले कभी नाटक नहीं देखा था और वह उस शानदार रात के लिए अपने पति को साथ ले गई। "उन्होंने एक बड़ी लिमो में रात गुज़ारी। उनका समय अद्भुत गुज़रा। यह शुक्रवार रात की बात थी। रविवार की सुबह मैं आया। वह मुझे कैश रजिस्टर पर ही मिल जाती है। वह यूनिफ़ॉर्म में है और काम कर रही है। वह मेरे कंधे पर हाथ रख देती है। वह गले तो नहीं लगती है, बस हाथ रख देती है और रखे रहती है।"

क्रिस्चिएनसन ने उससे पूछा, "ऑपेरा बढ़िया रहा, है ना?"

वे उस दृश्य को याद करते हैं। "हम काफ़ी व्यस्त थे। भागमभाग वाला माहौल था। जगह खचाखच भरी हुई थी। और वह मुझे बस पकड़े हुए थी। फिर वह मुझे छोड़ देती है और उसके चेहरे पर आँसू बह रहे हैं। वह मुझसे कहती है, 'मि. सी, मैं आपसे प्यार करती हूँ। आपको धन्यवाद।' वह मुझसे कहती है कि वह मुझे नौकरी छोड़ने का नोटिस देने वाली है। वह तीस साल बाद नौकरी छोड़कर जाएगी।"

यह सब सिर्फ़ और सिर्फ़ सम्मान के उस एक कार्य की वजह से हुआ।

क्रिस्चिएन्सन कहते हैं, "इससे उसका आत्मसम्मान बढ़ा। हमारी पाई की बिक्री भी एक दिन में दो से बढ़कर सत्तर हो गई। इससे मुझे आर्थिक पुरस्कार तो मिला ही, भावनात्मक पुरस्कार भी मिला। मैं किसी कर्मचारी पर पैसे फेंककर ऐसे परिणाम पाने की उम्मीद कभी नहीं कर सकता।"

नक़ल करने के लिए पुरस्कार योजनाओं की कोई कमी नहीं है - ये तो इतनी सारी हैं, जितनी कि अच्छे नेतृत्व वाली कंपनियाँ। इनमें से कुछ योजनाएँ काफ़ी कल्पनाशील हैं। इनकी संभावनाएँ सिर्फ़ इन्हें चलाने वाले लोगों की

रचनात्मकता पर निर्भर करती हैं। तो एसजीएस-थॉमसन के लोगों को इसका श्रेय दें। उनका समूह बहुत रचनात्मक है।

उन्होंने ह्यूमन रिसोर्स क्वालिटी अवार्ड नामक असामान्य पुरस्कार योजना शुरू की, जहाँ कर्मचारियों को उत्पादन, शोध, प्रॉडक्ट के विकास या निर्माण के लिए नहीं, बल्कि उत्कृष्ट मानवीय संबंधों के लिए सम्मानित किया जाता है। मानव संसाधन के निदेशक बिल मकाहिलाहिला ने अपनी बनाई इस योजना का वर्णन कुछ इस तरह किया है, "हमारे यहाँ कुल चार पुरस्कार हैं, जो हम हर तिमाही में उन मैनेजरों को देते हैं, जो कुछ ख़ास व्यवहार प्रदर्शित करते हैं। एक है स्वर्णिम कान पुरस्कार (Golden Ear Award)। इसमें हम प्लाक में सचमुच सोने का कान देते हैं। यह सुनने की अच्छी योग्यता दर्शाने के लिए दिया जाता है। कर्मचारी इस योग्यता का प्रदर्शन करने वाले किसी मैनेजर या किसी दूसरे कर्मचारी को नामांकित कर सकते हैं। इसके अलावा, हमारे यहाँ रजत जिव्हा पुरस्कार (Silver Tongue Award) है। यह पुरस्कार असरदार संवाद के लिए दिया जाता है और यह सिर्फ़ औपचारिक प्रस्तुतियों तक ही सीमित नहीं है। इसके विजेता के लिए एक अनूठा प्लाक है, जिसमें एक चाँदी की जीभ निकलती हुई दिखती है। हमने बस यह सोचा कि हम शरीर के अलग-अलग अंगों का इस्तेमाल करके अपने पुरस्कार तंत्र को थोड़ा रोचक बना लें।"

नहीं, डेस्क पर अपने लंबे पैर रखने के लिए कोई पुरस्कार नहीं है।

मकाहिलाहिला आगे कहते हैं, "हमारे यहाँ सशक्तीकरण पुरस्कार (Empowerment Award) है। यह कर्मचारियों के सामने यह प्रदर्शित करने के लिए दिया जाता है कि हम किस तरह एक-दूसरे को सशक्त बना सकते हैं। और हमारे यहाँ एक चौथा पुरस्कार भी है, जो सबसे अहम है। इसे पीपुल लीडरशिप अवार्ड कहा जाता है। यह उस व्यक्ति को दिया जाता है, जो सभी सर्वश्रेष्ठ गुणों - ईमानदारी, अखंडता, कर्तव्यपरायणता - को नियमित रूप से प्रदर्शित करता है। इस व्यक्ति को असरदार संवाद की योग्यता, सुनने की योग्यता, लोक व्यवहार की योग्यता आदि का भी प्रदर्शन करना चाहिए। इस ख़ास पुरस्कार के प्लाक में एक लीडर को अपने कर्मचारियों को प्लेटफ़ॉर्म पर चढ़ाते हुए दिखाया जाता है। इसकी पूरी अवधारणा लोगों की ओर नीचे देखने के बजाय उनका समर्थन करने और उन्हें थामे रखने पर आधारित है।"

... और मैरी के कॉस्मेटिक्स इंक में भी ऐसा ही कुछ होता है। सबसे उल्लेखनीय पुरस्कार के मामले में इस कंपनी का कोई सानी नहीं है। मैरी के में साल के सबसे ज़्यादा आमदनी वाले लोगों को गुलाबी कैडिलक कार मिलती है। इस बारे में मैरी के ऐश कहती हैं, "शुरुआत के तीन साल बाद हम अच्छा प्रदर्शन कर रहे थे। हम दरअसल एक मिलियन डॉलर तक पहुँच गए थे। मुझे एक नई कार चाहिए थी, इसलिए मैं कैडिलक डीलर के पास गई और मैंने पर्स से अपना छोटा कॉम्पैक्ट बाहर निकाला। मैंने सेल्समैन से कहा, 'मुझे एक नई कैडिलक कार ख़रीदनी है और मैं चाहती हूँ कि आप उस पर यह रंग पेंट करें।'"

सेल्समैन का चेहरा उतर गया। "उसने इसकी तरफ़ देखा और बोला, 'ओह, मैरी के, आप दरअसल यह नहीं चाहती हैं। वाक़ई नहीं! मैं आपको बता दूँ कि जब कार यहाँ आएगी, तो उस पर यह पेंट करवाने में बहुत ख़र्च आएगा और फिर आपको यह बिलकुल पसंद नहीं आएगा।' मैं बोली, 'मैं गुलाबी रंग की कैडिलक ही ख़रीदना चाहती हूँ।' वह बोला, 'ठीक है, लेकिन यह मत भूलना कि मैंने आपको चेतावनी दे दी थी। इस तबाही के लिए मुझे दोष मत देना।'"

"कार आ गई और जब मैं उसमें घर लौट रही थी, तो रास्ते में कार से गुज़रने वाले लोग उसे देखकर रोमांचित थे। यह आश्चर्यजनक था। वाक़ई! देखिए, आप एक काली लिंकन कार में स्टॉप साइन पर दो घंटे तक बैठे रहें, लेकिन फिर भी कोई आपकी ओर नहीं देखता? और गुलाबी रंग की कैडिलक चलाने पर क्या होता है? इससे इतना ज़्यादा सम्मान और प्रशंसा मिलती है कि आश्चर्य होता है।"

स्मरणीय? हाँ। न्यूनोक्ति? नहीं। लेकिन किसी ने भी आज तक मैरी के पर न्यूनोक्ति का आरोप नहीं लगाया है।

"तो लोगों को यह वाक़ई पसंद आई। उन्होंने इसे पहियों पर चलने वाली एक बड़ी गुलाबी ट्रॉफी के रूप में देखा और वे जानना चाहते थे कि हम ऐसी कार पाने के लिए क्या कर सकते हैं?" मैरी के ने कहा, "मेरा बेटा कंपनी का आर्थिक जादूगर था और मैंने उससे यह सवाल पूछा। मैंने कहा, 'रिचर्ड, हिसाब-किताब करके मुझे बताओ कि गुलाबी कैडिलक जीतने के लिए किसी को क्या करना होगा।' उसने कहा, 'ओह माँ, आप भी!' लेकिन उसने हिसाब

लगाया और मुझे आँकड़ा बता दिया। और आप जानते हैं कि आप लक्ष्य को जितना ऊँचा रखेंगे, लोग उतना ही ऊँचा कूद लेंगे। तो पहले साल हमने सिर्फ़ एक गुलाबी कैडिलक दी। दूसरे साल, पाँच। तीसरे साल, दस। चौथे साल, बीस। उसके बाद हम यह पुरस्कार हर उस व्यक्ति को देने लगे, जो निश्चित डॉलर की कमाई करता हो और यह नीति आज तक चल रही है।

"तो आज देश भर में साढ़े छह करोड़ डॉलर की हमारी कैडिलक कारें घूम रही हैं और अगर आप मैरी के कॉस्मेटिक्स के बारे में कुछ भी न जानते हों, तब भी अगर आप सालेम, मैसेश्यूसेट्स में एक गुलाबी कैडिलक देखते हैं, तो जान लें कि यह मैरी के कंपनी की है। लोग यह बात जानते हैं। यह एक प्रतीक बन चुकी है।" यह प्रतीक कंपनी के लिए भी उपयोगी है और कर्मचारियों के लिए भी। वास्तव में यह प्रतीक कहता है, "आप श्रेष्ठ हैं। आपने आला दर्जे का काम किया और आगे भी इसी तरह काम करते रहें।"

अमेरिकी सरकार पुरस्कार में गुलाबी कारें नहीं दे रही है। कम से कम अभी तक तो नहीं। लेकिन रचनात्मक मान्यता देने की दिशा में सरकार भी सक्रिय हो गई है। इसने फ़ेडरल क्वालिटी इंस्टीट्यूट स्थापित कर दिया है।

यह इंस्टीट्यूट राष्ट्रपति रीगन ने 1988 में स्थापित किया था। इसका मूल मकसद सरकार में उत्पादकता बढ़ाने के तरीक़े खोजना था। शुरुआती शोध और विचार की योजना बनाने वाला थिंक टैंक उसी नतीजे पर पहुँचा, जिस पर कॉर्निंग और मोटरोला जैसी कंपनियाँ पहुँची थीं : अगर आप उत्पादकता बढ़ाना चाहते हैं, तो गुणवत्ता पर सकारात्मक ध्यान दें और वहीं पर ध्यान देते रहें। उत्पादकता अपने आप बढ़ जाएगी। इंस्टीट्यूट के वरिष्ठ गुणवत्ता एक्ज़ीक्यूटिव जी. कर्ट जोन्स कहते हैं, "कर्मचारी समीकरण का सबसे महत्वपूर्ण हिस्सा हैं।"

यह इंस्टीट्यूट राष्ट्रपति रोनाल्ड रीगन ने 1988 में स्थापित किया था। इसका मूल मक़सद सरकार में उत्पादकता बढ़ाने के तरीक़े खोजना था। शुरुआती शोध और विचार की योजना बनाने वाला थिंक टैंक उसी नतीजे पर पहुँचा, जिस पर कॉर्निंग और मोटरोला जैसी कंपनियाँ पहुँची थीं : अगर आप उत्पादकता बढ़ाना चाहते हैं, तो गुणवत्ता पर सकारात्मक ध्यान दें और लगातार वहीं ध्यान देते रहें। उत्पादकता अपने आप ही बढ़ जाएगी। इंस्टीट्यूट के वरिष्ठ गुणवत्ता एक्ज़ीक्यूटिव जी. कर्ट जोन्स कहते हैं, "समीकरण का सबसे

महत्वपूर्ण हिस्सा हैं कर्मचारी।"

वॉशिंगटन की गुणवत्ता सुधार योजनाओं के अभिन्न हिस्से के रूप में इंस्टीट्यूट ने कर्मचारी सम्मान की अपनी अलग योजना शुरू की : द प्रेसिडेंट्स अवार्ड। यह बालरिज अवार्ड का पब्लिक सेक्टर संस्करण है, लेकिन यक़ीन मानें प्रतिस्पर्धा उतनी ही तगड़ी है। एक साल यह पुरस्कार ऑग्डेन, यूटा के आईआरएस सर्विस सेंटर को मिला, जिसके कर्मचारियों ने टैक्स रिटर्न्स ज़्यादा तेज़ी से प्रोसेस करने का तरीक़ा खोजा था – वह भी बजट में भारी कटौती के बाद।

ऐसे पुरस्कार सिर्फ़ एक विचार से शुरू होते हैं। अमेरिकन एयरलाइंस ने अपने कर्मचारियों को पुरस्कृत करने का एक बेहतरीन तरीक़ा खोजा है। एयरलाइन के ग्राहकों को इस प्रक्रिया में शामिल किया जाता है। चूँकि फ़्लाइट अटेंडेंट्स अपना ज़्यादातर काम हवा में करते हैं और सुपरवाइज़र्स से हज़ारों मील दूर रहते हैं, इसलिए एयरलाइन के लिए यह जानना मुश्किल होता है कि कौन असाधारण काम कर रहा है और कौन नहीं। यूनियन के कॉन्ट्रैक्ट के बंधनों के कारण यह हमेशा संभव नहीं होता कि यह कुछ ख़ास फ़्लाइट अटेंडेंट्स को दूसरों से ज़्यादा भुगतान दे।

लेकिन अमेरिकन एयरलाइंस के चेयरमैन रॉबर्ट एल. क्रैनडैल ने इन समस्याओं को सुलझाने का एक रचनात्मक तरीक़ा खोज निकाला। अमेरिकन एयरलाइंस में अक्सर उड़ने वाले ट्रैवलर्स क्लब के गोल्ड और प्लेटिनम सदस्यों को ख़ास प्रमाणपत्र दिए जाते हैं, जो वे असाधारण सेवा करने वाले फ़्लाइट अटेंडेंट को दे सकते हैं। फ़्लाइट अटेंडेंट्स उन प्रमाणपत्रों के बदले में मुफ़्त यात्राएँ और कई अन्य लाभ जीत सकते हैं। यह रचनात्मक तरकीब ग्राहक के लिए काम करती है, जिसे ठोस तरीक़े से धन्यवाद देने की ख़ुशी मिलती है और यह फ़्लाइट अटेंडेंट्स के लिए भी फ़ायदेमंद है।

बिज़नेस करने के लिए पुरस्कार और सम्मान का इस्तेमाल करने का विचार नया नहीं है। यह तो उतना ही पुराना है, जितना कि व्यक्तिगत थैंक-यू नोट।

फ़्लीट फ़ाइनैंशियल ग्रुप, इंक. के जॉन रॉबिन्सन ने यह सबक़ कई दशक पहले अपने एक पुराने दोस्त से सीखा। "जिम बेंडी अपने कैरियर की शुरुआत

में ही बहुत सफल सेल्समैन बन गए थे और उन्होंने मुझे इसका राज़ बताया। वे सड़क पर निकलते थे और दिन भर सेल्स कॉल करते थे। फिर वे रात को अपने मोटल के कमरे में जाते थे और क़ागज़ों का ढेर सामने रख लेते थे। वे हमेशा सबको व्यक्तिगत पत्र लिखते थे।"

रॉबिन्सन कहते हैं, "ज़िंदगी भर उन्होंने ये सारे व्यक्तिगत पत्र हाथ से लिखे। अत्याधुनिक मार्केटिंग, डायरेक्ट मेल मार्केटिंग और तमाम आधुनिक चीज़ों के युग में भी हाथ से लिखे पत्र के असर का कोई सानी नहीं है, जिसमें लिखा होता है, 'वाह, आपने उस स्थिति को बेहतरीन तरीक़े से सँभाला," या "आपने इस-इस को सँभाला, इसके लिए मैं सचमुच आपकी प्रशंसा करता हूँ।"

क्या लोग इन छोटे-छोटे सम्मानों या प्रशंसाओं की परवाह करते हैं? हार्मन एसोसिएट्स कॉरपोरेशन के जॉयस हार्वे यक़ीनन ऐसा मानते है। "हमारे यहाँ छोटी चिट्ठियाँ होती हैं, जिन पर पहले से ही छपा रहता है, 'धन्यवाद। आपने आज जो किया, हम उसकी सराहना करते हैं।' ऑफ़िस में घूमते समय मैं देखता हूँ कि ये चिट्ठियाँ कर्मचारियों की डेस्क पर पिन से लगी होती हैं। पहले ऐसा होता था कि लोग एक-दूसरे की मदद तो करते थे, लेकिन उन्हें इसके लिए अपने सहकर्मियों से कभी सम्मान नहीं मिलता था। अब उन्हें 'आपको धन्यवाद' या 'आपने आज जो किया, मैं उसकी प्रशंसा करता हूँ' या 'आपने मेरी ज़िंदगी ज़्यादा आसान बना दी,' जैसे संदेश मिलते हैं। यह तरीक़ा बहुत बढ़िया काम कर रहा है।"

पुरस्कार, सम्मान, प्रशंसा। इससे कोई फ़र्क़ नहीं पड़ता कि आप इसे कैसे करते हैं। फ़र्क़ तो इस बात से पड़ता है कि आप इसे करते हैं और बार-बार, हर बार करते हैं। दरअसल, कर्मचारियों को पुरस्कार देने का निचोड़ यही है। यक़ीनन, पैसा अद्‌भुत चीज़ है। लेकिन यही एकमात्र असरदार पुरस्कार नहीं है। अगर आपके पास ख़र्च करने के लिए पैसा हो, तो उसका समझदारी से इस्तेमाल करें। उत्कृष्टता को पुरस्कार दें। कर्मचारियों की सहभागिता को प्रोत्साहित करें। इसे ऐसे तरीक़ों से ख़र्च करें, जिससे लोग प्रेरित हों।

आपका बजट चाहे छोटा हो या बड़ा, लेखिका और वक्ता फ़्लोरेंस लिटार की सलाह पर चलें। लिटार से एक दिन चर्च में अचानक बच्चों को धर्मोपदेश देने को कहा गया। उनके दिमाग़ में बाइबल का एक प्रसंग आया, लेकिन उसे समझना बच्चों के लिए मुश्किल था : "अपने मुँह से किसी भी भ्रष्ट संवाद

को न निकलने दें। सिर्फ़ वही संवाद निकलने दें, जो अच्छा हो। यह लोगों को ऊपर उठाने वाला हो, ताकि सुनने वालों का भला हो सके।"

लिटार ने बच्चों को मुश्किल शब्दों का मतलब समझाया और आख़िरकार एक व्याख्या खोजी, जो उनके हिसाब से उस प्रसंग का अर्थ स्पष्ट करती थी। उन्होंने कहा, "हमारे शब्द दरअसल तोहफ़े जैसे होने चाहिए।" बच्चे इस बात से सहमत थे। "छोटा सा तोहफ़ा। कोई ऐसी चीज़, जो हम दूसरे लोगों को देते हैं। कोई ऐसी चीज़, जो वे चाहते हैं। कोई ऐसी चीज़, जिसके लिए वे अपना हाथ आगे बढ़ाते हैं। वे हमारे शब्द जकड़ लेते हैं, उन्हें ग्रहण कर लेते हैं और बहुत पसंद करते हैं। क्योंकि हमारे शब्दों से उन्हें बहुत अच्छा महसूस होता है।"

लिटार ने वह प्रसंग इसी तर्ज़ पर आगे भी समझाया और शब्दों की तुलना तोहफ़ों से की। फिर उन्होंने अपने संदेश का सार पेश किया, "अब, आओ हम शुरू से शुरू करते हैं। मेरे शब्द बुरे नहीं होने चाहिए। वे अच्छे होने चाहिए। उनका इस्तेमाल उखाड़ने के लिए नहीं, बनाने के लिए करना चाहिए। शब्द ऐसे होने चाहिए, जो तोहफ़ों की तरह बाहर निकलें।"

उनकी बात पूरी होने पर एक छोटी लड़की उछलकर मंच पर आई और पूरे समुदाय की ओर घूमकर तेज़ और स्पष्ट आवाज़ में बोली, "इनका मतलब यह है," फिर लड़की साँस लेने के लिए ठहरी। "इनका मतलब यह है कि हमारे शब्द उस छोटे चाँदी के बक्से की तरह होने चाहिए, जिसके ऊपर एक बाउ होता है।"

प्रशंसा का स्वागत सिर्फ़ बच्चे ही नहीं करते हैं। यह बिज़नेस की दुनिया में भी बहुत दूर तक जाती है।

लोग पैसे के लिए काम करते हैं, लेकिन सम्मान, प्रशंसा और पुरस्कारों के लिए एक मील आगे तक जाकर काम करते हैं।

10

ग़लतियों, शिकायतों और आलोचना से निबटना

प्रथम विश्व युद्ध के कुछ ही समय बाद मैंने लंदन में एक रात एक अमूल्य सबक़ सीखा। मैं सर रॉस स्मिथ के सम्मान में आयोजित एक समारोह में गया था। डिनर के दौरान मेरे पास बैठे एक व्यक्ति ने एक मज़ेदार कहानी सुनाई, जो इस कहावत पर आधारित थी, "एक दैवी शक्ति होती है, जो हमारे मकसदों को आकार देती है, चाहे हम उनमें कितनी ही काट-छाँट कर लें।"

उस व्यक्ति ने कहा कि यह कोटेशन बाइबल का है। उसकी बात ग़लत थी। मैं अच्छी तरह जानता था। मुझे पूरा यक़ीन था। इस बारे में मुझे कोई शंका थी ही नहीं। इसलिए ख़ुद को महत्वपूर्ण साबित करने और अपनी श्रेष्ठता दिखाने के लिए मैं सुधार कमेटी का अध्यक्ष बन बैठा। लेकिन वह भी अपनी बात पर अड़ गया।

"क्या?" उसने मुझसे गरजकर कहा। "शेक्सपियर का? असंभव! बकवास!" उसके मुताबिक़ यह कोटेशन बाइबल का ही था और उसे इस बारे में ज़रा भी शक नहीं था।

कहानी सुनाने वाला व्यक्ति मेरे दाएँ तरफ़ बैठा था और मेरे बाएँ तरफ़ मेरे पुराने मित्र फ्रैंक गेमंड बैठे थे। फ्रैंक ने बरसों शेक्सपियर का अध्ययन किया था। इसलिए कहानी सुनाने वाला और मैं दोनों ही इस बात का फ़ैसला उनसे करवाने के लिए तैयार हो गए। फ्रैंक ने हमारी बात सुनी और टेबल के नीचे से मुझे लात मारते हुए बोले, "डेल, तुम ग़लत हो। ये महाशय सही हैं। यह कोटेशन बाइबल का ही है।"

इसके बाद मैं फ़्रैंक के साथ अकेले में बातचीत करने का बेताबी से इंतज़ार करने लगा। घर लौटते वक़्त मैंने उनसे कहा, "फ़्रैंक, आप जानते थे कि वह कोटेशन शेक्सपियर का ही है।"

उन्होंने जवाब दिया, "बिलकुल। हैमलेट, अंक पाँच, दृश्य दो। लेकिन डेल, हम लोग उस समारोह में मेहमान थे। उस आदमी के सामने यह साबित क्यों करना कि वह ग़लत है? क्या इससे वह तुम्हें पसंद करने लगेगा? क्यों न उसे अपनी इज़्ज़त बचाने का मौक़ा दिया जाए? उसने तुमसे राय नहीं माँगी थी। उसे इसकी कोई ज़रूरत नहीं थी। ऐसे आदमी के साथ बहस क्यों करना?"

–डेल कारनेगी

बैरेंड हेनड्रिक स्ट्राइडॉम एक दुष्ट, निर्मम हत्यारा था। वह एक श्वेत दक्षिण अफ़्रीकी था, जो अश्वेत नस्ल वाले लोगों की प्रगति को लेकर नाराज़ था। 1988 में एक दिन उसने इस बारे में कुछ करने का फ़ैसला किया। उसने मशीनगन से अश्वेत आंदोलनकारियों की भीड़ पर अंधाधुंध फ़ायरिंग कर डाली। नौ लोगों को गोलियाँ लगीं, जिनमें से आठ मर गए।

उस पर मुकदमा चलाया गया और उसे मौत की सज़ा सुना दी गई। लेकिन तब भी उसे यह एहसास नहीं हुआ कि उसने आलोचना के क़ाबिल काम किया है। उसका कहना था, "पश्चाताप करने के लिए यह ज़रूरी है कि इंसान ने कोई ग़लत काम किया हो। मैंने कुछ भी ग़लत नहीं किया है।"

जब एक तकनीकी अड़चन की वजह से स्ट्राइडॉम की सज़ा मृत्युदंड से आजीवन कारावास में बदली गई, तब भी उसे यह नहीं सूझा कि उसके अपराध पर जनता में इतना होहल्ला क्यों हो रहा है। उसने कहा, "अगर मौक़ा मिला, तो मैं दोबारा मारूँगा। मैंने कुछ भी ग़लत नहीं किया है।"

अगर इस तरह का निर्मम हत्यारा अपने इस भयंकर अपराध के लिए ख़ुद को दोष नहीं देता है, तो उन लोगों की स्थिति क्या होगी, जिनके संपर्क में हममें से ज़्यादातर लोग हर दिन आते हैं? क्या आपको लगता है कि वे ग़लतियाँ मानने या आलोचना सुनने के लिए उत्सुक होते हैं?

ग़लतियों के बारे में दो बुनियादी सच्चाइयाँ हैं। पहली, हम सभी ग़लतियाँ करते हैं। दूसरी, हमें दूसरों की ग़लतियाँ बताने में बड़ा मज़ा आता है, लेकिन जब कोई हमारी ग़लती बताता है, तो हम बुरी तरह चिढ़ जाते हैं!

नोएल कॉवर्ड आलोचना के बारे में दूसरों जितनी ही पतली चमड़ी के थे, लेकिन कम से कम उनमें हास्यबोध तो था। इस अँग्रेज नाटककार ने कहा था, "मुझे आलोचना तब तक पसंद आती है, जब तक कि वह अटूट प्रशंसा हो।"

कोई भी - हाँ, कोई भी - शिकायत, आलोचना या बुरी समीक्षा के दूसरे सिरे पर नहीं रहना चाहता। जब ज़िम्मेदारी की उँगली हमारी ओर उठाई जाती है, तो हम सभी नाराज़गी भरी प्रतिक्रिया ही देते हैं। इसे समझना काफ़ी आसान है। कोई भी चीज़ अहंकार को इतनी चोट नहीं पहुँचाती, जितना यह बताया जाना कि हमने एक बुरा फ़ैसला किया है, एक असफल प्रोजेक्ट का सुपरविज़न किया है या अपेक्षा से कमज़ोर प्रदर्शन किया है। यह और भी ज़्यादा मुश्किल तब होता है, जब आलोचना सच हो।

लेकिन ग़लतियाँ होती हैं। बहसें होती हैं। शिकायतें - सही भी और ग़लत भी - हर दिन की जाती हैं। ग्राहक दुखी होते हैं। कोई भी हर वक़्त सही काम नहीं करता।

तो आप इस ज्ञान का लाभ कैसे उठाएँ कि कोई भी इंसान आदर्श नहीं होता, जबकि आलोचना को निगलना मुश्किल होता है ? थोड़े अभ्यास और लोक व्यवहार की कुछ समयसिद्ध तकनीकों की मदद से। आइए, इस स्पष्ट बात से इंकार न करें। दो गेंदों को एक साथ हवा में उछालते रहना हमेशा आसान नहीं होता। लेकिन यह असंभव भी नहीं होता। इस बाजीग़री वाले काम में लगभग कोई भी माहिर बन सकता है।

पहला क़दम है एक ऐसा माहौल बनाना, जिसमें लोग सलाह लेने या रचनात्मक आलोचना सुनने के प्रति खुला नज़रिया रखें। बार-बार यह संदेश दें कि ग़लतियाँ ज़िंदगी का स्वाभाविक हिस्सा हैं।

इस संदेश को सब तक पहुँचाने का एक अचूक तरीक़ा *अपनी ग़लतियों को स्वीकार करना है।* न्यूयॉर्क लाइफ़ इंश्योरेंस कंपनी के फ़्रेड सीवर्ट कहते हैं, "मिसाल पेश करना बहुत महत्वपूर्ण होता है। आप दूसरों से उस चीज़ की उम्मीद नहीं कर सकते, जिसे आप ख़ुद न करना चाहते हों।" कंपनी में

आने के कुछ समय बाद ही सीवर्ट को इस बारे में मिसाल पेश करने का मौक़ा मिल गया।

सीवर्ट बताते हैं, "मैंने एक ऐसी चीज़ कर दी थी, जिससे लोग हैरान रह गए। मैं फ़्रांस के एक एक्ज़ीक्यूटिव मैनेजमेंट स्कूल में गया हुआ था और कंपनी को महत्वपूर्ण डेटा पेश करना था। यह हमारी पाँच साल की योजना थी और इस बारे में थोड़ी ग़लतफ़हमी हो गई, क्योंकि मैं यह काम पहली बार कर रहा था। मेरे जाने से कुछ समय पहले ही हमने आँकड़े भेज दिए। फिर मैं दो हफ़्तों के लिए बाहर चला गया। ज़ाहिर है, मैं वॉइस मेल और फ़ैक्स के ज़रिए संपर्क में बना रहा। लेकिन हमने जो आँकड़े भेजे थे, उनसे एक बड़ा संकट खड़ा हो गया। समस्या यह थी कि मैंने इस प्रस्तुति के समय को ग़लत समझ लिया था। मैंने सोचा था कि शुरुआती प्रस्तुति में अनुमानित आँकड़ों से ही काम चल जाएगा। मुझे लगा था कि इसके बाद हमें विश्लेषण करने और मैनेजमेंट के कामों के बारे में बात करने का काफ़ी समय मिलेगा, जिससे हम आँकड़ों को बेहतर बना सकेंगे। जैसा बाद में पता चला, मैं प्रक्रिया को समझ ही नहीं पाया था। एक्ज़ीक्यूटिव मैनेजमेंट कमेटी व चेयरमैन को दिए गए शुरुआती आँकड़ों को ही हमारी अंतिम योजना मान लिया गया। मैं यह बात नहीं जानता था।

"देखिए, इससे एक ज़बर्दस्त समस्या खड़ी हो गई, क्योंकि आँकड़े अच्छे नहीं थे। कुछ विसंगतियाँ थीं। मैनेजमेंट के कुछ कामों के बारे में हमने विचार नहीं किया था और मैं फ़्रांस में बैठा-बैठा वॉइसमेल भेजे जा रहा था और असल हालात को समझ ही नहीं पा रहा था। मैं तो बस इतना जानता था कि कोई झमेला हो गया था। मैंने लौटने की पेशकश की, लेकिन मेरे बॉस ने कहा, 'नहीं, हमने इसे सँभाल लिया है।'

"जब मैं लौटा, तो मुझे एहसास हुआ कि क्या हुआ था। कई लोगों से बात करने के बाद - मैं जानता था कि उन्हें सदमा लगा था - मैंने एक मीटिंग में कह दिया, 'यह मेरी ग़लती है। मूल बात सही संप्रेषण की कमी थी। यह आँकड़ों की समझ का मामला नहीं था। यह संप्रेषण का मामला था और यह पूरी तरह से मेरी ग़लती है।'

"जब मैं चला गया, तो लोग एक-दूसरे पर उँगलियाँ उठाने लगे। मेरा स्टाफ़ कह रहा था, 'तुम लोगों ने हमें यह क्यों नहीं बताया कि यह अंतिम

पेशकश है?' बाक़ी लोग कहने लगे, 'आपको ख़ुद ही समझ लेना चाहिए था कि यही अंतिम पेशकश है।' ठीक है, हर कोई उँगलियाँ उठा रहा था, लेकिन मैंने खड़े होकर कहा, 'यह पूरी तरह से मेरी ग़लती है। मैं इसके लिए पूरी ज़िम्मेदारी लेता हूँ। यह संप्रेषण की समस्या थी और ऐसा दोबारा कभी नहीं होगा।' और आप जानते हैं, इससे उँगलियाँ नीचे आ गईं। कमरे में मौजूद कुछ लोगों ने कहा, 'नहीं, नहीं, नहीं, यह ग़लती सिर्फ़ तुम्हारी नहीं थी। देखो, यह तो कई लोगों की सम्मिलित ग़लती थी।'

ग़लती मानने की तत्परता - दोषारोपण के वक़्त यह संवेग सरकाने का बेहतरीन तरीक़ा है। सबसे पहले ग़लती स्वीकार करें। जब आप ऐसा करेंगे, तो हर कोई आपको यह आश्वस्त करने की होड़ करने लगेगा, "नहीं, यह इतना बुरा नहीं है; नहीं, दरअसल यह महत्वपूर्ण नहीं है; नहीं, शायद ग़लती *उनकी* है; नहीं, अंत में सब कुछ सही हो गया।"

इसकी विपरीत नीति पर चलें - किसी चीज़ के लिए दूसरों को दोष दें - और उतनी ही तेज़ी से वे आपका विरोध करने लगेंगे और अपने कामों को सही साबित करने लगेंगे। इंसान का मनोविज्ञान बड़े मज़ेदार ढंग से काम करता है।

यह हर तरह के संबंधों के बारे में सच है - कंपनी के भीतर, परिवार के भीतर या दोस्तों के समूह में। और यह ग्राहक या वेंडर के संबंधों के मामले में भी सच है।

जब कोई ग्राहक किसी प्रॉडक्ट या सेवा को लेकर दुखी हो, तो फ़ौरन और प्रबलता से अपनी ग़लती मानने से अक्सर चमत्कार हो जाता है। जॉन इमले को इस बात का एहसास तब हुआ, जब उन्होंने एक महत्वपूर्ण ग्राहक को अनजाने में नाराज़ कर दिया। डन एंड ब्रैडस्ट्रीट सॉफ़्टवेयर के चेयरमैन इमले कहते हैं, "1987 में मुझे अमेरिका के पश्चिमी तट पर चीफ़ इनफ़ॉर्मेशन ऑफ़िसर्स के समूह के सामने भाषण देना था। शायद एक हज़ार ऑफ़िसर्स के सामने। कार्यक्रम लेग्युना बीच होटल में था। इसकी शुरुआत में मैं बात कर रहा था कि क्या फ़ैशन में है और क्या नहीं है। 'नॉरीगा बाहर, प्रजातंत्र अंदर।' कुछ इसी तरह की बातें। और आख़िरी बात यह थी, 'टीनेज म्यूटेंट निंज़ा टर्टल्स अंदर, केन और बार्बी बाहर।' यह सुनकर हर कोई हँसा - सिवाय एक व्यक्ति के, जो हमारे प्रमुख ग्राहक थे। वे मैटल के मुखिया थे।

"तो मेरे ऑफ़िस लौटने से पहले ही मुझे एक पत्र मिल गया। पत्र में कहा गया था, 'मुझे आपका भाषण सुनकर अच्छा लगा, लेकिन आपने एक वाक्य ऐसा कहा, जिसके बारे में मैं चाहता हूँ कि आप हमेशा के लिए उसका खंडन कर दें।" वे दबाव डालने वाले तरीक़े से आगे अपनी भड़ास निकालते रहे और आख़िर में सारांश में यह लिखा कि बार्बी की सेल्स मेरी सारी कंपनियों की सम्मिलित आमदनी से भी ज़्यादा थी। मैंने क्षमा माँगते हुए उन्हें एक चिट्ठी लिखी। मैंने बार्बी को भी चिट्ठी लिखी। लेकिन इसके बावजूद वे संतुष्ट नहीं हुए।"

क्या इमले ने हार मान ली ? क़तई नहीं। उन्होंने कहा, "बरसों तक मैंने उनकी चिट्ठी सँभालकर रखी। मैं जो भी भाषण देता था, उसमें श्रोताओं को याद दिलाता था कि किस तरह आपको ग्राहक के मुद्दों पर संवेदनशील होना चाहिए और ग्राहकों को मेरी चिट्ठी का वह प्रसंग बहुत पसंद आता था। मैं वह चिट्ठी दिखाता था और यह भी बताता था कि मुझे यह कैसे मिली।

"एक दिन मैंने न्यूयॉर्क के वाल्डोर्फ़-एस्टोरिया में भाषण दिया। श्रोताओं में मैटल के प्रेसिडेंट भी शामिल थे, हालाँकि मैं यह बात नहीं जानता था। जब मैं बोल रहा था, तो किसी ने मुझे यह पर्ची भिजवाई कि मैटल के प्रेसिडेंट वहीं पर मौजूद हैं। मैंने उनसे खड़े होने का अनुरोध किया और उन्होंने मंच पर आकर मुझसे हाथ मिलाया। इसके बाद उन्होंने मुझे फिर एक चिट्ठी लिखी, जिसमें यह कहा गया था कि उन्होंने सब कुछ माफ़ कर दिया है। अब वे दोबारा हमारे ग्राहक बन चुके हैं।"

सबक़ : किसी दूसरे के बताने से पहले ही अपनी ग़लती मान लें। उसके बारे में हँसें, बशर्ते आप ऐसा कर सकें। लेकिन कभी भी उसके असर को कम साबित करने की कोशिश न करें। फ़्रेड सीवर्ट कहते हैं, "लीडर को अपनी ग़लतियों के लिए ज़िम्मेदार और जवाबदेह होना चाहिए। आप जो सबसे बुरा काम कर सकते हैं, वह यह है कि आप बाक़ी हर व्यक्ति की तरफ़ उँगली उठाने लगें। आपको ख़ुद ज़िम्मेदारी लेनी चाहिए।" या जैसा आंद्रे नैवारो कहते हैं, "अगर कोई संगठन अपनी ग़लतियाँ मानने में समर्थ है, तो इसका अर्थ है कि वह रचनात्मकता को प्रेरित कर रहा है और लोगों को जोखिम लेने के लिए प्रोत्साहित कर रहा है।"

ग़लतियों या समस्याओं से निबटने का दूसरा क़दम है : *आलोचना करने या दोष देने से पहले दो बार सोचें।* अगर ग़लती करने वाला व्यक्ति पहले से ही जानता है कि यह कैसे हुई, क्यों हुई और इसे दोबारा होने से रोकने के लिए क्या करना चाहिए, तो आपको कुछ कहने की ज़रूरत ही नहीं है। लोग जितना बुरा महसूस करते हैं, उन्हें उससे ज़्यादा बुरा महसूस कराने में कोई तुक नहीं है।

प्रेरित कर्मचारी अच्छा प्रदर्शन करना चाहते हैं। फ़ेडरल क्वालिटी इंस्टीट्यूट के सीनियर क्वालिटी एक्ज़ीक्यूटिव जी. कर्ट जोन्स कहते हैं, "लोग कचरा फैलाने के लिए काम पर नहीं आते हैं। दरअसल वे महसूस करना चाहते हैं कि उनकी ज़रूरत है। वे समर्पित होना चाहते हैं।" जो बिज़नेस लीडर्स यह समझते हैं, उन्हें इस बात का एहसास रहता है कि आम तौर पर आलोचना बहुत विनाशकारी होती है।

सबक़ यह है कि दोष देने के खेल से दूर रहें। एनालॉग डिवाइसेस, इंक. के चेयरमैन रे स्टेटा इस बारे में सब कुछ जानते हैं। वे कहते हैं, "जब कोई चीज़ ग़लत हो जाती है, तो मन में पहला सहज सवाल यही उठता है, 'दोष किसका है?' इंसान का दिमाग़ इसी तरह से बनाया गया है। आप दोष देने और ग़लतियाँ निकालने के लिए किसी को खोजना चाहते हैं।"

स्टेटा अपनी कंपनी एनालॉग डिवाइसेस से तमाम ग़ैर-ज़रूरी दोषारोपण को बाहर करने की कोशिश कर रहे हैं। उन्होंने कहा था, "मैं एक चीज़ की छँटनी कर रहा हूँ - संगठन में उपदेश देना। हम सभी में ऐसा करने की प्रवृत्ति होती है। आप जानते हैं, जब चीज़ें सही न हो रही हों, तो उँगलियाँ उठाना, दोष देना। मैं शिकायतों को आग्रहों या सुझावों में बदलने की मिसाल पेश करता हूँ।"

आपको ख़ुद से पूछना होगा, मैं यहाँ क्या हासिल करने की कोशिश कर रहा हूँ? स्टेटा कहते हैं, "आख़िरकार आप असरदार काम करना चाहते हैं, जिससे वह जगह बेहतर बने। और इसमें यह शामिल नहीं है कि कौन ग़लत था या दोष किसके मत्थे मढ़ा जाए।" असल लक्ष्य तो स्थिति को बेहतर बनाना है।

जैक गैलेघर के सामने एक बड़ी समस्या थी। वे नॉर्थ शोर यूनिवर्सिटी हॉस्पिटल के प्रेसिडेंट थे, जो 755 पलंगों वाला संस्थान था और कॉर्नेल यूनिवर्सिटी मेडिकल कॉलेज से संबद्ध था। समय के साथ-साथ नॉर्थ शोर का विकास हुआ, लेकिन तब भी अस्पताल में वही किचन था, जो 169 पलंगों वाले ज़माने में था।

जब आख़िरकार नया किचन बनाने का वक़्त आया, तो गैलेघर ने अपने एक सहयोगी को इस काम की निगरानी करने को कहा। उन्होंने उस आदमी को दो सलाहें दीं : एक पार्किंग सलाहकार नियुक्त करो और एक डाइटरी परामर्शदाता नियुक्त करो।

गैलेघर कहते हैं, "मैं हर दिन प्रोजेक्ट पर नज़र नहीं रख पाया। और किसी वजह से उसने न तो पार्किंग सलाहकार को नियुक्त किया, न ही डाइटरी कंसल्टेंट को। परिणाम यह हुआ कि हम नए किचन को खोलने और पुराने को बंद करने के बीच में फँस गए।"

जब तक गैलेघर को यह बात पता चली, तब तक निर्माण कार्य शुरू हो चुका था और मिलियनों डॉलर ख़र्च हो चुके थे। अब योजना बदलने के लिए काफ़ी देर हो चुकी थी। लेकिन कोई भी परिणामों से ख़ुश नहीं था। नया किचन बहुत छोटा था, भोजन की गुणवत्ता लगातार घट रही थी और इसके फलस्वरूप अस्पताल की प्रतिष्ठा पर आँच आ रही थी।

गैलेघर अपने उस सहयोगी को नौकरी से निकाल सकते थे। वे उसकी सार्वजनिक आलोचना कर सकते थे। लेकिन इससे क्या फ़ायदा होता? सार्वजनिक फटकार लैम्ब चॉप्स या बेक्ड चिकन को भला कैसे बेहतर बना सकती थी? क्या इससे स्ट्रिंग बीन गर्म बनी रहती?

गैलेघर कहते हैं, "आप उँगली उठाना और दोष देना नहीं चाहते। हमें तो सिस्टम को दुरुस्त करना था। हमें उसे बेहतर बनाना था। हमें पीछे हटकर पूछना था, 'हम इस स्थिति को कैसे सुधार सकते हैं? किसी को दोष देने से हम इसके क़रीब नहीं पहुँच पाते।'"

आलोचना करने या दोष देने का नतीजा हमेशा यह होता है कि लोग सिर झुका लेते हैं और छिपने लगते हैं। जो लोग कड़ी आलोचना के शिकार होते हैं, उनके जोख़िम लेने, रचनात्मक बनने या कुछ भी नया करने की संभावना

कम ही होती है। संगठन उस कर्मचारी की क्षमता के एक महत्त्वपूर्ण हिस्से को तत्काल गँवा देता है।

यही अवधारणा मैरी के कॉरपोरेशन की पूरी कर्मचारी समीक्षा प्रक्रिया में शामिल है। उनका लक्ष्य आलोचना नहीं, बल्कि सुधार करना है। मैरी के कॉरपोरेशन के वाइस चेयरमैन रिचर्ड बार्टलेट कहते हैं, "हम इसे प्रदर्शन मूल्यांकन नहीं कहते हैं, हम तो इसे प्रदर्शन विकास कहते हैं।" ऐसा क्यों? बार्टलेट कहते हैं, "मैं वहाँ बैठकर मूल्यांकन या आलोचना नहीं करना चाहता। मैं तो सिर्फ़ यह जानना चाहता हूँ कि मैं बेहतर बनने में आपकी मदद कैसे कर सकता हूँ। बड़ी बात यह है कि मैरी के में हम बैठकर आपके कैरियर के बारे में बातचीत करते हैं। आपको कैसा विकास करने की ज़रूरत है, ताकि आप वैसे बन जाएँ, जैसे आप भविष्य में बनना चाहते हैं? आपके दृष्टिकोण से।" दरअसल, कंपनी का ऐसा नज़रिया ही कर्मचारियों के नवाचार को आमंत्रित और प्रोत्साहित करता है।

कॉर्निंग के गुणवत्ता प्रमुख डेविड लूथर के अनुसार, "जो लोग आलोचना को सबसे अच्छी तरह स्वीकार करते हैं, उनकी आत्म-सुधार में सच्ची दिलचस्पी होती है। कई बार ख़ुद को सबसे आसानी से सुधारने वाले लोग वे होते हैं, जो अपने समूह में शिखर पर होते हैं। उनका लक्ष्य उत्कृष्ट बनना होता है, इसलिए वे रचनात्मक आलोचना का स्वागत करते हैं। जापानियों की एक बड़ी ख़ूबी यह है कि वे ग़लतियों को मूल्यवान मानते हैं। वे ग़लती खोजने को ख़ज़ाने की खोज जैसा मानते हैं, क्योंकि यही भावी सुधार की कुंजी है।"

हम सभी सहमत हैं : कोई भी इसे पाना पसंद नहीं करता, और बहुत सारे लोग इसे देना पसंद करते हैं। किसी को दोष देने से शायद ही कभी स्थिति सुधरती है।

ज़ाहिर है, इसके कुछ अपवाद भी होते हैं। कई बार लोगों को रचनात्मक आलोचना की ज़रूरत होती है। अगर ज़रूरत तत्काल है, ख़तरा पर्याप्त गंभीर है, और अगर ग़लती अक्सर ही होती है, तो कुछ कहने की ज़रूरत है। अगर काफ़ी सोच-विचार के बाद आप यह फ़ैसला करते हैं कि आपको स्थिति के बारे में बातचीत करनी चाहिए, तो *सम्मान से आलोचना करें।*

यह तीसरा क़दम है। धीमे चलें और बड़ी छड़ी घर पर ही रहने दें। ख़ुद पर क़ाबू रखें, कुछ बुनियादी तकनीकों पर अमल करें, ताकि सामने वाला कान खोलकर आपके शब्द सुने।

आपको जो कहना हो, उसके लिए पहले उपयुक्त माहौल बनाएँ। हालाँकि लोगों को कभी भी अपने बारे में नकारात्मक बातें सुनना अच्छा नहीं लगता, लेकिन वे ज़्यादा ग्रहणशील होंगे, अगर आप उनकी ग़लत चीज़ों के बजाय सही चीज़ों पर अपना ध्यान केंद्रित करें।

डेल कारनेगी ने कहा था, "आलोचना की प्रक्रिया सच्ची प्रशंसा और सराहना से शुरू होनी चाहिए।" मैरी पॉपिन्स के दिमाग़ में भी काफ़ी हद तक यही चीज़ थी, जब उन्होंने गाया था, "एक चम्मच शक्कर से दवा खाने में मदद मिलती है।"

सॉन्डा, एस.ए. के आंद्रे नैवारो ने आलोचना के प्रति एक अधिक अच्छी, अधिक नर्म नीति को संस्थागत बनाने का तरीक़ा खोज लिया है। उनकी कंपनी में अब तीन-पर-एक नियम है। नैवारो स्पष्ट करते हैं, "हम कोशिश करते हैं कि कम से कम आलोचना करें। हमारे यहाँ एक नियम है। अगर आप इस कंपनी के सदस्य हैं और किसी को पसंद नहीं करते हैं और आपके विचार से वह अपना काम उस तरीक़े से नहीं करता है, जिस तरह उसे करना चाहिए, तो आप कहते कुछ नहीं हैं। आप वह बात एक काग़ज़ पर लिख लें। उस व्यक्ति के बारे में जब आप तीन अच्छी चीज़ें खोज लें - या हमारी कंपनी की किसी नीति, नियम या आदत के बारे में - तभी और सिर्फ़ तभी आपको किसी की आलोचना करने का अधिकार है।" यह एक बेहतरीन तकनीक है।

एक और चीज़ है प्रोत्साहन का इस्तेमाल। ऐसा जताएँ, जैसे ग़लतियों को सुधारना बहुत आसान हो। न्यूयॉर्क लाइफ़ के फ्रेड सीवर्ट ने इसी सिद्धांत पर अमल किया। वे इसे आलोचना करने की "सैंडविच तकनीक" कहते हैं। सीवर्ट कहते हैं, "मैं कर्मचारी द्वारा हासिल की गई सकारात्मक चीज़ों से अपनी बात शुरू करता हूँ। फिर बीच में हम विकास और सुधार के क्षेत्रों के बारे में बात करते हैं। अंत में हम बातचीत इस मुद्दे पर ख़त्म करते हैं कि वह व्यक्ति न्यूयॉर्क लाइफ़ के लिए कितना मूल्यवान है। यह तरीक़ा हमेशा कारगर साबित होता है। मेरे एक बॉस मेरे साथ ऐसा ही करते थे और मैं उनके कमरे से अपना सिर खुजाता हुआ बाहर निकलता था और कहता था, 'ओह, उनकी

फटकार सुनने के बाद मैं वाक़ई अच्छा महसूस कर रहा हूँ।'"

यह जानना भी इतना ही महत्वपूर्ण है कि किस चीज़ से बचा जाए। कभी भी किसी से बहस न करें, उसे नीचा न दिखाएँ या उस पर न चिल्लाएँ। अगर आप किसी से बहस कर रहे हैं, तो इसका अर्थ है कि आप पहले ही हार चुके हैं। आपने ख़ुद पर नियंत्रण गँवा दिया है, आपने अपना नज़रिया खो दिया है और सबसे अहम बात यह है कि आपने अपना लक्ष्य भुला दिया है : राज़ी करने, प्रेरित करने के लिए संवाद करना।

जैसा डेल कारनेगी ने कहा था, "इस दुनिया में बहस से सर्वश्रेष्ठ लाभ उठाने का सिर्फ़ एक ही तरीक़ा है - और वह है इससे बचना। इससे उसी तरह बचें, जिस तरह आप साँपों और भूकंपों से बचते हैं। दस में से नौ बार बहस के अंत में दोनों ही प्रतिस्पर्धियों को अपने सही होने पर पहले से ज़्यादा यक़ीन होता है।"

हर क़ीमत पर सामने वाले को अपनी इज्ज़त बचाने का मौक़ा दें। इसका मतलब यह हो सकता है कि आप बातचीत में पीछे रहें, अप्रत्यक्ष रूप से उसकी ग़लतियों की ओर इशारा करें या आदेश देने के बजाय सवाल पूछें। इसका मतलब यह भी हो सकता है कि आप थोड़ी आलोचना किसी दूसरे दिन के लिए बचाकर रखें। आप यह कैसे भी करें, लक्ष्य वही रहता है : नरम रहें, कम करें और हमला न करें। भले ही कोई आपके नज़रिए से पूरी तरह सहमत न हो, लेकिन पर्याप्त कूटनीति के साथ आप उस व्यक्ति को स्थिति की थोड़ी सच्चाई देखने की ओर मोड़ सकते हैं। लेकिन अगर आप बहुत ज़्यादा शक्ति का इस्तेमाल करते हैं, अगर आप सही और ग़लत, समझदार और मूर्ख जैसे शब्दों का इस्तेमाल करते हैं, तो आप कभी किसी को किसी बात के लिए राज़ी नहीं कर पाएँगे।

रबरमेड के वॉल्फ़गैंग शिमट कहते हैं, "हमें शिकायतें मिलती हैं। उनमें से लगभग आधी शिकायतें इस वजह से मिलती हैं कि ग्राहक ने हमारे किसी प्रतिस्पर्धी के प्रॉडक्ट को हमारा प्रॉडक्ट समझकर ख़रीद लिया। नतीजा यह होता है कि ग्राहक हमें पत्र लिखता है। ऐसे में हमारी नीति बस एक व्यक्तिगत चिट्ठी लिखकर यह कहने की होती है, 'हम समझ सकते हैं कि आपसे यह ग़लती कैसे हुई है, क्योंकि हमारे प्रतिस्पर्धी हमारे प्रॉडक्ट्स की नक़ल करते हैं। आपसे अनजाने में ग़लती हुई है, लेकिन हम चाहते हैं कि आप प्रॉडक्ट

के फ़र्क़ को ख़ुद देख लें। इसलिए हम अपना एक प्रॉडक्ट आपको मुफ़्त भिजवा रहे हैं, इसे आज़माकर देखें।"

"जिस प्रॉडक्ट के बारे में उन्होंने शिकायत की थी, उसका रिप्लेसमेंट प्रॉडक्ट हम उन्हें भेज देते हैं। हमें लगता है कि यह रबरमेड के मूल्य को बहुत विश्वसनीयता से संप्रेषित करने का एक अद्भुत तरीक़ा है।"

नम्र तरीक़े से राज़ी करना हमेशा चीख़ने-चिल्लाने और उँगली दिखाने से ज़्यादा कारगर होता है। जब भी आपको ख़ुद को यह याद दिलाना हो, तो ईसप की पुरानी कहानी याद कर लें। हवा और सूर्य में प्रतिस्पर्धा हो रही थी। दोनों एक दिन बहस करने लगे कि उनमें से कौन ज़्यादा ताक़तवर है। हवा ने एक प्रतिस्पर्धा का प्रस्ताव रखा और एक बूढ़े आदमी को सड़क पर जाते देखकर यह शर्त तय की : जो भी उस व्यक्ति का कोट पहले उतरवा देगा, जीत उसी की होगी। सूर्य मान गया। हवा पहले मैदान में उतरी। वह तेज़ी से चलने लगी, जब तक कि आँधी में नहीं बदल गई। हवा जितनी तेज़ हुई, उस आदमी ने अपना कोट अपने शरीर से उतनी ही ज़्यादा कसकर लपेट लिया।

जब हवा ने हार मान ली, तो सूर्य को मौक़ा मिला। वह नरमी से उस आदमी पर चमका और धीरे-धीरे गर्म होता गया, जब तक कि उस आदमी ने अपना पसीना पोंछते हुए कोट नहीं उतार दिया। सूर्य ने हवा को अपना रहस्य बताया : नरमी और मित्रतापूर्ण व्यवहार शक्ति और आवेश से ज़्यादा ताक़तवर होते हैं। यही नियम ग्राहकों, कर्मचारियों, सहकर्मियों और दोस्तों पर भी लागू होता है।

डेल कारनेगी की क्लास में एक टैक्स परामर्शदाता प्रशिक्षण ले रहा था। फ्रेडरिक पार्सन्स नामक इस व्यक्ति का आईआरएस (इन्कम टैक्स विभाग) के एक टैक्स इंस्पेक्टर से इस बारे में मतभेद हो गया कि नौ हज़ार डॉलर के एक कर्ज़ को किस श्रेणी में रखा जाए। पार्सन्स बहस कर रहा था कि यह पैसा बुरा कर्ज़ था, जिसे चुकाया नहीं गया था, इसलिए इस आमदनी पर टैक्स नहीं लगना चाहिए। वह इंस्पेक्टर भी उतना ही अड़ा हुआ था कि उस पर टैक्स ज़रूर लगना चाहिए।

पार्सन्स अपनी बात किसी भी तरह उस तक नहीं पहुँचा पा रहा था। तो उसने एक अलग नीति आज़माने का फ़ैसला किया। "मैंने बहस से बचने, विषय बदलने और उसकी तारीफ़ करने का फ़ैसला किया। मैंने कहा, 'मुझे लगता है कि आपको सचमुच कई महत्वपूर्ण और मुश्किल निर्णय लेने होते हैं, जिनकी तुलना में यह बहुत छोटा मसला है। मैंने ख़ुद टैक्स के बारे में अध्ययन किया है, लेकिन मेरा ज्ञान सिर्फ़ पुस्तकों तक ही सीमित है। आपको तो अनुभव की बेशक़ीमती पुस्तक से ज्ञान मिल रहा है। मैं तो कई बार सोचता हूँ कि काश मेरे पास आप जैसी नौकरी होती! इससे मैं काफ़ी कुछ सीख जाता।' और मेरा कहा हर शब्द सच था।"

परिणाम? इंस्पेक्टर अपनी कुर्सी पर सीधा हुआ, पीछे टिका और लंबे समय तक अपने काम-काज के बारे में बताता रहा। उसने मुझे बताया कि उसने किस तरह चालाकी से की गई धोखाधड़ियों को पकड़ा था। उसके बोलने का अंदाज़ धीरे-धीरे दोस्ताना हो गया और जल्द ही वह मुझे अपने बच्चों के बारे में बताने लगा। जाते-जाते उसने कहा कि वह मेरी समस्या पर विचार करेगा और कुछ दिनों में मुझे अपना फ़ैसला बता देगा। तीन दिन बाद उसने मेरे ऑफ़िस में फ़ोन करके मुझे जानकारी दी कि उसने टैक्स रिटर्न को वैसा ही स्वीकार करने का फ़ैसला किया है, जैसा मैंने इसे दाख़िल किया था।"

उस टैक्स इंस्पेक्टर ने अपना फ़ैसला क्यों बदला? कारनेगी ने लिखा था, "टैक्स इंस्पेक्टर एक बड़ी आम मानवीय कमज़ोरी का प्रदर्शन कर रहा था। उसे महत्व का एहसास चाहिए था। जब तक मि. पार्सन्स उससे बहस करते रहे, वह ज़ोरदार अंदाज़ में अपनी सत्ता का प्रदर्शन करके महत्त्व का एहसास पाता रहा। लेकिन जैसे ही उसका महत्व स्वीकार कर लिया गया, बहस ख़त्म हो गई और उसे अपने अहं का विस्तार करने की अनुमति दे दी गई, तो वह सहानुभूतिपूर्ण और दयालु इंसान बन गया।"

ग़लतियाँ मानने में जल्दबाज़ी करें और आलोचना करने में धीमें चलें। सबसे बड़ी बात - सृजनात्मक बनें।

11
लक्ष्य तय करना

तेईस साल की उम्र में मैं न्यूयॉर्क का सबसे दुखी युवक था। मैं ट्रक बेचकर अपनी रोज़ी-रोटी कमा रहा था। मैं नहीं जानता था कि ट्रक किस चीज़ की वजह से चलता है। सिर्फ़ इतना ही नहीं : मैं जानना भी नहीं चाहता था। मैं अपने काम से नफ़रत करता था। मैं वेस्ट फ़िफ़्टी-सिक्स्थ स्ट्रीट के उस सस्ते से कमरे में रहने से चिढ़ता था, जिसमें कॉकरोच भरे थे। मुझे अब भी याद है कि दीवार पर मेरी कुछ टाइयाँ लटकी रहती थीं और जब मैं हर सुबह टाई उठाने के लिए हाथ बढ़ाता था, तो कॉकरोच सभी दिशाओं में भागने लगते थे। मैं सस्ते, गंदे रेस्तराँओं में भोजन करने से चिढ़ता था, क्योंकि मेरे ख़याल से शायद वहाँ भी कॉकरोच भरे थे।

मैं हर रात अपने एकाकी कमरे में सिर दर्द के साथ लौटता था – ऐसा सिर दर्द, जो निराशा, चिंता, कटुता और बग़ावत की भावनाओं से पैदा होता था और बढ़ता जाता था। मैं बग़ावती इसलिए हो गया, क्योंकि मैंने कॉलेज के ज़माने में जो सपने देखे थे, वे अब दुःस्वप्न में बदल गए थे। क्या यही ज़िंदगी थी ? क्या यही वह ज़बर्दस्त रोमांच था, जिसका मैं इतनी बेसब्री से इंतज़ार कर रहा था ? क्या मेरे लिए ज़िंदगी का हमेशा यही मतलब रहेगा – एक ऐसा काम करना, जिससे मैं चिढ़ता था और भविष्य के लिए कोई उम्मीद न होना ? मैं पढ़ने की फ़ुरसत पाने के लिए तरसने लगा। मैं वे पुस्तकें लिखने के लिए तरसने लगा, जिन्हें लिखने का सपना मैंने कॉलेज के ज़माने में देखा था।

मैं जानता था कि जिस काम से मैं नफ़रत करता हूँ, उसे छोड़ने से मुझे कोई नुक़सान नहीं होगा, बल्कि हर तरह से फ़ायदा ही होगा। मेरी दिलचस्पी कभी ढेर सारे पैसे कमाने में नहीं थी। मेरी दिलचस्पी तो ढेर सारी ज़िंदगी

जीने में थी। संक्षेप में, मैं रूबिकॉन तक आ गया - निर्णय के उस पल तक, जो ज़्यादातर युवाओं के सामने तब आता है, जब वे ज़िंदगी में पहली बार बाहर निकलते हैं। उस मोड़ पर मैंने एक फ़ैसला किया और उस फ़ैसले ने मेरी ज़िंदगी पूरी तरह बदल दी। इससे मेरी आगे की ज़िंदगी मेरी सबसे सपनीली इच्छाओं से भी ज़्यादा सुखी और समृद्ध बन गई।

मेरा फ़ैसला यह था : मुझे वह काम छोड़ देना चाहिए, जिससे मैं नफ़रत करता हूँ। मैंने शिक्षण की तैयारी के लिए वॉरेन्सबर्ग, मिसूरी के स्टेट टीचर्स कॉलेज में चार साल तक अध्ययन किया था, इसलिए मैं इस नतीजे पर पहुँचा कि नाइट स्कूल्स में एडल्ट क्लासेस में पढ़ाकर रोज़ी-रोटी कमाना मेरे लिए सबसे अच्छा रहेगा। तब मेरे पास दिन में पुस्तकें पढ़ने, लेक्चर तैयार करने, उपन्यास तथा कहानियाँ लिखने का पर्याप्त समय रहेगा। मैं "लिखने के लिए जीना चाहता था और जीने के लिए लिखना चाहता था।"

-डेल कारनेगी

डेल कारनेगी कभी कोई महान अमेरिकी उपन्यास नहीं लिख पाए, लेकिन शिक्षक, व्यवसायी और मानवीय संबंधों की पुस्तकों के लेखक के रूप में उन्होंने असाधारण सफलता पाई। वे दुनिया भर के लोगों के लिए प्रेरणापुंज बन गए। उन्होंने यह सब कैसे हासिल किया ? उन्होंने अपने लक्ष्य तय किए, हालात के हिसाब से उन लक्ष्यों को थोड़ा-बहुत बदला और अपनी नज़रें हमेशा मंज़िल पर रखीं।

मैरी लाउ रेटन वेस्ट वर्जीनिया के एक हाई स्कूल में पढ़ती थीं। इस राज्य से कभी कोई विश्वस्तरीय जिमनास्ट नहीं निकला था।

वे कहती हैं, "मैं एक साधारण लड़की थी, लेकिन मैं जिमनास्टिक्स में पूरे राज्य में पहले स्थान पर आई थी।" वे चौदह साल की छोटी सी लड़की थीं, जिन्होंने रेनो, नेवाडा की एक प्रतिस्पर्धा में प्रदर्शन किया। उस दिन रूमानिया के महान जिमनास्टिक्स कोच बेला कैरोली ने, जिन्होंने नाडिया कोमानेकी को ऑलंपिक में स्वर्ण पदक दिलवाया था, मैरी लाउ को देखा।

रेटन कहती हैं, "वे जिमनास्टिक्स की दुनिया के बादशाह थे। वे मेरे पास आए। उन्होंने मेरा कंधा थपथपाया। वे क़द्दावर थे - लगभग छह फ़ुट चार

इंच के। वे मेरे क़रीब आकर रोमानिया के अपने गहरे अंदाज़ में बोले, 'मेरे साथ चलोगी, तो तुम्हें ऑलंपिक चैंपियन बना दूँगा।'"

यह सुनकर रेटन के दिमाग़ में जो पहला विचार आया, वह यह था, "ओह, यह हो ही नहीं सकता। क़तई नहीं।"

नेवाडा इलाक़े के सभी जिमनास्ट्स में बेला कैरोली ने सिर्फ़ उसी को चुना था। रेटन से बात करने के बाद कैरोली ने उनके माता-पिता से भी बात की और कहा, "देखिए, कोई गारंटी नहीं है कि मैरी लाउ ऑलंपिक टीम में शामिल भी हो पाएगी, लेकिन मुझे लगता है कि उसमें वह प्रतिभा है, जो उसे वहाँ तक पहुँचा सकती है।"

कितना बड़ा लक्ष्य था! बचपन से ही उसने ऑलंपिक में प्रदर्शन करने का सपना देखा था। लेकिन उस महान कोच के मुँह से ये शब्द सुनने के बाद तो - जहाँ तक रेटन की बात थी - उसका लक्ष्य जैसे पत्थर की लकीर बन गया।

वे कहती हैं, "जोखिम मेरे लिए काफ़ी बड़ा था। मैं अपने परिवार और दोस्तों से दूर रहने जा रही थी। मैं एक ऐसे परिवार के साथ रहने जा रही थी, जिससे मैं पहले कभी नहीं मिली थी और ऐसी लड़कियों के साथ प्रशिक्षण लेने जा रही थी, जिन्हें मैं जानती तक नहीं थी। मैं काफ़ी घबरा रही थी। मैं डर रही थी। मैं नहीं जानती थी कि कितनी उम्मीद रखूँ। लेकिन मैं रोमांचित भी थी। यह आदमी मुझे प्रशिक्षण देना चाहता था। फ़ेयरमॉन्ट, वेस्ट वर्जीनिया की अदनी सी मैं। उसने मुझे ही चुना था।"

उनके पास ऑलंपिक का लक्ष्य था और वे कैरोली का विश्वास नहीं तोड़ना चाहती थीं। ढाई साल बाद मैरी लाउ रेटन ने दस के दो स्कोर करने के बाद अमेरिका के लिए जिमनास्टिक्स का स्वर्ण पदक जीत लिया - और सभी के दिल भी जीत लिए।

लक्ष्य हमें वह बिंदु देते हैं, जिस पर हम निशाना लगा सकते हैं। वे हमारी कोशिशों को केंद्रित और एकाग्र रखते हैं। वे हमें अपनी सफलता मापने का मौक़ा देते हैं।

इसलिए सबसे पहले तो लक्ष्य तय करें - ऐसे लक्ष्य जो चुनौतीपूर्ण तो हों, लेकिन साथ ही यथार्थवादी भी हों, जो स्पष्ट और नापने योग्य हों, जो

अल्पकालीन भी हों और दीर्घकालीन भी।

जब आप अपने एक लक्ष्य तक पहुँच जाएँ, तो अपनी पीठ थपथपाने के लिए एक मिनट का समय निकालें। फिर आपने जो हासिल किया है, उससे साहस, शक्ति और ऊर्जा पाकर अगले लक्ष्य की ओर बढ़ जाएँ।

न्यूयॉर्क सिटी के परोपकारी यूजीन लैंग पीएस 121 में छठे ग्रेड की क्लास के सामने भाषण दे रहे थे। इस क्लास में ऐसे बच्चे पढ़ते थे, जिनके कभी कॉलेज जाने की उम्मीद नहीं थी। दरअसल, इनमें से ज़्यादातर बच्चों के हाई स्कूल पास करने की उम्मीद भी बहुत कम थी। लेकिन अपने भाषण के अंत में लैंग ने एक आश्चर्यजनक प्रस्ताव रखा। उन्होंने कहा, "तुममें से जो लोग हाई स्कूल पास कर लोगे, उनके कॉलेज जाने के लिए पैसों का इंतज़ाम मैं करूँगा।"

छठे ग्रेड के अड़तालीस विद्यार्थी यह भाषण सुन रहे थे। उनमें से चवालीस ने हाई स्कूल की परीक्षा पास की और बयालीस कॉलेज गए। ये आँकड़े कितने महत्वपूर्ण हैं, यह इसी बात से पता चलता है कि वहाँ के चालीस प्रतिशत विद्यार्थी कॉलेज जाने की बात तो रहने ही दें, हाई स्कूल की पढ़ाई भी पूरी नहीं कर पाते थे।

सिर्फ़ पैसों का प्रस्ताव रखने से ही इतनी बड़ी सफलता नहीं मिली थी। लैंग ने यह भी सुनिश्चित किया कि विद्यार्थियों को रास्ते भर ज़रूरी मदद मिलती रहे। स्कूल में उनकी लगातार निगरानी की गई और उन्हें परामर्श दिया गया। लेकिन सबसे बड़ी बात यह कि एक ऐसा चुनौतीपूर्ण लक्ष्य स्पष्ट रूप से सामने रखा गया, जो विद्यार्थियों की पहुँच में था। इसी की बदौलत उन्हें ऐसे भविष्य की तस्वीर बनाने का मौक़ा मिला, जिसे वे पहले संभव ही नहीं मानते थे। और इसकी तस्वीर देखने से वे अपने सपनों को हक़ीक़त में बदल पाए।

बेस्टसेलिंग बिज़नेस लेखक हार्वे मैके के शब्दों में, "लक्ष्य ऐसा सपना है, जिसकी एक समयसीमा (deadline) होती है।"

हॉवर्ड मार्ग्युलीज़ सन वर्ल्ड नामक प्रॉडक्शन कंपनी के चेयरमैन हैं। वे कैलिफ़ोर्निया के आधुनिक उत्पादकों में से एक है। वे एक के बाद एक लक्ष्य बनाकर और उन्हें हासिल करके यहाँ तक पहुँचे हैं। मार्ग्युलीज़ ने कृषि व्यवसाय के उतार-चढ़ावों को बरसों तक देखा था। कभी अच्छा समय आता था, तो

कभी मुश्किल समय आ जाता था। आगे समय कैसा रहेगा, उसकी भविष्यवाणी करना भी उतना ही असंभव था, जितना कि उसे नियंत्रित करना। कम से कम लोग तो यही कहते थे कि फलों और सब्ज़ियों का धंधा इसी तरह चलता है।

लेकिन मार्ग्युलीज़ के पास एक लक्ष्य था : नए और अनूठे क़िस्म के ऐसे सामान विकसित करना, जो ग्राहक की ख़रीदारी के उतार-चढ़ाव को झेल सके। मार्ग्युलीज़ का तर्क था, "यह व्यवसाय दरअसल रियल एस्टेट से ख़ास अलग नहीं है। यदि बाज़ार नीचे है, तो जब तक आप कोई बहुत ऊँचा काम न करें, अलग हटकर कोई अनूठा काम न करें, तब तक आप गंभीर मुश्किल में हैं। खेती में भी बिलकुल ऐसा ही है। अगर आप लेट्यूस, गाज़र या संतरों के आम उत्पादक हैं और किसी दूसरे से अलग कोई काम नहीं करते हैं, तो आपकी हालत तभी तक अच्छी रहेगी, जब तक कि आपूर्ति सीमित है। अगर आपूर्ति ज़्यादा हो गई, तो आपकी हालत अच्छी नहीं रहेगी। हमने इसी से तालमेल बैठाने की कोशिश की है, अवसर की खिड़कियों को खोजने की कोशिश की है, जो अनूठा होने, बाज़ार में एक ख़ास जगह बनाने के बारे में है।"

यहीं से बेहतर पिपर (pepper) का विचार आया। हाँ, एक बेहतर पिपर। मार्ग्युलीज ने ख़ुद से पूछा कि अगर वे बाक़ी लोगों द्वारा उगाए जाने वाले पिपर से ज़्यादा स्वादिष्ट पिपर उगा लें, तो क्या अमेरिका के दुकानदार अच्छे और बुरे दोनों तरह के वक़्त में इसका स्टॉक नहीं रखना चाहेंगे?

आख़िरकार वे ऐसा करने में कामयाब हो गए और इस तरह ले रूज़ रॉयल पिपर का सूत्रपात हुआ। मार्ग्युलीज़ कहते हैं, "यह तीन-लोब वाला लंबा पिपर है। लोगों ने हमसे कहा था, 'आपका पिपर घंटी या चौकोर आकार का होना चाहिए, तभी वह बिक पाएगा। लेकिन एक बार जब हमने उस पिपर को चखा - उसका रंग, स्वाद, उसके बारे में सब कुछ - तो हम जान गए कि हमारे पास एक बेहतरीन चीज़ है। हम जानते थे कि अगर हमने उसे सही तरीक़े से प्रमोट किया, उसका विज्ञापन किया और एक अच्छा सा नाम रखकर उसे बेचा, तो लोग उसे एक बार चखेंगे ज़रूर। और एक बार चखने के बाद वे उसे आगे भी ख़रीदते रहेंगे।"

इससे मार्ग्युलीज़ ने यह सीखा, "हमेशा कुछ अलग करने का अवसर खोजते रहें। आप जो कर रहे हों, उससे कभी संतुष्ट न रहें। हमेशा अपने काम को बेहतर बनाने के तरीक़े और उपाय खोजने की कोशिश करें, भले

ही उन्हें किसी उद्योग की परंपराओं के ख़िलाफ़ माना जाता हो।"

जो लोग अपने लक्ष्य नहीं बना पाते, वे मार्ग्युलीज़ के शब्दों में दुनिया के "मैं-भी" (me-toos) बन जाते हैं। मैं-भी वे लोग होते हैं, जो लीडर नहीं, अनुयायी होते हैं। वे अच्छे समय में अच्छा प्रदर्शन करते हैं, लेकिन जब मुश्किल समय आता है, तो हमेशा पीछे रह जाते हैं।

मार्ग्युलीज़ ने यहाँ मुद्दे की बात पर उँगली रख दी है। जो लोग लक्ष्य तय करते हैं - ऐसे चुनौतीपूर्ण लक्ष्य, जिन्हें हासिल करना संभव होता है - उन्हीं की अपने भविष्य पर ठोस पकड़ होती है और अंत में वही लोग असाधारण चीज़ें हासिल कर पाते हैं।

एथलेटिक शू कंपनी रीबॉक इंटरनेशनल लिमिटेड ने अपनी कंपनी के लिए एक बड़ा लक्ष्य तय किया : शैकील ओ'नील से विज्ञापन करवाना। ऑरलैन्डो मैजिक का यह स्टार आसानी से इसके लिए हाँ नहीं कर रहा था। बहुत सी बड़ी कंपनियाँ उसे अपना प्रवक्ता बनाने के लिए उत्सुक थीं।

रीबॉक के चेयरमैन पॉल फ़ायरमैन कहते हैं, "हमें ओ'नील को यक़ीन दिलाना था कि हम उनके प्रति सबसे ज़्यादा समर्पित हैं, कि हम उनके लिए एक ऐसी योजना बनाना चाहते थे, जो कोई दूसरा नहीं बना सकता।"

पूरी कंपनी तेज़ी से काम में जुट गई। "ओ'नील के आने से पहले ही हमने विज्ञापन अभियान तैयार कर लिया। हमने उसे ख़ास तौर पर उन्हीं के लिए बनाया था। हमने उसे बनाने में काफ़ी पैसा ख़र्च किया था और वाक़ई बहुत मेहनत की थी। हम उन्हें पाने के लिए पूरी तरह समर्पित थे। हमने एक जुआ खेला। हमने एक जोख़िम लिया। हमने पैसा, समय और समर्पण ख़र्च किया।" लक्ष्य तय करने की परिभाषा कई बार यही होती है।

फ़ायरमैन ने कहा, "अगर ओ'नील राज़ी नहीं होते, तो हमें गहरा भावनात्मक सदमा लगता। अगर हम उन्हें अपने साथ जोड़ने के लिए इतनी दूर तक नहीं जाते, तो सदमा इतना भावनात्मक नहीं होता। लेकिन तब हमें वह खिलाड़ी भी नहीं मिलता।"

लक्ष्य सिर्फ़ कंपनियों के लिए ही महत्वपूर्ण नहीं होते। वे सफल कैरियर की ईंट हैं।

जैक गैलेघर पारिवारिक टायर बिज़नेस से जुड़े थे, जहाँ उन्होंने लगभग हर काम किया – अकाउंटिंग, बुककीपिंग, निर्माण और बिक्री। टायर बिज़नेस के सारे अनुभवों ने उन्हें एक ही बात यक़ीन के साथ सिखाई : वे टायर बिज़नेस में काम नहीं करना चाहते थे।

एक दिन गैलेघर हाई स्कूल के अपने एक पुराने दोस्त से मिले, जो एक स्थानीय अस्पताल में सहायक प्रशासक का काम कर रहा था। तब गैलेघर ने ख़ुद से कहा, "मैं यही करना पसंद करूँगा। मैं लोगों की मदद करना पसंद करूँगा। मैं एक बड़ा बिज़नेस करना पसंद करूँगा और मैं सही चीज़ों के लिए समूह का नेतृत्व करना पसंद करूँगा।" लेकिन जैक गैलेघर और अस्पताल के प्रशासक पद के बीच कुछ बड़ी बाधाएँ खड़ी थीं – हॉस्पिटल एडमिनिस्ट्रेशन की ग्रेजुएट डिग्री और किसी अस्पताल में काम का अनुभव। लेकिन गैलेघर का लक्ष्य बिलकुल स्पष्ट था और उन्होंने छलाँग मारकर सारी बाधाएँ लाँघने का काम फ़ौरन शुरू कर दिया।

उन्होंने येल में दाख़िला ले लिया। उन्होंने केलोग फ़ाउंडेशन का स्टाइपेंड जीत लिया। उन्होंने स्थानीय बैंक से कर्ज़ ले लिया। उन्होंने नॉर्थ शोर यूनिवर्सिटी हॉस्पिटल के बिज़नेस ऑफ़िस में रात को काम शुरू कर दिया। फिर ग्रेजुएशन डिग्री लेने के बाद उन्होंने नॉर्थ शोर में प्रशासकीय रेज़िडेंसी के लिए आवेदन दे दिया।

गैलेघर बताते हैं, "हॉस्पिटल बोर्ड के चेयरमैन जैक हॉसमैन ने मेरा इंटरव्यू लिया। मैंने उनके साथ बस तीन मिनट ही बिताए होंगे, लेकिन इतने में ही वे मुझसे प्रभावित हो गए। उन्होंने मुझसे एक अजीब सवाल पूछा। वे जानते थे कि मैं विवाहित हूँ और मेरे तीन बच्चे भी हैं। उन्होंने कहा, 'तुम इतनी कम तनख़्वाह में घर का ख़र्च कैसे चला पाओगे?' तब रेज़िडेंट को सिर्फ़ 3,900 डॉलर मिलते थे।"

गैलेघर को इस पर जो प्रतिक्रिया दी, वह उन्हें अब भी याद है : "देखिए, मि. हॉसमैन, आपसे मिलने से बहुत पहले ही मैंने इसका जवाब सोच लिया था। मैंने हर चीज़ तय कर ली है, ताकि मैं इस रेज़िडेंसी के दौरान अपना घर चला सकूँ और इसके बाद प्रशासकीय भूमिका में पहुँच सकूँ।"

उनका एक लक्ष्य था। उन्होंने हर छोटी-छोटी चीज़ की योजना बनाई। उन्होंने अपने लक्ष्य की दिशा में अथक मेहनत की और आज वे नॉर्थ शोर के सीईओ हैं।

गायक-गीतकार नील सेडाका का पॉप म्यूज़िक कैरियर तीन दशक से भी ज़्यादा समय से चल रहा है। उन्होंने बचपन में ही लक्ष्य तय करना सीख लिया था। सेडाका ब्रुकलिन के एक झगड़ालू इलाक़े में बड़े हुए और वे कभी ताक़तवर नहीं थे। उनका सबसे शुरुआती लक्ष्य समझ में आता है : पसंद किया जाना, ताकि वे हाई स्कूल से सही-सलामत बाहर निकल सकें।

सेडाका ने हाल ही में बताया, "मैं लड़ाकू नहीं था। इसलिए लोकप्रिय बनना मेरे लिए ज़रूरी था। मैं हमेशा चाहता था कि लोग मुझे पसंद करें। आप जानते हैं कि यह कैसा एहसास होता है। आप हमेशा लड़ाई से डरते हैं।" छोटे नील ने अपने इस व्यक्तिगत लक्ष्य को हासिल करने की एक चतुराई भरी तरकीब खोज ली - संगीत।

वे कहते हैं, "लिंकन हाई स्कूल के पास एक स्वीटशॉप थी और उसके पिछवाड़े में एक ज्यूक बॉक्स रखा रहता था। सभी तेज़-तर्रार और दमदार क़िस्म के लड़के वहाँ मँडराते थे और एल्विस तथा फ़ैट्स डोमिनो को सुनते थे। यह रॉक एंड रोल की शुरुआत थी। मैंने एक रॉक-एंड-रोल गीत लिखा और गाया। इससे मैं इन ताक़तवर लड़कों का हीरो बन गया। उन्होंने मुझे स्वीटशॉप के अपने हिस्से में आने भी दिया।"

मुद्दे की बात यह नहीं है कि क्या सेडाका को ताक़तवर लड़कों से स्वीकृति पाने की परवाह करनी चाहिए थी। ये चीज़ें हाई स्कूल के बरसों में बहुत महत्वपूर्ण होती हैं। मुद्दे की बात तो यह है कि वे सहज बोध से जानते थे कि इन लोगों को कैसे प्रभावित किया जाए - और किस तरह उस चीज़ को हासिल किया जाए, जो उस वक़्त उनके लिए महत्वपूर्ण थी। सेडाका के लिए हाई स्कूल का वह लक्ष्य ज़िंदगी भर का कैरियर बन गया और इस शुरुआती सफलता से उन्हें इतना आत्मविश्वास मिला कि वे भविष्य में सितारों को छूने का इरादा कर सके।

लगभग यही प्रक्रिया टेनिस चैंपियन आर्थर ऐश के शुरुआती जीवन में भी आती है। उन्होंने लगभग अकेले ही पेशेवर टेनिस के रंगभेद को ख़त्म

कर दिया – एक ऐसा खेल, जिसमें उनके आने से पहले श्वेत लोगों का ही सिक्का चलता था। बाद के वर्षों में ऐश ने एड्स वाइरस के ख़िलाफ़ एक साहसिक लड़ाई लड़ी। उन्होंने झुग्गी बस्तियों और शहर के ड्रॉइंग रूम्स में इस रोग के बारे में चेतना फैलाई।

उनकी ज़िंदगी लक्ष्य तय करने और उन्हें हासिल करने के बारे में थी। ऐश के लिए यह सिलसिला तभी शुरू हो गया था, जब वे बचपन में टेनिस कोर्ट जाया करते थे। वहीं पर उन्होंने उपलब्धि के बारे में सीखा – एक बार में एक लक्ष्य।

ऐश ने अपनी मृत्यु से ठीक पहले इस पुस्तक के लिए दिए गए इंटरव्यू में कहा था, "आप एक लक्ष्य तय करते हैं और फिर उसे हासिल कर लेते हैं। इस दौरान आप जो अवरोध तोड़ते हैं, उससे आपका आत्मविश्वास बहुत बढ़ जाता है।"

ऐश अपनी मृत्यु के दिन तक इसी तरीक़े से जिए। उन्होंने एक लक्ष्य तय किया और उसे हासिल करने के बाद दूसरा लक्ष्य बना लिया। क्यों ? उन्होंने स्पष्ट किया, "मुझे लगता है, शायद आत्मविश्वास इंसान का कायाकल्प कर देता है। यह ज़िंदगी के दूसरे क्षेत्रों में भी छलक जाता है। न सिर्फ़ आप अपनी विशेषज्ञता वाले क्षेत्र में आत्मविश्वास महसूस करते हैं, बल्कि आपका सकल आत्मविश्वास भी बढ़ जाता है। आपको लगता है कि किसी दूसरे काम या दूसरे लक्ष्यों में भी उसी सिद्धांत पर अमल करके आप मनचाही सफलता हासिल कर सकते हैं।"

लक्ष्य यथार्थवादी होने चाहिए, जिन्हें हासिल किया जा सके। कभी भी यह सोचने की ग़लती न करें कि आपको आज ही हर चीज़ हासिल करनी है या आप ऐसा कर सकते हैं। शायद आप इस साल चाँद तक नहीं पहुँच सकते, इसलिए उससे छोटी यात्रा की योजना बनाएँ। एक अंतरिम (intermediate) लक्ष्य तय करें।

इस क्रमशः बढ़ने वाली नीति पर अमल करके ऐश ने ख़ुद को टेनिस जगत में स्थापित कर लिया। ऐश ने बताया था, "मेरे शुरुआती कोचेस ने निश्चित लक्ष्य तय किए, जिन्हें मैंने अपना लक्ष्य बना लिया। लक्ष्य हमेशा टेनिस टूर्नामेंट जीतना ही नहीं होता था। लक्ष्य का अर्थ तो सिर्फ़ ऐसी मुश्किल चीज़ें

थीं, जिनसे उबरने के लिए कड़ी मेहनत करने और योजना बनाने की ज़रूरत थी। और उन लक्ष्यों को पाने के लिए एक तरह का निहित पुरस्कार भी था। एक बार फिर, लक्ष्य यह या वह टूर्नामेंट जीतना नहीं था। और इस तरह क्रमशः बढ़ते-बढ़ते, इससे पहले कि मुझे पता चल पाए, छोटे-छोटे लक्ष्य पाने के बाद अचानक मैंने कहा, 'ओह, मैं तो यहाँ बड़े पुरस्कार के क़रीब पहुँच चुका हूँ।'"

ऐश ने इसी तरह हमेशा चुनौतीपूर्ण टेनिस मैचों का सामना किया है। वे कहते हैं, "किसी टूर्नामेंट में आप क्वार्टर-फ़ाइनल तक पहुँचना चाहते हैं। या किसी मैच में आप बैकहैंड पासिंग शॉट्स की निश्चित संख्या से ज़्यादा नहीं चूकना चाहते। या शायद आप अपना स्टैमिना इतना बेहतर बनाना चाहते हैं कि कैसे भी मौसम में न थकें। इस तरह के छोटे-छोटे लक्ष्य लंबी दूरी के मायावी लक्ष्य - पहले नंबर पर पहुँचने या टूर्नामेंट को जीतने का लक्ष्य - की चिंता दूर करने में मदद करते हैं।"

ज़्यादातर बड़ी चुनौतियों का सामना अंतरिम लक्ष्यों की श्रृंखला के ज़रिए सबसे अच्छी तरह किया जा सकता है। यह ज़्यादा उत्साहवर्धक प्रक्रिया है - और ज़्यादा प्रेरक भी।

कोल्ड स्प्रिंग हार्बर लेबोरेटरी के डायरेक्टर डॉ. जेम्स डी. वाटसन ने कैंसर का इलाज खोजने के लिए आजीवन संघर्ष किया है। क्या यही उनका इकलौता लक्ष्य है ? ज़ाहिर है, नहीं। यह तो किसी भी इंसान के लिए इतना हताशा भरा होगा कि वह इसे बर्दाश्त ही नहीं कर पाएगा। वाटसन ने अपने और अपनी लेबोरेटरी के सहयोगियों के लिए क्रमशः बढ़ते लक्ष्यों की एक श्रृंखला तय की - ऐसे लक्ष्य, जिन्हें वे अंतिम इलाज की राह पर बढ़ते समय हर साल हासिल कर रहे हैं।

डीएनए तंत्र की खोज के लिए नोबल पुरस्कार जीतने वाले वाटसन स्पष्ट करते हैं, "कैंसर कई प्रकार के होते हैं। हम उनमें से कुछ का इलाज करने वाले हैं। उम्मीद है कि हम इससे भी ज़्यादा कैंसरों का इलाज कर पाएँगे।"

वे कहते हैं, "लेकिन आपको अंतरिम लक्ष्य भी बनाने होंगे। लक्ष्य कोलोन कैंसर को कल ही ख़त्म करना नहीं है। लक्ष्य तो बीमारी को समझना है। और इसमें बहुत सारे अलग-अलग क़दम होते हैं। कोई भी पराजित नहीं होना

चाहता। आपको एक बार में एक छोटे लक्ष्य तक पहुँचने से बहुत ख़ुशी मिलती है।"

काम इसी तरह पूरा होता है। छोटे लक्ष्य तय करें। उन्हें हासिल करें। फिर नए, थोड़े ज़्यादा बड़े लक्ष्य तय करें। उन्हें हासिल करें और इस तरह सफलता पाते जाएँ।

नॉट्रे डेम के प्रमुख फ़ुटबॉल कोच बनने से बहुत पहले लू होल्ट्ज़ उसे खेलने से ज़्यादा कुछ और नहीं चाहते थे। लेकिन जब वे अपनी हाई स्कूल की टीम में गए, तो उनका वज़न सिर्फ़ 115 पौंड था।

होल्ट्ज अच्छी तरह समझते थे कि खिलाड़ी बनने के लिहाज़ से उनका वज़न बहुत कम है। लेकिन वे खेलने के लिए बेकरार थे, इसलिए उन्होंने एक योजना तैयार की। उन्होंने टीम की सभी ग्यारह पोज़ीशन्स याद कर लीं। इस तरह किसी भी खिलाड़ी के घायल होने पर वे फ़ौरन मैदान में उतर सकते थे। इससे उन्हें एक के बजाय ग्यारह मौक़े मिले।

लेखक हार्वे मैके कहते हैं, "बिज़नेस की दुनिया में भी यही सही नीति है। अगर आप ऑफ़िस में काम करते हैं, तो फ़ोन सिस्टम सीखने का प्रस्ताव रखें। अगर आप सेल्स में हैं, तो कंप्यूटर्स के बारे में जानकारी लें।" अगर आप ऐसा करते हैं, तो अवसर सामने आने पर उसे लपकने की संभावना काफ़ी बढ़ जाती है। ऐसे लक्ष्य तय करें, जो आपको अपनी टीम या कंपनी के लिए ज़्यादा मूल्यवान बना दें - जैसा लू होल्ट्ज़ ने किया था।

मूल विचार है लक्ष्य बनाना और इसके बाद उसे हासिल करने के लिए लगातार कोशिश करना। कई बार आप निश्चित समयसीमा में सफल हो जाएँगे, तो कई बार उससे ज़्यादा समय लगेगा और कई बार तो आप अपने तय लक्ष्य को हासिल ही नहीं कर पाएँगे। कई चीज़ें बस पूरी नहीं हो पातीं। मुद्दे की बात योजना बनाना और कोशिश करते रहना है। आप वहाँ पर पहुँच जाएँगे, बस देखते जाइए।

जैसा स्केलेमैंड्रे सिल्क्स की एड्रियाना बिटर कहती हैं : "शायद कई बार हम अपने लिए बहुत ऊँचे लक्ष्य तय कर लेते हैं और हम हमेशा ऊपरी छोर तक नहीं पहुँच पाते, लेकिन यक़ीनन हम उस सीढ़ी पर चढ़ना शुरू कर सकते हैं।"

स्पष्ट लक्ष्यों के बिना इंसान आसानी से भटक सकता है। ये न हों, तो इंसान ग़ैर-ज़िम्मेदार हो सकता है। तात्कालिकता का कोई एहसास न होने

के कारण बहुत सारा समय बर्बाद होता है। कोई डेडलाइन ही नहीं होती है। कोई भी चीज़ आज पूरी नहीं करनी होती है। किसी भी चीज़ को अनंत काल तक टालते रहना संभव होता है। लक्ष्य हमें दिशा देते हैं और केंद्रित या एकाग्र रखते हैं।

वे बच्चों को याद दिलाते हैं, "कई बार हम चीज़ों में उलझ जाते हैं।" ज़ाहिर है, यह कहना आसान होता है, लेकिन इस फंदे से बचा कैसे जाए? लूथर के अनुसार, "मुद्दे की बात तो ख़ुद को जानना है। सोचें कि आप क्या जानते हैं और क्या करना चाहते हैं। पैसे को भूल जाएँ, कम से कम पल भर के लिए। जब आप अपने माता-पिता की उम्र में पहुँचेंगे, तो आप किस चीज़ की तरफ़ इशारा करना चाहेंगे, जिससे वाक़ई फ़र्क़ पड़ा?"

समझदारी भरे लक्ष्य कैसे बनाए जाते हैं? ज़्यादातर मामलों में तो बस थोड़े से सोच-विचार की ही ज़रूरत होती है, लेकिन काम पर दिमाग़ केंद्रित करने की कुछ उपयोगी तकनीकें भी हैं। आप ख़ुद से वही सवाल पूछ सकते हैं, जो लूथर अपने बच्चों से पूछने को कहते हैं। "थोड़ा ठहरकर ख़ुद से पूछें, 'मैं सचमुच क्या बनना चाहता हूँ? मैं सचमुच कैसी ज़िंदगी जीना चाहता हूँ? क्या मैं इस वक़्त बिलकुल सही दिशा में आगे बढ़ रहा हूँ?" इस सलाह में समझदारी लगती है, चाहे आप अपने कैरियर में कितनी ही दूर पहुँच चुके हों।

एक बार जब आप इस नतीजे पर पहुँच जाएँ कि आपके लक्ष्य क्या हैं, तो फिर उन्हें प्राथमिकता के क्रम में जमा लें। हर चीज़ तत्काल नहीं की जा सकती, इसलिए आपको ख़ुद से पूछना होगा, कौन सी चीज़ सबसे पहले आती है? कौन सा लक्ष्य इस वक़्त मेरे लिए सबसे ज़्यादा महत्त्वपूर्ण है? फिर अपने समय और ऊर्जा को उन प्राथमिकताओं के अनुरूप व्यवस्थित कर लें। इस पूरी प्रक्रिया में अक्सर यही हिस्सा सबसे चुनौतीपूर्ण होता है।

अपने लक्ष्यों के प्राथमिकीकरण के लिए *सैन डिएगो बिज़नेस जर्नल* के प्रकाशक टेड ओवेन उस सलाह पर चलते हैं, जो उन्हें उनके मनोवैज्ञानिक दोस्त ने दी थी। "उसने मुझे एक काग़ज़ देकर बीच में नीचे तक एक लकीर खींचने को कहा। बाईं तरफ़, आप जितनी चाहे उतनी संख्या लिख सकते थे। मैंने दस लिख दीं। फिर वहाँ वे दस चीज़ें लिखनी थीं, जिन्हें आप रिटायर होने से पहले सबसे ज़्यादा हासिल करना चाहते हैं, चाहे वह उम्र सौ साल हो, साठ साल हो या चालीस साल हो।"

"दस चीज़ें लिख लें। आप एक अच्छी रिटायरमेंट योजना चाहते हैं। आप एक अच्छा घर चाहते हैं। आप सुखद वैवाहिक जीवन चाहते हैं। आप अच्छी सेहत चाहते हैं। आपके दस लक्ष्य जो भी हों, उन्हें लिख लें। फिर दाईं तरफ़ वाले हिस्से में उन दस लक्ष्यों को क्रमबद्ध कर लें। उनमें से एक नंबर वन लक्ष्य बन जाता है और बस, इसी तरह।"

सतही ? शायद। लेकिन इससे मदद मिलती है। इस प्रक्रिया से ओवेन ने ख़ुद के बारे में कुछ ऐसी चीज़ें जानीं, जो उन्हें पहले पता नहीं थीं। "मुझे पता चला कि नौकरी, अच्छी तनख़्वाह वाली नौकरी, स्थायी नौकरी, अच्छा महसूस कराने वाली नौकरी सातवें स्थान पर थी।" एक बार जब आप अपने पहले, दूसरे, तीसरे और सातवें क्रम के कामों को पहचान लेते हैं, तो अच्छी तरह लक्ष्य बनाना बहुत आसान हो जाता है।

अगर आपके लक्ष्य बरसों तक विकसित हों और बदलते रहें, तो अच्छा है। साक इंस्टीट्यूट फ़ॉर बायोलॉजिकल स्टडीज़ के रिसर्च प्रोफ़ेसर डॉ. रोनाल्ड इवान्स कहते हैं, "शादी से पहले मैं वीकएंड्स में भी सिर्फ़ अख़बार पढ़ने के लिए लैब चला आता था। मेरे पास करने के लिए और कोई काम था ही नहीं। मुझे लैब में समय बिताना अच्छा लगता था। यह एक तरह से मेरा दूसरा घर था। शोध एक लत बन जाता है। यह अविश्वसनीय रूप से चुनौतीपूर्ण होता है और आपकी बौद्धिक सीमाओं को धकेलता रहता है। आप नई खोज करते हैं, और सचमुच, इस जैसी कोई दूसरी चीज़ नहीं है।"

लेकिन ज़िंदगी बदलती है, दबाव बदलते हैं, इसलिए लक्ष्यों का भी मूल्यांकन करते रहना चाहिए। इवान्स कहते हैं, "अब मेरा एक परिवार है। अपनी आदतें बदलना मेरे लिए बहुत मुश्किल था, लेकिन आख़िरकार मैंने बदल ली हैं। आपको तो बस यह कहना होता है कि आप सब कुछ नहीं कर सकते।"

कॉरपोरेशन्स को भी लक्ष्यों की उतनी ही ज़रूरत होती है, जितनी कि इंसानों को। जब कंपनियाँ अपने लक्ष्य तय करती हैं, तब भी यही बुनियादी नियम लागू होते हैं : उन्हें स्पष्ट रखें, उन्हें बुनियादी रखें, और एक बार में बहुत सारे लक्ष्य तय न कर लें।

विशाल मोटरोला कॉरपोरेशन ने हाल के एक वर्ष में बस तीन विशिष्ट लक्ष्य बनाए, जो सटीक, गणितीय शब्दावली में व्यक्त किए गए थे : हर दो साल में "10-X सुधार जारी रखना," ग्राहक की "आवाज़ सुनना," पाँच साल में "बिज़नेस प्रक्रिया चक्र के समय को 10 घटक कम करना।"

यह चिंता न करें कि इस भाषा का क्या मतलब है। यह आपकी कंपनी पर लागू हो भी सकता है और नहीं भी। यहाँ महत्वपूर्ण यह है कि कंपनी के पास लक्ष्य हैं। ये लक्ष्य कंपनी के भीतर स्पष्ट रूप से समझे जाते हैं। ये लक्ष्य चुनौतीपूर्ण हैं, लेकिन इन्हें हासिल किया जा सकता है। इनकी दिशा में होने वाली प्रगति को आसानी से नापा जा सकता है। और अगर ये लक्ष्य हासिल हो जाते हैं, तो कंपनी असाधारण रूप से अच्छा प्रदर्शन करेगी।

ये तीन ख़ास लक्ष्य पूरी कंपनी को चलाने के लिए पर्याप्त भविष्य-दृष्टि प्रदान करते हैं। कल्पना करें कि तीन इतने ही स्पष्ट, इतने ही यथार्थवादी लक्ष्य किसी इंसान की ज़िंदगी में कितना बदलाव ला सकते हैं!

ऐसे लक्ष्य तय करें, जो स्पष्ट हों, चुनौतीपूर्ण हों और जिन्हें हासिल किया जा सकता हो।

12
एकाग्रता और अनुशासन

1933 में फ़िलाडेल्फ़िया के मशहूर बीज व्यापारी डेविड बर्पी के मन में विचार आया कि फूलों के उपेक्षित सौतेले बेटे को बहुत सुंदर और आकर्षक बनाएँ। वह सौतेला बेटा था गेंदे का फूल, जो दिखता तो बड़ा प्यारा था, लेकिन उसमें एक बहुत दुर्भाग्यपूर्ण गुण था : उसकी गंध अच्छी नहीं थी।

डेविड बर्पी गेंदे का ऐसा फूल विकसित करने में जुट गए, जिसकी ख़ुशबू अच्छी हो। वे जानते थे कि इसका सिर्फ़ एक ही तरीक़ा है। उन्हें सिर्फ़ एक ऐसा फूल खोजना था, जिसमें अप्रिय गंध न हो। यह संयोग से होता है, जिसे वनस्पतिविज्ञानी म्यूटेशन कहते हैं। उन्होंने पूरी दुनिया से गेंदे के बीज मँगवाए। उन्हें 640 अलग-अलग क़िस्म के बीज मिले। उन्होंने बीज बो दिए और जब उनमें फूल लगे, तो उन्होंने ख़ुद सूँघकर उनकी गंध को परखा। हर फूल की गंध बुरी थी। यह बहुत हताश करने वाली बात थी, लेकिन वे खोजते रहे और अंत में तिब्बत के एक मिशनरी ने उन्हें गेंदे के कुछ ऐसे बीज भेजे, जिनके फूल गंधहीन तो थे, लेकिन छोटे थे।

डेविड बर्पी ने बड़े फूल वाले एक दूसरे पौधे के साथ इसे क्रॉस करवाया और पैंतीस एकड़ इलाक़े में बो दिया। जब उनमें फूल लगे, तो उन्होंने अपने फ़ोरमैन को बुलाकर उसे एक ऐसा आदेश दिया, जिससे फ़ोरमैन को लगा कि डेविड बर्पी पगला गए हैं। उन्होंने अपने फ़ोरमैन से कहा कि वह अपने हाथ और घुटनों के बल बैठकर पैंतीस एकड़ में लगे हर पौधे के फूल की ख़ुशबू सूँघे। अगर उसे बड़े फूलों वाला एक भी गंधहीन पौधा मिल जाए, तो बस इतना ही काफ़ी था। फ़ोरमैन ने उनसे कहा, "इन सभी को सूँघने में मुझे पैंतीस साल लग जाएँगे।" तब वहाँ की रोज़गार संस्थाओं को एक ऐसा ऑर्डर दिया

गया, जैसा उन्हें पहले कभी नहीं मिला था : फूल सूँघने वाले दो सौ लोगों का ऑर्डर।

ये फूल सूँघने वाले हर जगह से आए और उन्होंने अपना काम शुरू कर दिया। किसी ने भी इससे अजीब नज़ारा पहले कभी नहीं देखा था, लेकिन डेविड बर्पी जानते थे कि वे क्या कर रहे हैं। आख़िर, एक दिन एक फूल सूँघने वाला खेत के पार कूदता हुआ फ़ोरमैन के पास आया।

वह चिल्लाया, "मुझे मिल गया।" फ़ोरमैन उसके पीछे-पीछे चलकर उस जगह पर पहुँचा, जहाँ फूल सूँघने वाले ने पहचान के लिए एक खूँटा गाड़ दिया था। निश्चित रूप से अप्रिय गंध का नामोनिशान तक नहीं था।

-डेल कारनेगी

मार्गरेट थैचर ने ब्रिटेन के इतिहास के कुछ सबसे मुश्किल वर्षों में देश का नेतृत्व किया। उनके शासनकाल में फॉकलैंड्स युद्ध, विश्वव्यापी मंदी और एक-दो सदी के लिए पर्याप्त सामाजिक उथल-पुथल शामिल थी। इस दौरान कई प्रतिभाशाली राजनेताओं के कैरियर तबाह हो गए और ब्रिटेन की प्रधानमंत्री होने के नाते थैचर को भी अपने हिस्से के जवाब देने पड़े (वे यह पद सँभालने वाली पहली महिला थीं)। लेकिन ब्रिटिश राजनीति के हर दल के लोगों को एक बात तो माननी पड़ी : लौह महिला एक बार भी नहीं पिघलीं। उन्होंने दबाव भरी परिस्थितियों में भी यह शक्ति कैसे पाई?

थैचर ने प्रधानमंत्री पद छोड़ने के कुछ समय बाद इस बात को कुछ इस तरह स्पष्ट किया, "अगर आप ब्रिटेन जैसे देश का नेतृत्व करते हैं - एक शक्तिशाली देश, एक ऐसा देश, जिसने अच्छे-बुरे दोनों वक़्त में पूरी दुनिया का नेतृत्व किया है, एक ऐसा देश, जो हमेशा विश्वास करने के क़ाबिल है, तो आपमें थोड़ा-बहुत लोहा होना ही चाहिए।"

पूर्व प्रधानमंत्री ने कहा, यह काम दरअसल बहुत जटिल नहीं होता। एकाग्र बने रहें। आत्म-अनुशासन रखें। सफल होने की प्रबल इच्छा रखें। उन्होंने कहा, "मैं एक भी ऐसे व्यक्ति को नहीं जानती, जो कड़ी मेहनत के बिना शिखर तक पहुँचा हो। यही नुस्ख़ा है। यह हमेशा आपको शिखर पर तो नहीं पहुँचाएगा, लेकिन उसके काफ़ी क़रीब ज़रूर पहुँचा देगा।"

मार्गरेट थैचर को हक़ीक़त मालूम थी। अपने दिमाग़ में एक स्पष्ट लक्ष्य रखें, कोई ऐसी चीज़ जिसे आप सचमुच चाहते हों; ख़ुद पर यक़ीन रखें और पूरी लगन के साथ काम में जुटे रहें; और अपना ध्यान न भटकने दें। बिज़नेस में, पारिवारिक जीवन में, खेल में, राजनीति में इन सरल नियमों पर चलेंगे, तो आपके सफल होने की संभावना बहुत बढ़ जाएगी।

इवान स्टीवर्ट लक्ष्य वाले इंसान थे। उनकी ज़िंदगी की तमन्ना यह थी कि वे लंबी दूरी वाली कार रेसिंग प्रतिस्पर्धा में हिस्सा लें - कच्चे रास्तों पर तीन सौ, पाँच सौ या एक हज़ार मील लंबी यात्रा, जिसमें घंटों एकाग्रता रखनी होती है और भयंकर पीठ दर्द भी होता है। दिक्क़त यह थी कि स्टीवर्ट एक कंस्ट्रक्शन कंपनी के जनरल सुपरिंटेंडेंट थे, जिनकी एक पत्नी थी, मॉर्टगेज थी और बड़े होते तीन बच्चे थे। उन पर काफ़ी सारी ज़िम्मेदारियाँ थीं। उन्हें नौकरी करनी थी और दीगर काम भी करने होते थे। उनके लक्ष्य तक पहुँचने की कोई संभावना नज़र नहीं आ रही थी, लेकिन उनके पास एक योजना थी और उस पर चलने के लिए पर्याप्त ऊर्जा भी।

स्टीवर्ट कहते हैं, “मैं रेसिंग से जुड़ना चाहता था, इसलिए मैं काम के बाद और शनिवार-रविवार को रेस कोर्स पर काम करने लगा। इससे मुझे सवारी करने का मौक़ा मिल जाता था और उस वक़्त मैंने कभी नहीं सोचा - क़तई नहीं सोचा - कि यह काम कभी मेरा पेशा बन जाएगा।”

एक दिन उन्हें अवसर मिल गया। स्टीवर्ट जिस ड्राइवर के साथ काम कर रहे थे, उसका पैर एक रेस के ठीक पहले टूट गया। कार तैयार थी और प्रतियोगिता में दाख़िल भी हो चुकी थी। उसके पास स्टीवर्ट को कार चलाने का मौक़ा देने के सिवा कोई विकल्प नहीं था।

स्टीवर्ट ने अपने दोस्त अर्ल स्टाल को पैसेंजर की सीट पर बैठाया और रेस में शामिल हो गए। शुरुआत बड़ी ख़राब हुई। वे सड़क किनारे की दीवार से टकरा गए। कार पलट गई। वे कीचड़ में फँस गए। दूसरी कारें तेज़ी से आगे निकल रही थीं। ख़ुद को साबित करने का उन्हें जो एक मौक़ा मिला था, वह भी बर्बाद होता नज़र आ रहा था।

उस पहली रेस को याद करते हुए वे बताते हैं, “अब हमारी कार आख़िरी नंबर पर थी। बाक़ी सब आगे निकल चुके थे। हर तीस सेकंड में एक कार

रवाना हो रही थी। उस रेस में शायद साठ-सत्तर कारें थीं। बाक़ी सभी आगे जा चुके थे। अब अर्ल और मैं आख़िरी नंबर पर थे। इसके बावजूद हमने हिम्मत नहीं हारी। लेकिन अभी हम पंद्रह-बीस मील दूर भी नहीं जा पाए थे कि थ्रॉटल - यह वोल्क्सवेगन-पॉवर्ड कार थी - तार टूट गया, जो आपके पैर के पैडल को कार्बोरेटर से जोड़ता है। अब मैं कार भी नहीं चला सकता था। मैंने कहा, "अर्ल, एक क्रीसेंट रेंच निकालो।" अर्ल ने टूल बॉक्स से क्रीसेंट रेंच बाहर निकाला। इससे मैंने टूटे हुए तार को खींचा। यह बस इतना लंबा था कि मैं इसे क्रीसेंट के आस-पास लपेट भर सकूँ। हमने फटाफट यह काम निबटाया। पाँच-दस मिनट में ही हमने एक हैंड थ्रॉटल तैयार कर लिया था, जिससे मैं थ्रॉटल को पुश कर सकता था और क्लच दबा सकता था। अब मुझे एक हाथ से गाड़ी चलानी थी। कोई पॉवर स्टियरिंग नहीं। बस कार चलाने का संकल्प था। बस कार चलाने की प्रबल इच्छा थी।

"मैंने अर्ल से कहा, 'मुझे गियर बदलना है,' क्योंकि यह चार गति वाला ट्रांसमिशन था। 'जब भी मैं बदलना चाहूँगा, तुम्हें कोहनी मार दूँगा।' मैंने थ्रॉटल को पुश किया और हम इतने झमेले में थे कि जब मैं थ्रॉटल और क्लच दबाता, तो वह ग़लत गियर डाल देता। जो भी हो, हम इस काम में सुधार करते रहे। मैं थ्रॉटल दबाता और छोड़ता रहा। मैं क्लच दबाता था और उसे कोहनी मारता था, जिसके बाद वह गियर बदल देता था। जल्द ही उसे एहसास हो गया कि हम क्या करना चाहते हैं। हम इसलिए झमेले में पड़ जाते थे, क्योंकि कभी-कभार वह मुझे लो गियर दे देता था, जबकि मैं हाई गियर चाहता था और इसका उल्टा भी होता था। लेकिन कुछ मिनटों में ही हम इसमें माहिर हो गए। जल्द ही हम दूसरी कारों को पार करने लगे - यह तीन सौ मील की रेस थी। हमने एक को पार किया, फिर दूसरी को। यह टीमवर्क था। धीरे-धीरे हम इसमें माहिर हो गए। जल्द ही हम सचमुच उड़ रहे थे। आप जानते हैं, हम हवा से बातें कर रहे थे और लंबी कहानी का सार जान लें, आख़िरकार हमने वह रेस जीत ली। हमने वह तीन सौ मील लंबी रेस जीत ली।" ज़िंदगी के हर क्षेत्र में रेस जीतने के लिए ऐसी ही एकाग्रता और आत्म-अनुशासन की ज़रूरत होती है।

बाद में स्टीवर्ट कच्चे रास्तों के अमेरिका के शीर्षस्थ ड्राइवर बन गए। उन्होंने प्रतिष्ठित वाल्वोलाइन ऑइल आयरन मैन ट्रॉफ़ी - जो इस खेल में इतनी ज़्यादा प्रतिष्ठित है, मानो हेजमैन और सुपर बाउल दोनों को मिला दिया गया हो - इतनी ज़्यादा बार जीती कि उनके प्रशंसक अब उन्हें लौह पुरुष

या आयरन मैन के नाम से जानते हैं। शारीरिक दृष्टि से काफ़ी कष्टकारी इस खेल में सैंतालीस साल के स्टीवर्ट ने टोयोटा के साथ तीन साल के एक और अनुबंध पर हस्ताक्षर किए हैं।

"वे जानते हैं कि मेरी उम्र ढल रही है और बहुत से युवा लगातार मैदान में आ रहे हैं।" लेकिन यह एक और चुनौती है, हार न मानने का एक और कारण है। कौन जाने? लौह पुरुष शायद साठ साल की उम्र में भी रेसिंग में हिस्सा ले रहे हों। चाहे कोशिश का क्षेत्र जो भी हो, इस तरह की एकाग्रता ही सफल लोगों को असफल लोगों से अलग करती है।

सॉन्डर्स कार्प एंड कंपनी के टॉमस ए. सॉन्डर्स कहते हैं, ढेर सारे पैसे जुटाने का सबसे बड़ा रहस्य भी यही है।

वे याद करते हुए बताते हैं, "जब कुछ साल पहले मैं मार्गन स्टैनले के लिए बड़ी धनराशि जुटा रहा था, तो हमारे पास एक असाइनमेंट था कि हम अपने व्यापारिक बैंकिंग बिज़नेस के लिए दो सौ मिलियन डॉलर जुटाएँ। हमने 2.3 बिलियन डॉलर जुटा लिए। यह उस समय विशुद्ध इक्विटी फ़ंड के लिए जुटाई गई दूसरी सबसे बड़ी धनराशि थी। मुझे लगता है कि हमें इस काम में काफ़ी हद तक सफलता इसलिए मिली, क्योंकि हम इसमें समर्पित भाव से जुट गए थे, हम किसी भी हालत में हार मानने को तैयार नहीं थे। हम किसी की ना सुनने के लिए तैयार नहीं थे और हममें बार-बार कोशिश करके इसे हाँ में बदलवाने की इच्छा थी। लगातार कोशिश करते रहने की इच्छा थी। यह पता लगाने की इच्छा थी कि किसी ने हमें ना क्यों कहा - और उसे हाँ कहने के लिए राज़ी कराने की इच्छा थी।

फ़्रेड सीवर्ट न्यूयॉर्क लाइफ़ इंश्योरेंस कंपनी के चीफ़ फ़ाइनैंशियल ऑफ़िसर हैं। उन्होंने लगन का पाठ अपने पिता से सीखा, जिनका नाम भी फ़्रेड ही था। सीवर्ट अपने पिता के बारे में बताते हैं, "ट्रम्पेट बजाना उनकी ज़िंदगी का सबसे बड़ा शौक़ था, सबसे बड़ा प्रेम था। उन्होंने सबसे अच्छे बैंडों में ट्रम्पेट बजाया, जिनमें हैरी जेम्स, आर्टी शॉ और जैक टीगार्डन शामिल थे। वे असाधारण ट्रम्पेट वादक थे।"

इसके बावजूद उन्होंने कभी भी बुनियादी चीज़ों का अभ्यास नहीं छोड़ा। सीवर्ट कहते हैं, "वे स्केल्स बजाते थे। वे देश के सबसे अच्छे ट्रम्पेट वादकों

में से एक हैं, लेकिन वे क्या कर रहे हैं? वे कोई ऐसी लंबी नई धुन नहीं बजा रहे हैं, जिसे वे सीखना चाहते हों। वे तो स्केल्स बजा रहे हैं। हर दिन, हर घंटे। वे इन अलग-अलग धुनों को बजाते रहते थे। वे मुझसे कहते थे कि अगर वे स्केल्स को पूरी तरह समझ जाएँ और उन्हें तत्काल बजा सकें, तो वे कोई भी गीत सीख सकते हैं।"

इसी अटल एकाग्रता ने दो दक्षिणी गवर्नर्स को सोलह साल के अंतर से व्हाइट हाउस तक पहुँचाया। एक जॉर्जिया के मृदुभाषी मूँगफली उगाने वाले किसान थे, जिनका नाम जिमी कार्टर था। और दूसरे अमेरिकी नक़्शे के एक छोटे से बिंदु यानी होप, अरकांसस से आए थे। उनका नाम था बिल क्लिंटन।

जब कार्टर ने 1976 का अपना अभियान शुरू किया, तो देश के राजनेताओं की राय में उनके जीतने की संभावना शून्य थी। जॉर्जिया के बाहर शायद ही किसी ने उनका नाम सुना था, वे ऊँची हैसियत और प्रभाव वाले डेमोक्रेट्स की भीड़ का सामना कर रहे थे और अभियान की पहली बड़ी बाधा थी न्यू हैंपशायर, जो घर से उतनी ही दूर था, जितना कि जॉर्जिया में रहने वाला यह व्यक्ति जा सकता था।

फिर जब क्लिंटन ने 1992 में चुनाव लड़ा, तब वे भी इसी आशंका से जूझ रहे थे - और ज़्यादातर कारण भी एक जैसे ही थे। उनका चेहरा कार्टर से थोड़ा ज़्यादा जाना-पहचाना था, लेकिन ज़्यादा नहीं और रिपब्लिकन प्रेसिडेंट ने हाल ही में एक बहुत लोकप्रिय युद्ध जीता था।

अगर आप शुरुआती विशेषज्ञों की बात पर यक़ीन करते, तो इन दोनों ही गवर्नर्स के पास राष्ट्रपति बनने का कोई ख़ास मौक़ा नहीं था। शुरुआती प्राइमरीज़ के अंत तक ही इन दोनों को दौड़ से बाहर हो जाना चाहिए था। ज़ाहिर है, ऐसा नहीं हुआ और इसके पीछे कई कारण थे। उनमें से कोई भी इतना महत्वपूर्ण नहीं था, जितना कि इन दोनों की एकाग्रता और अनुशासन।

इन लंबी और संघर्षशील दौड़ों में दोनों ही के पास हार मानने के कई कारण मौजूद थे। कार्टर के मामले में उनके कम लोकप्रिय होने के अलावा टेड केनेडी का ख़तरा था और यह चिढ़ाने वाली अनुभूति कि कार्टर नहीं, बल्कि केनेडी "असल डेमोक्रेट्स" के पसंदीदा विकल्प थे। क्लिंटन के मामले में जेनिफर फ़्लॉवर्स के दावे थे, उन्हें-बाहर-समझो जैसे विचारों वाले संपादकीय

थे, पुराने राष्ट्रपति की शक्ति थी और पेरट नामक एक आदमी था।

ये आशंकाएँ 1976 में कार्टर को नहीं रोक पाईं। ये 1992 में क्लिंटन को भी नहीं रोक पाईं। और दोनों ही बार सबसे बड़ा कारण यह था कि ये दोनों ही व्यक्ति एकाग्रचित्त थे। वे ठीक-ठीक जानते थे कि वे वास्तव में क्या हासिल करना चाहते हैं। वे एक स्पष्ट लक्ष्य की दिशा में काम कर रहे थे, एक ऐसे सपने की दिशा में, जो उन्होंने बचपन से अपने दिल में सँजो रखा था। नतीजा यह हुआ कि उनमें अकल्पनीय प्रेरणा आ गई। उन्होंने दीवानों की तरह मेहनत की, अपनी निगाह गेंद पर जमाए रखीं और अंततः पुरस्कार जीत लिया।

लगन समीकरण का दूसरा हिस्सा है। जीवन में आप जो पाना चाहते हैं, उसे पाने के लिए आपको ख़ुद पर यक़ीन करना होगा और उस काम में जुटे रहने की दृढ़ इच्छा भी रखनी होगी। बार-बार कोशिश करो और लगातार करते रहो।

विश्व की सबसे बड़ी विज्ञापन एजेंसियों में से एक जे. वाल्टर थॉमसन के बर्ट मैनिंग ने कॉपीराइटर के रूप में काम शुरू किया था। बाद में वे कंपनी के मुखिया बनने वाले इकलौते "रचनात्मक व्यक्ति" बने, जिसने फ़ोर्ड, लीवर ब्रदर्स, नेस्ले, केलॉग, कोडक, गुडईयर और वार्नर-लैम्बर्ट जैसे महत्वपूर्ण ग्राहकों के लिए विज्ञापन अभियान तैयार किए।

हाँ, विज्ञापन जितने प्रतिस्पर्धी बिज़नेस में योग्यता और रचनात्मकता अनिवार्य होती हैं, लेकिन कड़ी, एकाग्र और लगनशील मेहनत के बिना सारी योग्यता और रचनात्मकता धरी रह जाती है। मैनिंग ने यह सबक़ सीख लिया और वह भी अपने कैरियर की शुरुआत में ही।

उन्होंने अपने पहले बड़े ग्राहक के लिए एक विज्ञापन अभियान तैयार किया, जो उन्हें बेहतरीन लग रहा था। ग्राहक थे शिलट्ज़। मैनिंग जिस स्लोगन का आग्रह कर रहे थे, वह वही था, जो बाद में ख़ूब मशहूर हुआ, "मम्म-मम्म गुड।" "जब आपके यहाँ शिलट्ज़ ख़त्म हो जाती है, तो बियर ख़त्म हो जाती है।" मैनिंग इस अभियान की सफलता को लेकर बहुत जोशीले थे। हालाँकि आज इस बात पर यक़ीन करना मुश्किल है, लेकिन शिलट्ज़ ब्रूइंग कंपनी इस विज्ञापन को लेकर जोशीली नहीं थी। शिलट्ज़ के लोगों को यह पूरा विचार ही नकारात्मक लगा। वे चाहते थे कि मैनिंग कोई ज़्यादा उत्साही अभियान

तैयार करें।

... लेकिन मैनिंग हार मानने वालों में से नहीं थे। वे बार-बार ग्राहक से मिलने गए और उन्होंने अपना अभियान उन्हें छह बार दिखाया। वे अंतिम प्रतिक्रिया बताते हैं, "मैं इसे इतनी ज़्यादा बार इसलिए दिखा पाया, क्योंकि मेरा इस ग्राहक के साथ ऐसा संबंध था, जिससे मुझे इसकी अनुमति दी गई और कमरे से बाहर नहीं निकाला गया। छठी बार वे बोले, 'ठीक है। मैं अब भी इसे सही नहीं मानता हूँ, लेकिन अगर आप लोग कहते हैं, तो एक बार इसे किसी इलाक़े में परख लें।"

ज़ाहिर है, इसके बाद जो हुआ, वह विज्ञापन के इतिहास में दर्ज है। मैनिंग की योग्यता और रचनात्मकता ने एक आला दर्जे का अभियान सोचा, लेकिन उनकी कड़ी मेहनत और लगन की बदौलत ही यह जनता तक पहुँच पाया। डेल कारनेगी ने इस सिद्धांत को इस तरह व्यक्त किया था, "धैर्य और लगन इस दुनिया में प्रतिभाशाली छलाँग से ज़्यादा हासिल करेंगे। जब भी कुछ गड़बड़ हो, तो यह याद रखें।"

उन्होंने लिखा था, "कभी भी किसी चीज़ से हताश न हों। बस, जुटे रहें। कभी हार न मानें। ज़्यादातर सफल लोगों की नीति यही रही है। ज़ाहिर है, हताशा के अनुभव मिलेंगे। लेकिन महत्वपूर्ण बात है इसके पार जाना। अगर आप ऐसा कर सकते हैं, तो दुनिया आपकी मुट्ठी में है।"

व्यावहारिक संदर्भ में इसका मतलब यह है कि आपको अपना बुनियादी लक्ष्य हमेशा याद रखना चाहिए - चाहे यह विज्ञापन अभियान बेचना हो, कार रेस जीतना हो या अमेरिका के राष्ट्रपति पद का चुनाव जीतना हो। इसके बाद उस लक्ष्य की दिशा में एकाग्रता से मेहनत करते रहें।

और लगन से काम करें। वैसे यह हमेशा आसान नहीं होता। आपको हर बार हर काम के हर विवरण को पूरा करने के लिए ख़ुद को प्रशिक्षित करना होगा। हर विवरण पर लगनपूर्वक काम करने से ही लोग किसी कंपनी के लिए ज़्यादा मूल्यवान बनते हैं, किसी संगठन के लिए ज़्यादा अनिवार्य बनते हैं और सहयोगियों तथा सहकर्मियों की नज़रों में ज़्यादा विश्वसनीय बनते हैं।

कॉर्निंग लैब सर्विसेस, इंक. के चीफ़ एक्ज़ीक्यूटिव ऑफ़िसर मार्टिन गिब्सन कहते हैं, "जब भी मैं किसी ऑफ़िस में जाता हूँ और देखता हूँ कि किसी को

ढेर सारे रिटर्न कॉल्स करने हैं – आप जानते हैं, वहाँ उनकी लंबी सूची रखी होती है – तो मैं समझ जाता हूँ, 'यह आदमी बेक़ाबू हो चुका है।' अगर आप अपने कॉल्स भी रिटर्न नहीं कर सकते, तो इससे आपकी विश्वसनीयता पर प्रश्नचिन्ह लग जाता है। यही छोटी-छोटी चीज़ें महत्वपूर्ण बन जाती हैं।"

जो लोग ख़ुद को विश्वसनीय साबित कर देते हैं, उन्हें यह दिखाने के ज़्यादा बड़े अवसर दिए जाते हैं कि वे दरअसल कितने ज़्यादा विश्वसनीय बन सकते हैं। गिब्सन कहते हैं, "लोग जानते हैं कि वे आप पर निर्भर हो सकते हैं। वे आपसे कोई काम करने को कहते हैं और फिर वे उसके बारे में पूछते तक नहीं हैं। वे जानते हैं कि आप उसे ज़रूर पूरा कर देंगे। निर्भरता या विश्वसनीयता इसी को कहते हैं। उन अजीब लोगों में से एक न बनें, जो फ़ोन कॉल्स तक रिटर्न नहीं करते, जिन्हें चेयरमैन का मेमो मिलता है और वे नहीं जानते कि इसका जवाब कैसे दिया जाए, इसलिए वे इसे अलग रख देते हैं और फिर इसे भूल जाते हैं। चेयरमैन सोचता है, पता नहीं, इस मूर्ख के साथ क्या गड़बड़ है ?"

इन अनुशासित विवरणों में ही – सैकड़ों और हज़ारों छोटे-छोटे विवरणों में – हर दिन सफलता या असफलता छिपी होती है। हार्मन एसोसिएट्स कॉरपोरेशन के जॉइस हार्वे कहते हैं, "ये बहुत पुराने जीवनमूल्य हैं, जैसे अपॉइंटमेंट के लिए समय पर पहुँचना, अपने वादे न भूलना और अपने काम पर गर्व महसूस करना। अगर आप लेटर ऑफ़ क्रेडिट कर रहे हैं, तो आपको एक से चार क़दम तक पूरे करने हैं। आप तीसरे क़दम को छोड़ नहीं सकते। ग़लतियाँ महँगी साबित होती हैं। ज़्यादा तेज़ न चलें। अपने विवरणों की जाँच करें और एकाग्र बने रहें।"

रॉस ग्रीनबर्ग ने अनुशासन और एकाग्रता का महत्व 1990 में उस रात समझा, जब बस्टर डगलस ने माइक टाइसन को धूल चटाई। उस वक़्त टाइसन दुनिया के निर्विवाद हैवीवेट चैंपियन थे। डगलस सख़्तजान योद्धा थे, लेकिन शुरुआती घंटी तक उन्हें ज़्यादा महत्व नहीं दिया गया।

ग्रीनबर्ग एचबीओ स्पोर्ट्स के एक्ज़ीक्यूटिव प्रोड्यूसर थे। टाइसन-डगलस मैच के वक़्त तक वे टी.वी. के लिए सौ से ज़्यादा टाइटल फ़ाइट्स प्रोड्यूस कर चुके थे। लेकिन ग्रीनबर्ग जैसे अनुभवी प्रोड्यूसर की एकाग्रता भी कई बार नाटकीय घटनाओं से डिग जाती है।

ग्रीनबर्ग याद करते हुए बताते हैं, "दूसरे राउंड तक यह स्पष्ट हो गया कि डगलस के साथ कोई चीज़ सही जा रही थी और टाइसन के साथ कोई चीज़ ग़लत जा रही थी। टाइसन ने तीन-चार सीधे मुक्के खा लिए थे और मेरे अनाउंसर्स तथा मैं तत्काल अपनी स्टोरी लाइन पर जैसे कूद पड़े।" अब तक सब कुछ ठीक था।

"चौथे राउंड में डगलस ने एक कॉम्बिनेशन फेंका, जिसने टाइसन को हिलाकर रख दिया और हमारी कम्युनिकेशन लाइन पर एक ज़ोरदार चीख़ सुनाई दी। हमारे ट्रक में मौजूद हर व्यक्ति को यह एहसास होने लगा कि हम अपने सामने इतिहास बनता देख रहे हैं। यह एक दुर्लभ समय था, जब हम अपने व्यक्तिगत कामों के बजाय खेल की घटना में ज़्यादा खो गए थे। मैं इसे स्पष्टता से याद कर सकता हूँ और मेरे साथ काम करने वाले लोग भी आपको ठीक यही बताएँगे। जब मुझे इस बात का एहसास हो गया, तो मैं बोला, 'ठीक है, अब सब लोग रिलैक्स हो जाओ। हमें याद रखना चाहिए कि हम यहाँ एक काम करने आए हैं। अगर तुम ख़ुद को इस मैच में ज़्यादा डुबो लोगे, तो तुम्हारी नज़रें काम पर केंद्रित नहीं रह पाएँगी।' बस इसी इशारे की ज़रूरत थी। फ़ौरन हर व्यक्ति ने घटना पर अपनी बुनियादी, सहज प्रतिक्रिया से ख़ुद को दूर कर लिया। हम दोबारा अपने काम में जुट गए - और ज़बर्दस्त मुक्कों के रिप्ले दिखाने लगे।"

लाइव टी.वी. पर चूक होने की ज़्यादा गुंजाइश नहीं होती। "देखिए, अगर मैं उस बिंदु पर डगलस की जीत की कामना में ही उलझा रह जाता, तो मैं अपनी टेप मशीनें और विज्ञापन ठीक से नहीं चला पाता। मेरे एसोसिएट डायरेक्टर्स उन बिंदुओं को क्यू नहीं कर पाते, जिससे आप राउंड ख़त्म होने के बाद रिप्ले देख सकते हैं।"

लेकिन ग्रीनबर्ग मानते हैं कि उस यादगार रात को वे अपनी एकाग्रता खोने के क़रीब पहुँच गए थे। "मैं उस पल को कभी नहीं भूल पाऊँगा - भूल ही नहीं सकता - जिस पल टाइसन फ़र्श पर गिरा। ऐसा लग रहा था, जैसे मैं हैवीवेट चैंपियनशिप बॉक्सिंग का कोई ऐतिहासिक विवरण पढ़ रहा था और उस पल मैंने पन्ने को पलटते देखा। उस पल मैं एक नए अध्याय पर पहुँचा और एक नया हैवीवेट चैंपियन बनते देखा। मैं यह अनुभव अपनी क़ब्र तक अपने साथ लेकर जाऊँगा। टाइसन-डगलस और शायद इसी तरह की एकाध

और घटना। मैं कहना चाहूँगा, 'मैंने इसे अपनी आँखों से देखा था।'"

एकाग्रता सिर्फ़ खेल या टी.वी. जगत में ही महत्त्वपूर्ण नहीं होती। डॉ. स्कॉट कॉइन के मामले में एकाग्रता और अनुशासन की वजह से ही ज़िंदगी और मौत का फ़र्क़ पड़ा।

कॉइन रेडियोलॉजिस्ट थे, हालाँकि उन्होंने कभी पादरी बनने का अध्ययन भी किया था। जनवरी की एक रात को एक एवियांका बोइंग 727 लाँग आईलैंड के उनके घर के पास गिरा। वे घटनास्थल पर पहुँचने वाले पहले डॉक्टर थे। दरअसल, एक घंटे से भी ज़्यादा समय तक वे घटनास्थल पर मौजूद इकलौते डॉक्टर थे।

एक-एक करके उन्होंने सभी यात्रियों की चोटें देखीं। उन्हें यात्रियों की घबराहट भी दूर करनी थी। उन्हें यह सब ज़मीन पर पड़े हर व्यक्ति के साथ सिर्फ़ एक-दो मिनट में ही करना था। इस काम में उन्हें भाषा से कोई मदद नहीं मिल सकती थी, क्योंकि ज़्यादातर यात्री कोलंबिया के थे और अँग्रेज़ी नहीं बोल पाते थे। कॉइन की स्पेनिश "डॉक्टर, डॉक्टर" से आगे नहीं जा पाई। कॉइन ने कहा कि उन्होंने हरसंभव कोशिश करके मरीज़ों तक अपनी बात पहुँचाई। उन्होंने इसे कारगर बनाने का एक तरीक़ा खोज लिया।

हादसे वाली रात को याद करते हुए वे बताते हैं, "मैंने स्टेथस्कोप टाँग लिया और मैं बार-बार *'डॉक्टर, डॉक्टर'* कहता रहा। यात्रियों में से कुछ रो रहे थे और चीख़ रहे थे। मैं नहीं जानता था कि वे डर के कारण चीख़ रहे हैं या चोट के कारण। मैं उनके चेहरों को छूकर अपनी बात उन तक पहुँचा पाया। वे जिस अंदाज़ में मेरी ओर देखते थे, उससे पता चल जाता था कि उन्हें कितनी बुरी चोट लगी है।

"मुझे उनके कानों में फुसफुसाना पड़ा। मुझे उस स्थिति में शांत रहकर उन्हें थामना पड़ा और अपने चेहरे के भावों और स्पर्श से तथा उनके चेहरे थामकर उन्हें आश्वस्त करना पड़ा। मैं किसी से उसकी मेडिकल हिस्ट्री नहीं पूछ सकता था। भाषा की समस्या के कारण मैं यह नहीं पूछ सकता था कि उन्हें कहाँ दर्द हो रहा है ? या दर्द कितना ज़्यादा है ? मुझे हर मरीज़ की सिर से पैर तक पूरी जाँच करनी पड़ी और फिर जब मैं आगे गया, तो मैंने पाया कि कुछ के फ्रैक्चर तो भयंकर थे। उनके पैर सचमुच लटक रहे थे और आप

उनकी जाँच करके आईवी शुरू कर देते थे, जितनी आप कर सकते थे। इसके बाद आप अगले मरीज़ के पास जाकर दोबारा यही सब करते थे और पसलियों की जाँच करते थे - हाथ से। वे आपको कुछ नहीं बता सकते थे। आप यह तक नहीं कह सकते थे, 'इशारे से बताओ,' क्योंकि वे इसका मतलब ही नहीं समझ पाते। यह किसी दूसरी ही दुनिया का अनुभव था, क्योंकि इस दौरान बहुत ज़्यादा एड्रीनलिन प्रवाहित होता है।"

एकाग्रता। सौ प्रतिशत एकाग्रता। इसी वजह से कॉइन इस काम को बख़ूबी कर पाए।

कॉइन की एकाग्रता इतनी गहरी थी कि उनके दिमाग़ ने हर सतही चीज़ को नकार दिया। जब उन्होंने तनाव प्रबंधन के एक सेमिनार में दुर्घटना के बारे में बोला, तब जाकर उन्हें पता चला कि उस वक़्त उनकी एकाग्रता कितनी गहरी थी। समूह के बाक़ी लोग उस शोरगुल का वर्णन कर रहे थे, जिसकी उम्मीद आप ऐसे हालात में स्वाभाविक रूप से कर सकते हैं : एम्बुलेंस और फ़ायर ट्रक, शोर मचाते रेडियोज़, रोते-चीख़ते मरीज़ और शोर मचाते बचाव कर्मी। लेकिन कॉइन को यह सब सुनाई नहीं दिया।

"मुझे तो बस इतना याद है कि सब कुछ बहुत शांत था। सब कुछ बहुत व्यवस्थित लग रहा था। मुझे कुछ सुनाई नहीं दिया। मुझे इतना ज़्यादा ध्यान केंद्रित करना था कि मैं कुछ सुन ही न पाऊँ। यह तंद्रा जैसी अवस्था थी। मुझे तो बस इतना याद है कि मैं पूरी ख़ामोशी में चल रहा था। मैंने एक भी चीज़ नहीं सुनी। मुझे लगभग एक घंटे बाद पहली आवाज़ सुनाई दी और वह थी हेलिकॉप्टरों की आवाज़, जो घायलों को अस्पताल ले जाने के लिए आए थे।"

ध्यान भटकाने वाली चीज़ों को नज़रअंदाज़ करने और सिर्फ़ महत्वपूर्ण चीज़ पर ध्यान केंद्रित करने की क़ाबिलियत - एकाग्रता - ने ही उस रात को फ़र्क़ डाला और बहुत से लोगों की जान बचाने में मदद की।

लीडर्स कभी अपनी एकाग्रता नहीं खोते। वे अपनी निगाह बड़ी तस्वीर पर केंद्रित रखते हैं।

13

संतुलन हासिल करें

कई परीक्षणों के बाद अमेरिकी सेना को एक आश्चर्यजनक चीज़ पता चली। सेना को यह मालूम चला कि बरसों के सैन्य प्रशिक्षण से सख़्त हो चुके युवा भी अगर हर घंटे के बाद अपना सामान उतारकर दस मिनट आराम कर लें, तो ज़्यादा तेज़ चल सकते हैं और ज़्यादा दूरी तय कर सकते हैं। यह मालूम चलने के बाद अब सेना उन्हें ऐसा करने के लिए मजबूर करती है।

आपका हृदय भी अमेरिकी सेना जितना ही चतुर है। यह शरीर में इतना सारा ख़ून पंप करता है, जिससे मालगाड़ी का एक पूरा डिब्बा भर सकता है। यह हर चौबीस घंटे में इतनी ऊर्जा ख़र्च करता है कि उससे तीन फ़ुट ऊँचे मंच पर बीस टन कोयला उछाला जा सकता है। यह इस अविश्वसनीय काम को पचास, सत्तर या शायद नब्बे साल तक लगातार करता रहता है। यह इतना दबाव कैसे झेल पाता है? हार्वर्ड मेडिकल स्कूल के डॉ. वाल्टर बी. कैनन ने मुझे इस सवाल का जवाब दिया। उन्होंने कहा, "ज़्यादातर लोग सोचते हैं कि इंसान का हृदय हर वक़्त काम करता है। जबकि सच तो यह है कि हर सिकुड़न के बाद यह कुछ देर आराम भी करता है। सत्तर पल्स प्रति मिनट की गति से धड़कते वक़्त हृदय दरअसल चौबीस में से सिर्फ़ नौ घंटे ही काम करता है। कुल मिलाकर, यह हर दिन पूरे पंद्रह घंटे आराम करता है।"

द्वितीय विश्व युद्ध के दौरान विन्स्टन चर्चिल की उम्र लगभग सत्तर साल थी। इसके बावजूद वे कई सालों तक रोज़ाना सोलह घंटे काम करते रहे और ब्रिटिश साम्राज्य के युद्ध में मार्गदर्शन देते रहे। ज़बर्दस्त रिकॉर्ड! इसका राज़? वे हर सुबह ग्यारह बजे तक पलंग पर लेटे-लेटे काम करते थे, रिपोर्ट पढ़ते थे, आदेश डिक्टेट करवाते थे, ज़रूरी फ़ोन करते थे और महत्वपूर्ण मीटिंग्स

निबटाते थे। लंच के बाद वे दोबारा बिस्तर पर पहुँच जाते थे और एक घंटे की नींद ले लेते थे। शाम को वे एक बार फिर बिस्तर पर पहुँच जाते थे और आठ बजे डिनर लेने से पहले दो घंटे तक सोते थे। उन्होंने कभी थकान का इलाज नहीं किया। दरअसल, उन्हें इसके इलाज की ज़रूरत ही नहीं थी, क्योंकि उन्होंने कभी ख़ुद को थकने ही नहीं दिया। चूँकि वे कई बार आराम करते थे, इसलिए वे पूरी तरह तरोताज़ा होकर आधी रात के काफ़ी बाद तक काम कर सकते थे।

-डेल कारनेगी

टॉम हार्टमैन बीस साल से ज़्यादा समय से पादरी हैं। उनका जीवन ईश्वर और दूसरों की सेवा के लिए समर्पित है। वे जरूरतमंदों को सांत्वना देने, बीमारों की देखभाल करने, परेशान और दुखी लोगों को सलाह देने और सभी को ईश्वर के क़रीब लाने में अपने दिन गुज़ारते हैं। लेकिन उनकी दिनचर्या से एक चीज़ दुखद रूप से ग़ायब थी।

एक सुबह उनके पिता ने रेक्टरी में उन्हें फ़ोन किया। उन दिनों हार्टमैन सीफ़ोर्ड, लॉंग आईलैंड में सेंट जेम्स पैरिश में काम करते थे। उनके पिता का फ़ार्मिंगडेल में एक वाइन स्टोर था। हार्टमैन को याद नहीं था कि उनके बड़े होते समय और पादरी के रूप में काम करने के दौरान माता-पिता ने कभी उनके बारे में कोई नकारात्मक बात कही हो। लेकिन उस सुबह फ़ोन पर उनके पिता की आवाज़ में थोड़ी चिढ़ झलक रही थी।

उनके पिता ने कहा, "टॉम, मैं तुमसे एक मुद्दे पर ज़रूरी बातचीत करना चाहूँगा।"

हार्टमैन बोले, "ठीक है।" फिर दोनों ने मुलाक़ात का समय तय कर लिया।

जब दोनों आख़िरकार आमने-सामने बैठे, तो उनके पिता ने तुरंत अपने दिल में भरा ग़ुबार निकाल दिया। वे बोले, "टॉम, तुम्हारी माँ और मुझे दोनों को ही तुम पर नाज़ है। हम हमेशा यह सुनते रहते हैं कि तुम बहुत अच्छा काम कर रहे हो और हमें तुम पर गर्व है। लेकिन मुझे लगता है कि तुम अपने परिवार को नज़रअंदाज़ कर रहे हो। मैं अच्छी तरह समझता हूँ कि तुम्हें ज़िंदगी में बहुत से लोगों की मदद करनी है, लेकिन उनमें से अधिकांश लोग आते-जाते

रहेंगे, जबकि तुम्हारा परिवार हमेशा तुम्हारे साथ रहेगा। समस्या यह है कि तुम हमें जब भी फ़ोन करते हो, हमेशा कोई न कोई चीज़ माँगने के लिए करते हो। तुम इतने ज़्यादा व्यस्त रहते हो कि तुम्हारे पास परिवार के साथ बातचीत करने तक की फ़ुरसत नहीं है।"

हार्टमैन पल भर के लिए सकपका गए। उन्होंने कहा, "देखिए डैडी, बड़े होते वक़्त मैंने आपको देखा था। आप प्रॉडक्शन बिज़नेस में थे और हफ़्ते में सत्तर घंटे काम करते थे। और मुझे कहना होगा कि मुझे आप पर गर्व है। देखिए, मैंने भी यही करने की कोशिश की है।"

लेकिन उनके पिता इस बात से बिलकुल सहमत नहीं हुए। उन्होंने कहा, "लेकिन टॉम, तुम यह नहीं देख रहे हो कि तुम्हारा काम मेरे काम से ज़्यादा मुश्किल है। मेरा काम तो सिर्फ़ शारीरिक था। वह फलों के उत्पादन तक सीमित था। जब मैं घर लौट आता था, तो अपने परिवार के साथ पूरी तरह मौजूद रहता था।" हार्टमैन को समझ नहीं आया कि इसका क्या जवाब दें। हाँ, उन्हें अपने पिता की इस बात से राहत ज़रूर मिली कि वे इसका समाधान तत्काल नहीं चाहते। उनके पिता ने कहा, "मैं तो बस इतना चाहता हूँ कि तुम इस बारे में सोचो।"

हार्टमैन इस बातचीत से इतने विचलित हो चुके थे कि उन्होंने उस दिन के अपने सारे अपॉइंटमेंट रद्द कर दिए। फिर उन्होंने अपने भाई-बहनों को फ़ोन करने का फ़ैसला किया। उन्होंने बाद में विस्तार से बताया कि फ़ोन करने पर उन्हें क्या पता चला। उन्होंने कहा, "जब मैंने उन्हें फ़ोन किया, तो तीन-चार मिनट की बातचीत के बाद उन सभी ने एक जैसा सवाल किया, 'तुम्हें क्या चाहिए?' तब मुझे मानना पड़ा कि मेरे पिता की बात बिलकुल सही थी।"

जिस व्यक्ति का काम ही दृष्टिकोण और संतुलन क़ायम रखना है, उसे भी यह याद दिलाने की ज़रूरत पड़ी कि - ज़िंदगी के कम से कम एक हिस्से में - वह अपनी ही नसीहत पर अमल नहीं कर रहा है। यह एक ऐसी ग़लती है, जो समय-समय पर हम सभी करते हैं।

यह हम सबके लिए बेहद महत्वपूर्ण है कि हम अपनी ज़िंदगी को संतुलित बनाएँ और काम के अलावा दूसरी चीज़ों के लिए भी जगह रखें। इससे हमारा व्यक्तिगत जीवन ज़्यादा सुखी और संतुष्टिदायक बन जाएगा। लगभग हमेशा ही इससे लोग ज़्यादा ऊर्जावान, ज़्यादा एकाग्र और काम में ज़्यादा उत्पादक बन जाते हैं।

हैरिसन कॉन्फ्रेंस सर्विसेस के चेयरमैन वाल्टर ए. ग्रीन संतुलित, उत्पादक जीवन की तुलना "कई पायों वाले स्टूल" से करते हैं। ग्रीन मानते हैं कि बहुत से लोगों के जीवन का सिर्फ़ एक ही आयाम होता है। उनका ध्यान चौबीसों घंटे अपने कैरियर पर ही लगा रहता है।

ग्रीन कहते हैं, "मैंने अक्सर इस एक-आयामी दृष्टिकोण को ज़िंदगी भर चलते देखा है। मेरी गुज़ारिश है कि आप अपनी ज़िंदगी कई पायों वाले स्टूल जैसी बनाएँ। उसमें एक आयाम आपके परिवार का हो, एक दोस्तों का, एक आपके शौक़ों का, एक आपकी सेहत का। मैंने तीस, चालीस और पचास साल की उम्र के कई लोगों के उदाहरण देखे हैं, जिनके पेशे या कैरियर उनकी उम्मीद के मुताबिक़ नहीं चल पाए। ऐसे में उन लोगों को बहुत मुश्किल होती है, क्योंकि उनकी ज़िंदगी के स्टूल में सिर्फ़ एक ही पाया होता है।"

बेहद सफल लोगों के लिए भी यह एक समस्या है। ग्रीन कहते हैं, "आपकी ज़िंदगी में किसी पायदान पर आप कोई और चीज़ चाहेंगे। अधेड़ अवस्था के बाद मित्रताएँ और रुचियाँ विकसित करना संभव तो है, लेकिन ज़रा पचास साल के किसी व्यक्ति को पहली बार साइकल चलाने की कोशिश करते देखें!" यह कोई शालीन नज़ारा नहीं होता।

संतुलन का महत्व - लोगों के लिए भी और उन्हें काम देने वाली कंपनियों के लिए भी - समझने में हमें बहुत देर लगी। दरअसल हम इसे कुछ समय पहले ही पूरी तरह समझ पाए हैं। आज हर जगह अच्छे नेतृत्व वाली कंपनियाँ जीवन में सच्चा संतुलन लाने के लिए अपने कर्मचारियों की मदद कर रही हैं।

विश्वव्यापी मनी-मैनेजमेंट फ़र्म टाइगर मैनेजमेंट कॉरपोरेशन के न्यूयॉर्क सिटी मुख्यालय में पूर्णतः सुसज्जित वर्कआउट एक रूम है, जो प्रेसिडेंट के ऑफ़िस के ठीक सामने है। टाइगर के सभी कर्मचारियों को इसका इस्तेमाल करने के लिए प्रोत्साहित किया जाता है।

टाइगर के प्रेसिडेंट जूलियन एच. रॉबर्टसन गर्व से बताते हैं, "जिम का आकार तिगुना होने जा रहा है। मैंने युवा कर्मचारियों को छुट्टी के बाद यहाँ आते देखा है। वे शहर भर में बने हेल्थ क्लब्स में जाने के बजाय यहाँ आते हैं, इस बात से हमें बड़ा फ़ायदा होता है। वे एक-दूसरे के साथ बातचीत करते हैं। वे विचारों का आदान-प्रदान करते हैं। यह सब वास्तव में हमारे लिए अच्छा

है।" और ज़ाहिर है, यह उन युवाओं के लिए भी अच्छा है - शारीरिक दृष्टि से भी और मानसिक दृष्टि से भी।

उत्तरी और दक्षिण अमेरिका में बिज़नेस करने वाली चिली की कंप्यूटर-सिस्टम्स कंपनी सॉन्डा, एस.एस. के प्रेसिडेंट आंद्रे नैवारो कहते हैं, "मुझे नहीं लगता कि संपूर्ण व्यक्ति बने बिना महान मैनेजर या महान एक्ज़ीक्यूटिव बनना संभव है।" इस बारे में नैवारो एक बढ़िया मिसाल देते हैं, "अगर आप जैवलिन थ्रो करने वाला एथलीट बनना चाहते हैं, तो सबसे ताक़तवर हाथ होना ही काफ़ी नहीं है। आपका पूरा शरीर ताक़तवर होना चाहिए।"

इसी तरह, अगर आप एक महान लीडर बनना चाहते हैं, तो आपकी ज़िंदगी के सभी हिस्से ताक़तवर और बेहतरीन होने चाहिए। नैवारो स्पष्ट करते हैं, "देखिए, जो अच्छा एक्ज़ीक्यूटिव कंपनी में महान निर्णय लेता है और पैसे बनाता है, लेकिन अपनी पत्नी, बच्चों और आम तौर पर अन्य लोगों के साथ अच्छे संबंध विकसित नहीं कर पाता, वह ज़िंदगी के एक अहम पहलू को चूक रहा है। अगर आप विकास करना चाहते हैं और अच्छे लीडर बनना चाहते हैं, तो आपको संपूर्ण आदमी - या संपूर्ण महिला - बनना होगा। और इसका सबसे महत्वपूर्ण हिस्सा है आपका परिवार।"

फ़ोर्ड मोटर कंपनी के रिचर्ड फ़ेन्स्टरमैकर भी अपने कर्मचारियों में इसी विचार का प्रचार-प्रसार करते हैं। वे बताते हैं, "हम अपने कर्मचारियों से कहते हैं, 'आपकी ज़िंदगी के दो पहलू हैं। अगर आपकी सारी पहचान फ़ोर्ड से ही जुड़ी है, तो इसका मतलब है कि आप परेशानी में हैं, क्योंकि अपने परिवार के प्रति भी आपकी कोई ज़िम्मेदारी है।"

इस बात से इंकार नहीं किया जा सकता कि ज़्यादातर आधुनिक लीडर्स का संतुलन हर वक़्त आदर्श नहीं रह पाता। कई गेंदें हवा में रहती हैं और उन्हें वहीं रखना कोई आसान काम नहीं है। महत्वाकांक्षी लोगों की आम प्रवृत्ति बिज़नेस को प्राथमिकता देने की होती है। यह ज़्यादा तात्कालिक महत्त्व वाला लगता है, इसके लिए ज़्यादा दबाव रहता है और यह ज़्यादा महत्वपूर्ण लगता है।

न्यूयॉर्क लाइफ के फ़्रेड सीवर्ट पर समय के बहुत सारे दबाव रहते हैं और वे खुलकर मानते हैं कि उन्हें अपने जीवन की प्रतिस्पर्धी रुचियों का प्रबंधन करने में मुश्किल होती है। वे कहते हैं, "मैं अपनी ज़िंदगी में संतुलन लाने

के लिए हर दिन जूझता हूँ। मैं अपने सारे जागने वाले घंटे कामकाज में बिता भी दूँ, तब भी आज से साल भर बाद मैं हर वह चीज़ नहीं जान पाऊँगा, जो मैं जानना चाहता हूँ। यह बहुत मुश्किल होता है।"

हाँ, यह वाक़ई मुश्किल होता है। काम और फ़ुरसत के बीच समय का तर्कसंगत विभाजन कर पाना "सबसे बड़ी चुनौती है।" कम से कम एनालॉग डिवाइसेस, इंक. के रे स्टेटा तो ऐसा ही मानते हैं। लेकिन चुनौती पर विजय पाने की कोशिश लाजिमी है और पुरस्कारदायक भी।

फ़्लीट फ़ाइनैंशियल ग्रुप, इंक. के जॉन बी. रॉबिन्सन, जूनियर सुखद पारिवारिक जीवन से मिलने वाले फ़ायदों को अच्छी तरह जानते हैं। वे बताते हैं, "मेरे मन में इस बात को लेकर कोई शंका नहीं है कि मेरे लिए सबसे महत्त्वपूर्ण क्या है।" बड़ा पद ? तनख़्वाह ? स्टॉक ऑप्शन्स ? देहात में घर ? "मैं, मेरी पत्नी और मेरा परिवार दीर्घकालीन दृष्टि से मेरे लिए सबसे महत्वपूर्ण है।"

अभ्यास में इसका क्या मतलब है ? "जो उचित और न्यायपूर्ण है, मैं उसका एहसास बनाए रखने की कोशिश करता हूँ। अगर मैं काम को बहुत ज़्यादा वक़्त दे रहा हूँ और परिवार को कम, तो मैं कहता हूँ, 'बस, मैं ऐसा नहीं करने वाला। मैं उस डिनर के लिए हाँ नहीं करूँगा और अपने पारिवारिक जीवन को हल्के में नहीं लूँगा।"

लोगों से अगर सीधे-सीधे पूछा जाए, तो ज़्यादातर लोग शायद रॉबिन्सन के कथन से सहमत होंगे। परिवार ज़्यादा महत्त्वपूर्ण होता है। खेलने का समय अनिवार्य है। लेकिन ज़्यादातर लोग इस अवधारणा पर अमल नहीं कर पाते। वे संतुलन को शीर्ष प्राथमिकता नहीं दे पाते। उन्हें कामकाज के तात्कालिक दबाव पर प्रतिक्रिया देने की आदत पड़ जाती है। इस वजह से वे संतुष्टिदायक व्यक्तिगत ज़िंदगी से मिलने वाली तात्कालिक और दीर्घकालीन ख़ुशियों को नज़रअंदाज़ कर देते हैं।

अपने पारिवारिक जीवन की हक़ीक़त जानने के बाद टॉम हार्टमैन ने समय "बर्बाद" करना सीखा। हार्टमैन स्पष्ट करते हैं, "रोज़ाना एक घंटे तक मैं कुछ नहीं करने की कोशिश करता हूँ। मैं ईश्वर के साथ, लोगों के साथ, प्रकृति के साथ, अपने काम के साथ यह समय बर्बाद करता हूँ। इससे मेरा नज़रिया बदल गया है। अब मुझे समझ में आने लगा है कि हम एक-दूसरे

से कैसे जुड़े हुए हैं। चीज़ों को तेज़ी से करने के बजाय उनका आनंद लेना ज़्यादा महत्वपूर्ण है।" अपने परिवार, मित्रों, माहौल, ख़ुद का आनंद लें। कोई ऐसी चीज़ ज़रूर करें, जो आपके दिमाग़ को काम से दूर रखती हो।

सैन डिएगो के बाहर माइकल और नैन्सी क्रॉम के घर में यही होता है। यहाँ शनिवार का दिन आनंद के लिए सुरक्षित है। जब नैन्सी नींद के आख़िरी मिनटों का आनंद ले रही होती है, तब माइकल और उनकी बेटी निकोले मिलकर पैनकेक बनाते हैं। यह निकोले का पसंदीदा व्यंजन है। फिर दोनों बगीचे में जाते हैं, जहाँ वे स्ट्राबेरी के पौधों की जाँच करते हैं, फूलों के पौधों में पानी देते हैं और पक्षियों को दाना डालते हैं। माइकल अपनी बेटी को निकी-निकोले और बेलिंडा मैकिन्टोश के जीवन की कहानी सुनाते हैं। ये दोनों चरित्र उन्होंने ख़ुद ईजाद किए हैं।

माइकल कहते हैं, "हम हर शनिवार यही करते हैं, चाहे मुझे यात्रा करनी हो या ऑफ़िस जाना हो। उसकी आँखों में ख़ुशी देखने से मुझे भी ख़ुशी मिलती है।"

रबरमेड के वॉल्फ़गैंग शिमट अक्सर रात में अपने परिवार के साथ टहलने जाते हैं। शिमट स्पष्ट करते हैं, "अगर हम टहलने नहीं जा पाते हैं, तो थोड़ा अजीब सा लगता है। अगर हमारे बड़े बेटे छुट्टियों में घर आते हैं, तो वे भी हमारे साथ टहलने चल देते हैं। छोटा बेटा हमेशा हमारे साथ जाता है, क्योंकि वह घर पर ही रहता है। हम चालीस मिनट तक, एक घंटे तक बाहर रहकर बस टहलते रहते हैं। और हम ऐसा हमेशा करते हैं, चाहे मौसम कैसा भी हो।"

शिमट अकेले में समय गुज़ारने को भी महत्वपूर्ण मानते हैं। "बस शारीरिक रूप से कुछ करना ही चिकित्सा जैसा है। पत्तियाँ बुहारना, लकड़ी काटना, पौधे लगाना। हर शारीरिक काम दवा जैसा असर करता है।"

एसजीएस-थॉमसन के बिल मकाहिलाहिला हर दिन ख़ुद के लिए समय ज़रूर निकालते हैं - भले ही इसके लिए सुबह तीन बजे उठना पड़े। मकाहिलाहिला इतनी जल्दी उठने की अपनी आदत का कारण बताते हैं : "मैं दिन भर व्यस्त रहता हूँ। आम तौर पर मैं शाम को सात-आठ बजे तक घर आ पाता हूँ। मैं जानता हूँ कि मुझे सुबह का समय अपने लिए चाहिए। मैं नहीं जानता कि क्यों, लेकिन सुबह-सुबह मैं जैसे गहरे ध्यान में होता हूँ। माहौल इतना शांत होता है कि मैं व्यायाम कर सकता हूँ, रचनात्मक बन सकता

हूँ, पढ़ सकता हूँ और आने वाले दिन के बारे में सोच सकता हूँ।"

इससे लाभ तत्काल मिलते हैं। वे कहते हैं, "यह करने के बाद मेरी मानसिक शांति और आत्मविश्वास बढ़ जाता है, इस एहसास के बावजूद कि मुझे दिन में कुछ मुश्किल समस्याओं से जूझना पड़ेगा।"

कॉर्निंग के डेविड लूथर दौड़ते हैं। वे अपनी पत्नी और बेटे के साथ साल में चार बार छुट्टी पर भी जाते हैं; बीच-बीच में स्कीइंग या बीचकॉम्बिंग के लिए भी जाते हैं। वे यह सुनिश्चित करते हैं कि वे ऐसी चीज़ें पढ़ें, जिनका उनके काम से कोई संबंध न हो। और जब सब कुछ असफल हो जाता है, "तो मैं बस बाहर निकलकर डेक पर बैठ जाता हूँ और पक्षियों को निहारने लगता हूँ।"

जब आप यह विश्लेषण कर चुकें कि फ़ुरसत के समय का आनंद कैसे लिया जाए, तो थोड़ी सी वही भावना अपने काम में भी ले आएँ। किसने कहा है कि ऑफ़िस को मनहूस जगह होना चाहिए?

निश्चित रूप से फ़ोर्ड मोटर कंपनी के रिचर्ड फ़ेन्स्टरमैकर ने तो ऐसा कभी नहीं कहा। वे याद करते हैं कि उन्होंने ऐसी कंपनी के साथ बिज़नेस किया था, जो एक्ज़ीक्यूटिव स्यूट में भी हल्के-फुल्केपन की भावना लाती थी। फ़ेन्स्टरमैकर बताते हैं, "जब भी वे किसी नए व्यक्ति को बोर्ड का सदस्य बनाते थे, तो वे उसे एक मिकी माउस घड़ी देते थे। ऑफ़िस के बाहर एक बड़ा कार्यक्रम होता था, जिसमें हर व्यक्ति खड़े होकर भाषण देता था। मुद्दे की बात तो यह है कि आपको घड़ी पाने के लिए कंपनी में पच्चीस साल तक काम करने की ज़रूरत नहीं थी। आपको घड़ी पहले दिन ही मिल जाती थी। और जब आप उस घड़ी को देखते हैं, तो हम आपको यह याद दिलाना चाहते हैं कि काम करते समय ख़ूब आनंद उठाएँ। इसीलिए हम मिकी माउस घड़ी देते हैं।"

टॉम सॉन्डर्स ने अपने अंतर्राष्ट्रीय मर्चेन्ट बैंक सॉन्डर्स कार्प एंड कंपनी में आनंद लेने को ऊँची प्राथमिकता दी है। "हम वक़्त बर्बाद करते हैं। जब हमारे पास बैठने के लिए थोड़ा सा भी समय होता है, तो हम किसी चीज़ को लेकर एक-दूसरे पर हँसते हैं और मज़ाक़ उड़ाते हैं। मैं सारे वक़्त उनका मज़ाक़ उड़ाता हूँ और वे मेरा उससे भी ज़्यादा मज़ाक़ उड़ाते हैं। लेकिन सारे समय मैं उनके मज़े लेता हूँ, सारे समय। इससे हमारा वक़्त बहुत अच्छी तरह गुज़रता है। हम ख़ुद को ज़रूरत से ज़्यादा गंभीरता से नहीं लेते।"

टेलीविज़न न्यूज़मैन ह्यू डाउन्स ने काम के दिनों में आराम करने का चर्चिल का समयसिद्ध तरीक़ा अपनाया है और इसे ख़ास तौर पर अपने हिसाब से ढाला भी है। डाउन्स कहते हैं, "महान लोगों का एक गुण मुझमें है - बस एक ही गुण - कि मैं बहुत थोड़ी देर की झपकी लेकर तरोताज़ा हो सकता हूँ। मैं कुर्सी पर बैठकर चार-पाँच मिनट की झपकी ले सकता हूँ और जागने पर ऐसा लगता है, जैसे मैंने पूरी रात की नींद ले ली हो। मैं अक्सर पूरी तरह तैयार होकर अपने ड्रेसिंग रूम में जाता हूँ और कहता हूँ, "एयर टाइम से दो मिनट पहले मुझे जगा देना।" मुझे न्यूज़ के दो मिनट पहले जगा दिया जाता है और मैं उठकर शो कर देता हूँ।

डाउन्स आगे कहते हैं, "मेरी पत्नी इस बात पर हँसती है। वह कहती है, 'अगर तुम्हें दो घंटे बाद मौत की सज़ा दी जाने वाली हो, अगर तुम्हें दो घंटे बाद फ़ायरिंग स्क्वैड के सामने खड़े होना हो, तो तुम पहले घंटे में झपकी लोगे और दूसरे घंटे में उस समस्या से मुक़ाबला करोगे।" शायद यह सच भी है। अगर मैं उस पहले घंटे में समस्या के बारे में कुछ नहीं कर सकता, तो झपकी लेना ही सबसे अच्छा रहेगा।"

ऑफ़िस में, घर पर, सफ़र में, जहाँ भी रहें, ज़िंदगी में हमेशा सच्चा संतुलन बनाए रखें। जैसा फ़्लीट फ़ाइनैंशियल के जॉन रॉबिन्सन कहते हैं, "बाहरी गतिविधियों में शामिल होने के कई तरीक़े होते हैं। जब भी आप बाहर निकलकर अपनी रुचि के काम करते हैं, तो इससे हर बार संतुलन बढ़ता है - चाहे वह गतिविधि चर्च से जुड़ी हो, समुदाय से जुड़ी हो या स्कूल से जुड़ी हो। मैं तो बस अति से बचने की कोशिश करता हूँ।"

गायक-गीतकार नील सेडाका के दो क़रीबी दोस्त हैं, जो ब्रुकलिन में बड़े हुए। यह युवा पति-पत्नी बड़े महत्वाकांक्षी थे, लेकिन वे अच्छा समय बिताना भी पसंद करते थे। आने वाले वर्षों में उन्होंने ज़बर्दस्त पेशेवर और आर्थिक सफलता तो हासिल की, लेकिन रास्ते में कुछ खो भी दिया। वह खोई हुई चीज़ और कुछ नहीं, संतुलन था, जो पहले उनके जीवन में हमेशा मौजूद रहता था। सेडाका ने अपने दोस्तों के बारे में एक गीत लिखा, जो ज़बर्दस्त हिट हुआ। इस गीत का शीर्षक था, "द हंग्री ईयर्स" (भूखे साल)।"

सेडाका कहते हैं, "उन्होंने शिखर पर पहुँचने के लिए संघर्ष किया - सफलता और पैसा। लेकिन जब वे आख़िरकार शिखर पर पहुँच गए, तो

उन्हें पता चला कि उन्हें संघर्ष के दिनों में जितना आनंद मिल रहा था, उतना बाद में मिलना बंद हो गया। इससे ज़्यादा आनंद तो जीवन में तब था, जब उन्होंने शुरुआत की थी, जब वे पुराने इलाक़े में रहते थे, जब वे एक साथ ज़िंदगी सँवार रहे थे।"

सेडाका कहते हैं, "आपके मन में विचार आता है, 'मैं पाँच मिलियन डॉलर का वह घर चाहता हूँ।' लेकिन जब आप उसे ख़रीद लेते हैं और उसमें सचमुच रहने लगते हैं, तो कुछ महीनों बाद ही आप कहते हैं, 'क्या यही सब कुछ है? क्या यही मेरा सपना था?' आप उन बरसों को याद करते हैं, जब आपने सारी चीज़ें एक साथ की थीं। तब आपको एहसास होता है कि आप अपनी ज़िंदगी की ख़ुशी और संतुलन को खो बैठे हैं।" भौतिक सफलता पाने में कुछ ग़लत नहीं है, लेकिन सुखद जीवन के लिए सिर्फ़ यही काफ़ी नहीं है।

आप अपने जीवन को संतुलित करना कैसे शुरू कर सकते हैं? पहला क़दम तो अपना नज़रिया बदलना है। आपको यह सोचना छोड़ना होगा कि अपने परिवार, व्यायाम या फ़ुरसत के लिए समय निकालना वक़्त की बर्बादी है। सफल लोग अक्सर महसूस करते हैं कि ख़ाली बैठने के लिए उन्हें माफ़ी माँगनी चाहिए। इस विचार से छुटकारा पाने की कोशिश करें। आराम करना बुरी बात नहीं है।

ऐसा करने पर आप प्रक्रिया के दूसरे क़दम पर पहुँच जाते हैं : आपको फ़ुरसत की गतिविधि के लिए थोड़ा समय निकालना चाहिए। हममें से ज़्यादातर लोगों के पास बहुत ज़्यादा काम होता है। शायद प्राथमिकताओं का दोबारा मूल्यांकन करने का वक़्त आ चुका है। फ़ैसला करें कि आप फ़ुरसत के समय की योजना बनाने में भी उतनी ही ऊर्जा लगाएँगे, जितनी कि काम के दिन की योजना बनाने में लगाते हैं।

तीसरा क़दम है अमल करना। कुछ करें। ऐसी गतिविधियों में शामिल हों, जिनका आपके काम-धंधे से कोई संबंध न हो। उनकी बदौलत आप ज़्यादा ख़ुश, स्वस्थ, एकाग्र रहेंगे और परिणामस्वरूप बेहतर लीडर बनेंगे।

काम और फ़ुरसत के संतुलन से ही निरंतर उच्च प्रदर्शन करना संभव होता है।

14

सकारात्मक मानसिक नज़रिया विकसित करें

एक बार मुझसे एक रेडियो कार्यक्रम में पूछा गया कि मैं तीन वाक्यों में अपना सीखा हुआ सबसे महत्वपूर्ण सबक़ बताऊँ। यह आसान था। मैंने कहा, "मैंने सबसे महत्वपूर्ण सबक़ यह सीखा है कि हम जो सोचते हैं, वही सबसे महत्वपूर्ण होता है। अगर मैं जानता हूँ कि आप क्या सोचते हैं, तो मैं जान जाऊँगा कि आप कैसे हैं, क्योंकि आपके विचार ही आपको वह बनाते हैं, जो आप होते हैं। अपने विचार बदलकर हम अपनी ज़िंदगी को भी बदल सकते हैं।"

मुझे ज़रा भी शक नहीं है कि आपकी और मेरी सबसे बड़ी चुनौती यह है - दरअसल, शायद हमारी इकलौती चुनौती यह है - कि हम सही विचार चुनें। अगर हम ऐसा कर सकें, तो हम अपनी सभी समस्याओं को सुलझाने के राजमार्ग पर पहुँच जाएँगे। रोमन साम्राज्य पर शासन करने वाले महान दार्शनिक मार्कस ऑरेलियस ने इस बात का सार बारह शब्दों में बताया था, बारह शब्द जो आपकी तक़दीर तय कर सकते हैं, "हमारी ज़िंदगी वैसी ही होती है, जैसी हमारे विचार इसे बनाते हैं।"

हाँ, अगर हम ख़ुशी के विचार सोचते हैं, तो हम ख़ुश रहेंगे। अगर हम दुख के विचार सोचते हैं, तो हम दुखी रहेंगे। अगर हम डर के विचार सोचते हैं, तो हम भयभीत रहेंगे। अगर हम बीमारी के विचार सोचते हैं, तो हम शायद बीमार रहेंगे। अगर हम असफलता के विचार सोचते हैं, तो हम निश्चित रूप से असफल होंगे। अगर हम आत्म-करुणा में गोते खाते हैं, तो हर व्यक्ति हमसे बचकर दूर भागना चाहेगा।

क्या मैं सभी समस्याओं के प्रति गुलाबी नज़रिया रखने की वकालत कर रहा हूँ ? नहीं। दुर्भाग्य से, ज़िंदगी इतनी आसान नहीं होती। लेकिन मैं

नकारात्मक नज़रिए की जगह सकारात्मक नज़रिया रखने की प्रबल वकालत करता हूँ।

- डेल कारनेगी

मैडिसन स्क्वेयर गार्डन के दर्शक डेनिस पोटविन से जितनी नफ़रत कर रहे थे, उतनी किसी और से नहीं। उस रात जिस पल वे बर्फ़ पर स्केटिंग करने आए, न्यूयॉर्क आइलैंडर्स के इस कप्तान की तरफ़ अपशब्द उछालकर हमला किया गया। और उन पर सिर्फ़ अपशब्द ही नहीं उछाले गए।

मैडिसन स्क्वेयर गार्डन आइलैंडर्स की प्रबल प्रतिद्वंद्वी न्यूयॉर्क रेंजर्स हॉकी टीम का घरेलू मैदान था। बर्फ़ पर पोटविन की शक्ति, उनके मुखर व्यक्तित्व और उनकी पाइरोटेक्निक स्केटिंग शैली ने उन्हें ऐसा खिलाड़ी बना दिया था, जिससे रेंजर्स के समर्थक सबसे ज़्यादा नफ़रत करते थे।

पोटविन कहते हैं, "माहौल इतना बुरा था कि मेरी टीम के साथियों को सूझ ही नहीं रहा था कि क्या करें। बाहर जाने से पहले ड्रेसिंग रूम में उनमें से कुछ ने इस तरह की बातें कहने की कोशिश की, 'चलो, बाहर निकलकर आज रात उन्हें मज़ा चखा देते हैं।' मैं देख सकता था कि मेरे साथी कुछ कहने की कोशिश करते और फिर ख़ामोश हो जाते। आप उस व्यक्ति से क्या कह सकते हैं, जो अगले ढाई घंटे तक पूरे स्टेडियम में सबसे अलोकप्रिय रहने वाला हो, जिससे दर्शक सबसे ज़्यादा नफ़रत करते हों?" पोटविन के ज़्यादातर साथी खिलाड़ी चुप रहे।

वे कहते हैं, "मुझे एक रात ख़ास तौर पर याद है, जब मैं मैच शुरू होने से पहले नीली लाइन पर खड़ा था। उन दिनों राष्ट्रगीत बजते वक़्त रोशनी धीमी कर दी जाती थी। वे एक गायक को लाते थे और गायक व झंडे पर स्पॉटलाइट केंद्रित कर देते थे।" आजकल मैडिसन स्क्वेयर गार्डन में हॉकी मैचों से पहले ऐसा नहीं किया जाता। और इसकी वजह उस रात हुई वह घटना है।

पोटविन कहते हैं, "मैं वहाँ खड़ा था। मैंने अपना हेलमेट उतार लिया था, जैसा कि मैं हमेशा करता था। दर्शक चीज़ें फेंकने लगे। मैंने अपने कान के पास से सरसराकर गुज़रने वाली किसी चीज़ की आवाज़ सुनी। मेरे रोंगटे

खड़े हो गए। मैं नहीं जानता था कि वह चीज़ क्या थी, लेकिन मैं डर गया था। मैं सचमुच, सचमुच डर गया था। जब रोशनी हुई, तो मैं स्केट करके उस चीज़ के पास पहुँचा। वह नौ वोल्ट की बैटरी थी, बड़ी वाली बैटरी, जो किसी दर्शक ने ऊपर से फेंकी थी।" यह आसानी से पोटविन की खोपड़ी फोड़ सकती थी।

उस पल इस महान हॉकी खिलाड़ी के पास कई विकल्प थे। वे इस शत्रुता को अपने ऊपर हावी होने दे सकते थे। हज़ारों लोग उनके प्रति अपनी नफ़रत का इज़हार करने में जुटे हुए थे। वे इस डर और ग़ुस्से की वजह से बर्फ़ से दूर जा सकते थे या फिर वे इस ग़ुस्सैल और संभवतः ख़तरनाक भीड़ के सामने खेल सकते थे।

पोटविन ने खेलने का विकल्प चुना। वे नफ़रत करने वाले दर्शकों से भरे उस मैदान में खड़े हुए और उन धमकियों को व्यक्तिगत चुनौती में बदल लिया। उन्होंने उस सारी नकारात्मक ऊर्जा का इस्तेमाल अविश्वसनीय, सकारात्मक शक्ति के ईंधन के रूप में किया। यह सब डेनिस पोटविन के दिमाग़ में हुआ।

उस शत्रुता भरी रात को याद करते हुए वे बताते हैं, "यह मेरे लिए एक वरदान साबित हुआ। मैं उस रात गार्डन में बहुत अच्छा खेला। और उसके बाद से मैं गार्डन में हमेशा बहुत अच्छा खेलता रहा हूँ। तब मुझे अविश्वसनीय प्रेरणा का एहसास हुआ, क्योंकि उन लोगों को जवाब देने का मेरे पास एक ही तरीक़ा था और वह था गार्डन में जीतना।

"जब पक (आइस हॉकी में गेंद की जगह इस्तेमाल होने वाली रबर डिस्क) मेरे पास रहती थी, तो वे हाय-हाय करते थे। जब मैं पक को नेट में मारता था, तब वे हाय-हाय करते थे। जब मैं किसी खिलाड़ी से टकरा जाता था, तब भी वे हाय-हाय करते थे। मुझे यह पसंद आने लगा। सचमुच पसंद आने लगा। अचानक लक्ष्य मुझसे ज़्यादा बड़ा बन गया। पूरी नेशनल हॉकी लीग में मैडिसन स्क्वेयर गार्डन ही वह इकलौती जगह थी, जहाँ स्टेडियम में घुसते ही मैं खेलने को तैयार होता था।

"सामने गोलियाथ था और मैं छोटे डेविड की तरह बर्फ़ के बीच बैठा था। लेकिन उस पूरे स्टेडियम में जितना नियंत्रण मेरे पास था, उतना किसी

और के पास नहीं था। मैं उस नियंत्रण का इस्तेमाल करता था। मैं गार्डन में हर बार पूरे दिल से खेलता हूँ।"

मानसिक नज़रिया। वह शक्ति, जो हमारे दिमाग़ में मौजूद रहती है। वह तरीक़ा, जिससे कोई विचार वास्तविकता को नाटकीय ढंग से बदल सकता है।

इस पर यक़ीन करना थोड़ा मुश्किल है। "ख़ुशी भरे विचार सोचो और तुम ख़ुश रहोगे। सफलता के विचार सोचो और तुम सफल हो जाओगे।" या मैडिसन स्क्वेयर गार्डन की बर्फ़ से, "शत्रुता की विशाल दीवार को सकारात्मक शक्ति के स्रोत में बदल डालो।" क्या डेल कारनेगी और डेनिस पोटविन किसी गहरे छोर तक जाकर यूँ ही यह बात कह रहे थे? क़तई नहीं। दोनों ही नज़रिए की शक्ति को अच्छी तरह जानते थे। पुरानी कहावत ग़लत है। वास्तविकता तो यह है : आप जो खाते हैं, उससे यह तय नहीं होता कि आप क्या है। *आप तो वैसे ही होते हैं, जैसा आप सोचते हैं।*

ज़्यादातर लोग इस बात पर यक़ीन करते हैं कि हमारी ख़ुशी आम तौर पर बाहरी प्रभावों से तय होती है। लेकिन ऐसा नहीं है। फ़र्क़ तो इस बात से पड़ता है कि हम उन अच्छे-बुरे प्रभावों पर कैसी प्रतिक्रिया करते हैं।

मार्शल और मॉरीन कोगन ने काफ़ी आर्थिक और पेशेवर सफलता पाई। मार्शल न्यूयॉर्क की एक बड़ी इनवेस्टमेंट बैंकिंग फ़र्म में पार्टनर थे और मॉरीन प्रकाशन व्यवसाय का उगता सूरज थीं, जो बाद में आर्ट एंड ऑक्शन पत्रिका की प्रमुख संपादक बनीं। उनके तीन बेटे निजी स्कूल में अच्छी तरह पढ़ रहे थे। कोगन दंपति का शहर में एक सुंदर अपार्टमेंट था और उन्होंने हाल ही में ईस्ट हैम्प्टन में एक समर होम बनवाया था। यह समुद्र तट के पास एक बड़ी, शानदार जगह थी और इस अनोखे घर को देखने के लिए दुनिया भर से लोग आते थे। इस घर को आर्किटेक्चर और डिज़ाइन के कई पुरस्कार मिले थे। इसे एक से ज़्यादा राष्ट्रीय पत्रिकाओं में फ़ीचर किया गया था। और परिवार के बच्चे भी इस घर से अपने माता-पिता जितना ही प्रेम करते थे।

फिर मुश्किलों का सिलसिला शुरू हुआ। मार्शल निवेश फ़र्म से बोर होने लगे और उन्होंने अपना ख़ुद का बिज़नेस खड़ा करने का फ़ैसला किया। उनकी ऊँची उम्मीदों और सहकर्मियों तथा दोस्तों के प्रोत्साहन के बावजूद मार्शल का नया बिज़नेस ज़मीन से ऊपर नहीं उठ पाया। उनकी टाइमिंग बड़ी ग़लत थी

– मंदी के ठीक शुरू में। वह बिज़नेस रातोरात ठप्प हो गया। मार्शल की सारी जमा पूँजी पलक झपकते ही डूब गई। इस बदक़िस्मती के अलावा एक और झटका लगा : कंपनी को ज़िंदा रखने के संघर्ष के सबसे महत्वपूर्ण मोड़ पर मार्शल को हेपेटाइटिस रोग हो गया, जिस वजह से उन्हें एक महीने से ज़्यादा समय तक घर पर ही बिस्तर पर लेटे रहना पड़ा।

मार्शल के बैंकर्स को उनसे सहानुभूति थी, लेकिन वे टस से मस नहीं हुए : "आपको अपना नया मकान बेचना पड़ेगा।" मार्शल इस बात को झेल नहीं पाए। पत्नी को यह ख़बर देना उन्हें बहुत मुश्किल लग रहा था। मार्शल को ज़रा भी अंदाज़ा नहीं था कि मॉरीन – या बच्चे – इस पर कैसी प्रतिक्रिया करेंगे।

उन्हें चिंता करने की ज़रूरत नहीं थी। मॉरीन ने कहा, "तो हम मकान बेच देंगे, उससे क्या?"

कॉगन दंपति ने अपना मकान बेच दिया और साथ ही सारा फ़र्नीचर भी। उन्हें तो अब बस अपने कपड़े पैक करने थे, बच्चों के खिलौने बटोरने थे, बत्तियाँ बंद करनी थीं और फिर दरवाज़े पर ताला लगाना था।

जिस दिन नए मालिक आने वाले थे, उससे एक दिन पहले मॉरीन ने मार्शल से कहा, "देखो, हमें बच्चों को मकान में ले जाना चाहिए। हम तीनों बच्चों को एक-एक बड़ा झोला दे देते हैं, जिसमें वे अपने सारे खिलौने रख सकें और हम उस सारे सामान को शहर ले आएँगे।"

मार्शल इस बात से सहमत नहीं थे। उन्होंने कहा, "मैं नहीं चाहता कि बच्चे इसे देखें। मैं नहीं चाहता कि वे इसमें शामिल हों। यह काम तुम और मैं ही कर लेते हैं।"

मॉरीन ने कहा, "बिलकुल नहीं। वे भी साथ चलेंगे। उन्हें देखना चाहिए कि असफल होने पर कैसा महसूस होता है। वे यह बात समझ जाएँगे, क्योंकि कुछ समय बाद वे यह भी देखेंगे कि तुम दोबारा कैसे सफल होते हो। इससे उन्हें यह सबक़ मिलेगा कि अगर किसी दिन उनके साथ भी ऐसा कोई हादसा हो जाए, तो वे भी दोबारा सफल हो सकते हैं।"

आख़िरकार, वे दोनों इस बात से सहमत हो गए। सभी लोग कार में बैठकर ईस्ट हैम्प्टन की ओर चल दिए। बच्चों ने अपने कमरों से खिलौने बटोरे,

जबकि मार्शल और मॉरीन ने अपने कपड़े और बाक़ी ज़रूरी सामान निकाला। जब वापस लौटने का समय आया, तो वे घर के सामने वाली सीढ़ियों पर पल भर खड़े रहे और फिर मार्शल ने ताला लगा दिया।

इसके बाद वे पाँचों कार में बैठकर दोबारा शहर आने लगे। तब मॉरीन ने धीरे से मार्शल से कहा, "हम इसके बारे में सही नज़रिया रखते हैं। हम कैरिबियन छुट्टी मनाने नहीं जा पाएँगे, तो उससे क्या? हम ईस्ट हैम्प्टन के अपने मकान में नहीं रह पाएँगे, तो उससे क्या? लेकिन ज़िंदगी चलती रहेगी।"

और फिर मॉरीन ने बच्चों से कहा, "नहीं, हमारे पास अपना मकान नहीं है। लेकिन हमारे पास एक अच्छा अपार्टमेंट तो है। हम एक साथ हैं। डैडी स्वस्थ हैं और वे एक नया बिज़नेस शुरू करने जा रहे हैं। जल्द ही हर चीज़ अच्छी हो जाएगी।"

... और हर चीज़ अच्छी हुई भी। बच्चों को अपना स्कूल नहीं बदलना पड़ा। वे उस साल भी समर कैंप में गए। जल्द ही मार्शल दोबारा बिज़नेस के महासागर में कूद पड़े और अच्छा प्रदर्शन करने लगे। सबसे बड़ी बात यह कि बच्चों ने एक सबक़ सीख लिया, जो लगभग बीस साल बाद एक बार फिर काम आया।

मॉरीन बताती हैं, "मेरे सबसे बड़े बेटे को एक बार असफलता झेलनी पड़ी। उसने एक बिज़नेस शुरू किया, जिसे बंद करना पड़ा, ताकि वह दिवालिया न हो जाए। यह उसके लिए बहुत मुश्किल सार्वजनिक असफलता थी और वह बहुत युवा था - बस पच्चीस साल का। मुझे याद है, मैंने उससे पूछा था, 'कैसा चल रहा है?' और उसने जवाब दिया था, 'यह वाक़ई बहुत बुरा है। कुछ महीनों में ही मुझे इसे बंद करना पड़ेगा।' वह दिवालिया नहीं होना चाहता था। वह अपने कर्ज़ पटाना चाहता था, कंपनी बंद करना चाहता था और छोड़ना चाहता था।

"लेकिन फिर उसने कहा, 'मुझे डैडी के साथ हुआ हादसा याद है। मैं भी इससे उबर जाऊँगा। मैं भी इससे सही-सलामत गुज़र जाऊँगा। मैं जानता हूँ कि मैं यह कर सकता हूँ, क्योंकि मैंने ऐसा होते देखा था और मुझे याद है।'"

आप इस तरह का नज़रिया कैसे विकसित कर सकते हैं? आप इन बाहरी शक्तियों पर अपनी प्रतिक्रियाएँ कैसे बदल सकते हैं?

इसे चेतन स्तर पर प्राथमिकता दें। इसके बारे में हर दिन सोचें। वूस्टर ब्रश कंपनी के प्रेसिडेंट स्टैनले आर. वेल्टी, जूनियर कहते हैं, "जब आप सुबह फ़र्श पर अपने पैर रखते हैं, तो अपनी विचार प्रक्रिया को नियंत्रित करके आप उस दिन को अच्छा या बुरा बना सकते हैं। हम तय करते हैं कि हम उस दिन ज़िंदगी का आनंद लेने जा रहे हैं या नहीं।

"और हम रोज़ाना ज़िंदगी और बिज़नेस में जिन बाहरी ताक़तों का सामना करते हैं, उनके प्रति पूरे सम्मान के साथ, सबसे कुंठाजनक परिस्थितियों में भी, आप काफ़ी हद तक यह फ़ैसला कर सकते हैं कि आपका दिन कैसा रहेगा। ज़रूरत पड़ने पर आप स्थिति पर हँस सकते हैं। ऐसे पल होते हैं, जब आपको अपने हाथ उठाकर बस हँस देना चाहिए।"

हास्यबोध बेहद महत्वपूर्ण है। कभी न भूलें कि यह सही दृष्टिकोण बनाए रखने में बहुत मदद करता है। वेल्टी इस बात से सहमत होते हुए कहते हैं, "इसे सही दृष्टिकोण से देखें। जब चीज़ें अच्छी होती नहीं दिख रही हों, तो बस शांत रहें, अपना समय लें। घटना और अपनी प्रतिक्रिया के बारे में सोचें। ख़ुद से कहें, दस क़दम पीछे हटकर देखो कि हमारी अगली रणनीति क्या हो सकती है।"

सैकड़ों चीज़ें आपकी चिढ़, चिंता या परेशानी का कारण बन सकती हैं। उन्हें न बनने दें। छोटी-छोटी चीज़ों की वजह से परेशान न हों।

सैन डिएगो बिज़नेस जर्नल के प्रकाशक टेड ओवेन भी दक्षिणी कैलिफ़ोर्निया के ज़्यादातर बाशिंदों की तरह स्टियरिंग व्हील के पीछे काफ़ी समय बिताते हैं। वे कहते हैं, "जब रास्ते में कोई आपको कट मार जाता है, तो आप सिर्फ़ दो चीज़ें कर सकते हैं। या तो आप उसे गाली दे सकते हैं और अपमानजनक इशारा कर सकते हैं या फिर आप कंधे उचकाकर ख़ुद से कह सकते हैं, 'यह आदमी कितनी देर तक बिना भिड़े गाड़ी चला पाएगा ? वह जिस तरह गाड़ी चला रहा है, उससे दुर्घटना होना तय है।'"

किसी भी नीति से इस बात पर असर नहीं पड़ेगा कि आप कितनी जल्दी ऑफ़िस पहुँचते हैं। लेकिन इस छोटी सी चिढ़ाने वाली बात पर कंधे उचकाने से आप ज़्यादा ख़ुश और सकारात्मक मानसिक अवस्था के साथ वहाँ पहुँचेंगे। शायद इससे आपकी ज़िंदगी दो साल बढ़ जाए।

ओवेन जीवन के प्रति सकारात्मक नज़रिए के साथ पैदा नहीं हुए थे। पहले वे बहुत तनाव में रहते थे, लेकिन बाद में वे समझ गए कि यह कितना आत्मघाती हो सकता है। जब उनसे *बिज़नेस जर्नल* का काम सँभालने को कहा गया, जहाँ वे अक्सर दूसरे एक्ज़ीक्यूटिव्ज़ के प्रदर्शन पर टिप्पणी करते थे, तो उन्होंने नज़रिए की अपनी इस समस्या से उबरने का फ़ैसला किया।

वे कहते हैं, "हममें से कई लोगों में प्रतिक्रियाशील और अति प्रतिक्रियाशील होने की प्रवृत्ति होती है। यह काम शुरू करने के बाद मैं कभी ऑफ़िस में नाराज़ नहीं हुआ। मैं दूसरी जगहों पर नाराज़ हुआ हूँ, लेकिन यहाँ कभी नहीं।" लोग ऐसी प्रतिक्रिया कर रहे हैं, जैसी उन्होंने पहले कभी नहीं की थी।

बरसों के संघर्ष के बाद मैरी के ऐश को हालात सही होते दिख रहे थे। उन्होंने दोबारा शादी कर ली थी। बच्चे बड़े हो गए थे। उन्होंने और उनके नए पति ने इतना पैसा बचा लिया था कि वे एक छोटी कॉस्मेटिक्स कंपनी शुरू कर सकें, जिसका सपना उन्होंने बरसों से देखा था।

... लेकिन उनका सपना टूटने की कगार पर पहुँच गया। ऐश याद करती हैं, "जिस दिन हम कंपनी खोलने वाले थे, उसके ठीक एक दिन पहले नाश्ते की टेबल पर मेरे पति को हार्ट अटैक आया और उनकी मौत हो गई। मेरे पति कंपनी के प्रशासनिक पहलू को सँभालने वाले थे। मैं प्रशासन के बारे में कुछ भी नहीं जानती थी, आज भी नहीं जानती हूँ। इसमें हमारी पाई-पाई लग चुकी थी। हमारे पास सिर्फ़ पाँच हज़ार डॉलर थे, जो मेरी व्यक्तिगत बचत थी। यह धनराशि बहुत कम लगती है, लेकिन आज उसका मूल्य शायद पचास हज़ार डॉलर होगा।

"अंत्येष्टि के दिन भी हम वक़्त बर्बाद नहीं कर सकते थे। मैं अपने दोनों बेटों और एक बेटी के साथ यह फ़ैसला करने बैठी कि अब क्या किया जाए। मैं रुकूँ या फिर आगे बढ़ जाऊँ? मेरे सारे सपने धड़ाम से ज़मीन पर गिर पड़े थे।"

लेकिन मैरी के ऐश ख़ुद पर इतना यक़ीन करती थीं कि हार मानने का सवाल ही नहीं उठता था। उनका बेटा रिचर्ड उस वक़्त बीस साल का था और उसने मदद करने की पेशकश की। उसने कहा, "माँ, मैं आपकी मदद के लिए डलास आ जाता हूँ।"

मैरी के ऐश के मन में कई शंकाएँ थीं। "मैंने सोचा, 'तुम मेरी क्या मदद कर सकते हो?' कोई अपनी ज़िंदगी भर की बचत बीस साल के लड़के के हाथ में कैसे सौंप सकता है? मैंने अंदाज़ा लगाया कि शायद वह बक्से उठा सकता है, जिन्हें मैं नहीं उठा सकती। मैं नहीं जानती थी कि वह ऑर्डर पूरे कर सकता है या नहीं। मेरा मतलब है, वह बस एक लड़का ही तो था, जिसे मैंने खुद पाला था।"

लेकिन ऐश उस मिट्टी की नहीं बनी थीं, जो शंकाओं को ख़ुद पर हावी होने दें। वे हार मानने वालों में से नहीं थीं। इसलिए वे आगे बढ़ गईं। "यह कंपनी की शुरुआत थी। अपने वादे के मुताबिक़ रिचर्ड अगले ही दिन अपनी दो महीने पुरानी दुल्हन के साथ डलास रहने आ गया। वकील कह रहे थे, 'आप सीधे जाकर ये पैसे कूड़ेदान में क्यों नहीं डाल देतीं, क्योंकि आप कभी सफल नहीं हो सकतीं?' और वॉशिंगटन के पैंफ़लेट हमें बताते थे कि कितनी सारी कॉस्मेटिक्स कंपनियाँ हर दिन दिवालिया हो रही हैं।"

उनके सकारात्मक नज़रिए ने ही उन्हें इससे उबारा। वे ख़ुद से कहती रहीं, "मुझे लगता है कि मैं जो शुरू करने जा रही हूँ, लोग उसका समर्थन करेंगे। मुझे लगता है कि यह किया जा सकता है और मैं कोशिश करने जा रही हूँ।" जब इतना सकारात्मक नज़रिया हो, तो फिर उनकी सफलता पर हैरानी की बात ही क्या है?

ये सकारात्मक, आत्मविश्वासी भावनाएँ सिर्फ़ ज़्यादा से ज़्यादा हासिल करने में ही आपकी मदद नहीं करतीं। वे दूसरों के मन में आपसे जुड़ने की इच्छा भी जगाती हैं। हम सभी दूसरों के नज़रिए पर प्रतिक्रिया करते हैं। इसीलिए लोग उत्साही नज़रिए वाले लोगों के प्रति आकर्षित होते हैं। हम ऐसे दोस्तों या सहकर्मियों के साथ रहना चाहते हैं, जो ख़ुश और उत्साही हों, जिनके पास कर-सकता-हूँ, कोई-दिक्क़त-नहीं वाला नज़रिया हो। लगातार शिकायत करने वाले के साथ कोई नहीं रहना चाहता।

ऐसा क्यों है? नज़रिया अच्छा हो या बुरा, उसका दूसरों पर असर होता है। यह महत्वपूर्ण अवधारणा आज हर उस व्यक्ति को याद रखनी चाहिए, जो सफल लीडर बनना चाहता है। सकारात्मक नज़रिए से ज़्यादा ताक़तवर प्रेरक शक्तियाँ बहुत कम हैं।

हम सभी ऐसे संगठनों के बारे में जानते हैं, जिनमें बहुत सारे कर्मचारी नाख़ुश रहते हैं। वे ऐसे कैसे बने? धीरे-धीरे, एक बार में एक कर्मचारी करके। लीडर को इसे फैलने से रोकना होगा और नकारात्मक के बजाय सकारात्मक भावनाओं और नज़रियों को लगातार प्रसारित करना होगा।

कॉर्निंग, इंक. के क्वालिटी चीफ़ डेविड लूथर ने सकारात्मक पर ध्यान केंद्रित करने - और नकारात्मक को नज़रअंदाज़ करने - का महत्व डेट्रॉयट के एक चतुर यूनियन लीडर से सीखा, जो लिंकन और थंडरबोल्ट बनाने वाली एक फ़ैक्ट्री के कर्मचारियों का प्रतिनिधित्व कर रहा था।

लूथर कहते हैं, "बड़ी विशाल जगह थी। वहाँ की गुणवत्ता लाजवाब थी। वह आदमी खड़े होकर बोला, 'मैंने परिवर्तन तब किया, जब मैं हाँ करने वाले नब्बे प्रतिशत लोगों के बजाय ना कहने वाले दस प्रतिशत लोगों की चिंता करने लगा।' यह कथन आँखें खोलने वाला है, क्योंकि बहुत सारे श्रम सौदे उन दस प्रतिशत लोगों के आस-पास ही घूमते हैं, जो हमेशा विरोध करते रहते हैं। लोग हमेशा कहते हैं, 'आओ, उनकी मानसिकता बदलने की कोशिश करते हैं।' वह आदमी इससे कहीं बेहतर नीति जानता था। उसने कहा, 'यह ग़लत तरीक़ा है। मैं उन नब्बे प्रतिशत लोगों के साथ काम करने जा रहा हूँ, जो आगे बढ़ना चाहते हैं।' और उसने यही किया - एक बहुत ही ज्ञानवर्धक नीति।"

यही दर्शन लूथर ने कॉर्निंग में भी विकसित किया। वे कहते हैं, "अंततः मैं ना कहने वाले कुछ लोगों को जीतकर उन्हें अपनी मानसिकता वाला बना सकता हूँ। लेकिन नब्बे प्रतिशत लोग तो पहले से ही साथ आने को तैयार हैं। वे वहाँ पर बैठे हैं और पॉवर डोर खोले हुए हैं। वे इंतज़ार कर रहे हैं और इंजन चालू है। आप यहाँ ताले में बंद रहकर इन आख़िरी लोगों को यक़ीन दिलाने की कोशिश नहीं करना चाहते, जबकि बहुमत बाहर आपका इंतज़ार कर रहा हो और नाव में सवार होने को तैयार हो।"

तो लीडर का एक बहुत महत्वपूर्ण काम सकारात्मक, आत्मविश्वासी दृष्टिकोण झलकाना है और दूसरों को दिखाना है कि असफलता की आशंका तक नहीं है।

जब जूलियस सीज़र गॉल से चैनल के पार पहुँचे और अपनी सेना के साथ वहाँ उतरे, जहाँ अब इंग्लैंड है, तो उन्होंने अपनी सेना की सफलता

सुनिश्चित करने के लिए क्या किया? एक बहुत चतुराई भरा काम : उन्होंने अपने सैनिकों को डोवर की चट्टानों पर रोक दिया। दो सौ फ़ुट नीचे समुद्र की ओर देखने पर सैनिकों ने पाया कि जिन जहाज़ों से वे चैनल के पार आए थे, वे धूँ-धूँ करके जल रहे थे।

अब सैनिक दुश्मन देश में फँस चुके थे और महाद्वीप के साथ उनकी आख़िरी कड़ी भी पूरी तरह टूट गई थी। पलायन करने का उनका आख़िरी साधन अब जल चुका था। अब वे आगे बढ़ने के सिवा और कर भी क्या सकते थे? वे जीतने के सिवा और कर भी क्या सकते थे? वे अपनी आत्मा की पूरी शक्ति के साथ लड़ने के सिवा और कर भी क्या सकते थे? और उन्होंने बिलकुल यही किया।

सकारात्मक नज़रिया इस तरह के जीवन-मरण वाले संघर्षों में ही महत्वपूर्ण नहीं होता, जहाँ सैनिकों का नज़रिया हताशा से भरा हुआ था। यह तो सुखद जीवन और सफल कैरियर बनाने का रहस्य भी है। यह लीडरशिप की बुनियाद है।

ह्यू डाउन्स का भी यही मानना है। अनुभवी एबीसी न्यूज़मैन और प्रोग्राम होस्ट डाउन्स कहते हैं, "आपको दरअसल भावहीन होने की ज़रूरत ही नहीं है।" डाउन्स एक आदमी को याद करते हैं, जिसके साथ उन्होंने टी.वी. पर काम किया था - एक आक्रामक और बेहद महत्वाकांक्षी व्यक्ति। "वह लगभग मनोरोगी था। वह दूसरों का फ़ायदा उठाकर तरक्की की सीढ़ियाँ चढ़ना चाहता था और वह 'दरवाज़ों को लात मारकर' खोलता था।"

उस आदमी ने अपने कैरियर की शुरुआत में प्रगति की, लेकिन जिन लोगों को उसने ख़ुद से दूर कर दिया था, जिनका उसने फ़ायदा उठाया था, जिनका उसने अपनी एकल मानसिकता वाली चढ़ाई के दौरान अपमान किया था - वे यह बात कभी नहीं भूले। वे उससे प्रबल द्वेष करने लगे। और जब वह गिरा, जैसा कि हम सभी समय-समय पर गिरते हैं, तो वे बस एक तरफ़ हट गए और उसे गिरने दिया।

डाउन्स कहते हैं, "मैंने अवसर का कोई दरवाज़ा लात मारकर कभी नहीं खोला।" तो फिर वे इतनी दूर तक कैसे पहुँचे? आक्रामक महत्वाकांक्षा के बजाय उन्होंने धैर्य और तीक्ष्ण ध्यान का इस्तेमाल किया। वे कहते हैं, "आपको

चौकन्ना रहने की ज़रूरत है, ताकि अगर दरवाज़ा कभी खुले, तो आप सीधे उसमें दाख़िल हो सकें। अगर आप लात मारकर दरवाज़ा खोलते हैं, तो वह पलटकर आपकी ओर आ सकता है और आपके मुँह पर लग सकता है। यह उस आदमी के साथ दो-तीन बार हुआ, जिसके बारे में मैं बात कर रहा था। मेरा हमेशा से यह मानना रहा है कि आपको ऐसा नहीं करना चाहिए, लेकिन आपको हर मौजूद अवसर का लाभ उठाने के लिए चौकन्ना ज़रूर रहना चाहिए।"

डाउन्स के लंबे कैरियर में उनका यह नज़रिया उनके बड़े काम आया है और इसने उनके सहकर्मियों को भी प्रेरित किया है कि वे डाउन्स को सफल बनाने की कोशिश में अपना योगदान दें। डाउन्स कहते हैं, "मैं जिन चीज़ों को बहुत महत्व देता हूँ, उनमें से एक वह है, जो टॉम मर्फ़ी ने मुझे दी।" मर्फ़ी कैपिटल सिटीज़ एबीसी के चेयरमैन थे। "मुझे याद नहीं है कि वह कौन सा मौक़ा था। मुझे लगता है कि वह प्रसारण के क्षेत्र में मेरी पचासवीं वर्षगाँठ थी। उन्होंने मुझे एक घड़ी दी, जिस पर यह अंकित था - और यह बहुत प्रशंसा भरी बात लगती है - लेकिन उस पर लिखा था, 'अच्छे लोग आख़िरी स्थान पर नहीं आते हैं।'"

"मैंने सोचा कि यहाँ के लोगों ने यह बड़ी अच्छी बात कही है। यह बात बिलकुल सच है और मुझे उन लोगों के लिए अफ़सोस होता है, जो यह ग़लत बात सोचते हैं कि सफल होने के लिए उन्हें दुनिया के प्रति सभ्य होने की नीति को छोड़ना होगा। अगर इस तरह की तकनीक कोई सफलता दिलाती भी है, तो वह आम तौर पर अल्पकालीन होती है। अंत में इससे बहुत कष्ट होता है और ऊपर चढ़ते वक़्त आप बहुत सारे दुश्मन भी बना लेते हैं।"

इसके अलावा, ऐसा करने पर आप चढ़ाई का आनंद भी नहीं ले पाएँगे।

सकारात्मक नज़रिए से शक्ति पाएँ ;
नकारात्मक नज़रिए की वजह
से शक्ति गँवाएँ।

15

चिंता छोड़ना सीखें

कई साल पहले की बात है। एक शाम एक पड़ोसी ने मेरे दरवाज़े की घंटी बजाई। उसने मुझसे आग्रह किया कि मैं अपने पूरे परिवार को स्मॉल पॉक्स का टीका लगवा लूँ। वह उन हज़ारों स्वयं सेवकों में से एक था, जो पूरे न्यूयॉर्क में दरवाज़ों की घंटियाँ बजा रहे थे। स्मॉल पॉक्स से डरे हुए लोग लंबी लाइन में घंटों तक लगकर टीका लगवा रहे थे। टीकाकरण केंद्र न सिर्फ़ सभी अस्पतालों में खुले, बल्कि फ़ायरहाउसेस, पुलिस थानों और बड़े औद्योगिक कारखानों में भी खुल गए। दो हज़ार से भी ज़्यादा डॉक्टर और नर्स दिन-रात शहर के लोगों को टीका लगाने के काम में जुटे थे। न्यूयॉर्क के कुल आठ लोगों को स्मॉल पॉक्स हुई थी - और उनमें से दो की मौत हो चुकी थी। अस्सी लाख की आबादी में दो लोगों की मौत।

देखिए, मैं कई सालों से न्यूयॉर्क में रह रहा हूँ, लेकिन किसी ने भी आज तक मेरे दरवाज़े की घंटी बजाकर मुझे चिंता नामक भावनात्मक बीमारी के बारे में चेतावनी नहीं दी - ऐसी बीमारी, जिसने इसी अवधि में स्मॉल पॉक्स से दस हज़ार गुना ज़्यादा नुक़सान किया है।

दरवाज़े की घंटी बजाने वाले किसी व्यक्ति ने मुझे कभी यह चेतावनी नहीं दी कि आज अमेरिका में रहने वाले दस में से एक व्यक्ति को नर्वस ब्रेकडाउन होगा - जो ज़्यादातर मामलों में चिंता और भावनात्मक उलझन की वजह से होता है। इसलिए मैं आपके दरवाज़े की घंटी बजाने और आपको चेतावनी देने के लिए यह लिख रहा हूँ।

मेहरबानी करके डॉ. अलेक्सिस कैरेल के शब्दों को अपने दिल में बैठा लें : "जो लोग चिंता से निबटने का तरीक़ा नहीं जानते हैं, वे जवानी में ही मर जाते हैं।"

–डेल कारनेगी

यह बात डेल कारनेगी ने कई साल पहले लिखी थी। तब से हमने ऐसी कई बीमारियों का इलाज करना – उनकी रोकथाम करना भी – सीख लिया है, जिनकी वजह से लोगों को सबसे ज़्यादा चिंता होती थी। इस बारे में कोई शक नहीं है कि आने वाले समय में हम उनमें से कई बीमारियों का इलाज ढूँढ़ निकालेंगे, जिनकी वजह से हम आज चिंतित हैं। लेकिन चिंता की भयंकर बीमारी के मामले में हमने ज़रा भी तरक़्क़ी नहीं की है। इसकी विकरालता तो और भयंकर हो गई है।

यह आज के उथल-पुथल भरे व्यावसायिक जगत में जितना सच है, उतना कहीं और नहीं है। छँटनी, अधिग्रहण और कंपनी का पुनर्गठन। आकार कम करना, कटौती करना और अचानक अपनी डेस्क ख़ाली करने का आग्रह। रिट्रेंचमेंट। आउटप्लेसमेंट। पेयरबैक्स। एक दिन आएगा, जब इन सभी शब्दों का मतलब समझने के लिए आपको एक बिलकुल ही नई डिक्शनरी की ज़रूरत पड़ेगी। और अगर यह एक-दो अल्सर पैदा करने के लिए काफ़ी न हो, तो "लागत नियंत्रण"या "शत्रुतापूर्ण अधिग्रहण" कैसा लगता है?

जो कंपनियाँ कभी रेडवुड्स जितनी ठोस मानी जाती थीं, उनकी जड़ें हिल रही हैं। असंख्य अन्य कंपनियों – बिज़नेस इतिहास के पन्नों के बड़े नाम – के टुकड़े हो चुके हैं और उनका कचरा साफ़ हो चुका है। मध्यम श्रेणी के प्रबंधन की सारी परतें हवा में उड़ रही हैं : मध्यम श्रेणी का कौन सा मैनेजर भला इस बारे में चिंता नहीं करेगा? कंपनियाँ अपने डिवीज़नों की परत उसी तरह उतार रही हैं, जिस तरह साँप केंचुली छोड़ते हैं : कौन सा डिवीज़न चीफ़ इस बात से चिंतित नहीं होगा? एक नए क़िस्म का कॉरपोरेट रेडर मोटी पूँजी वाली कंपनियों को हसरत से देखता है : अच्छी स्थिति में काम करने वाला कौन सा एक्ज़ीक्यूटिव इस बात से नहीं घबराएगा?

हाँ, बदलाव ज़रूरी थे। उनमें से कुछ तो काफ़ी पहले ही हो जाने चाहिए थे। सच्चाई तो यह है : जो कंपनियाँ छरहरी और प्रतिस्पर्धी नहीं होतीं, जो रचनात्मक और लचीली नहीं होतीं, जो प्रतिस्पर्धियों से ज़्यादा तेज़ नहीं चलतीं

– वे आज के समय की डायनोसॉर हैं। और उनका भविष्य भी वही होगा, जो डायनोसॉर का हुआ था।

लेकिन परिवर्तन से तनाव होता है। परिवर्तन से दबाव पड़ता है। इससे लोग घबराते हैं। इससे वे चिंतित हो जाते हैं। ज़ाहिर है, ऐसा होता है। जो मान्यताएँ कभी अटूट मानी जाती थीं – जिनके चारों ओर लोग अपने पेशेवर जीवन का ताना-बाना बुनते थे – उतनी अटूट नहीं निकलीं। इससे थोड़ी असुरक्षा महसूस होना स्वाभाविक ही है।

एक वक़्त ऐसा था, जब डॉ. मार्विन फ्रोज़ेल के मनोचिकित्सकीय क्लीनिक में आने वाले ज़्यादातर रोगी घरेलू परेशानियों के बारे में बात करते थे – जीवनसाथी के प्रति ग़ुस्सा, बच्चों के साथ कुंठा, अपने लालन-पालन पर द्वेष। ज़ाहिर है, लोग आज भी इन मुद्दों को लेकर चिंतित हैं। लेकिन आज फ्रोज़ेल के बहुत से रोगी ऑफ़िस या काम-धंधे की चिंताओं के शिकार हैं।

ग्रेट नेक, न्यूयॉर्क में प्रैक्टिस करने वाले डॉ. फ्रोज़ेल कहते हैं, "लोग इस दहशत में जी रहे हैं कि उनकी नौकरी कभी भी जा सकती है। यह एक ऐसी चीज़ है, जो मैंने पहले कभी नहीं देखी। लोग ऑफ़िस की चिंताओं से काँपते हुए दरवाज़े से भीतर घुसते हैं।

"जब एक बार छँटनी शुरू होती है, तो हर कोई दूसरे जूते के गिरने का इंतज़ार करता है। और यह सिर्फ़ दो जूतों तक ही सीमित रहने की बात नहीं है। यह तो बीस जूतों की बात है। लोगों को नौकरी से निकाला जा रहा है। फिर जल्दी रिटायर करने की योजनाएँ आ जाती हैं। फिर छँटनी। लोग यक़ीन के साथ नहीं कह सकते कि अगले दिन उनके पास नौकरी रहेगी या नहीं।"

ब्लैक एंटरप्राइज़ मैग्ज़ीन के संपादक अर्ल ग्रेव्ज़ कहते हैं, "आईबीएम को ही देख लें।" हाल के वर्षों में इस दिग्गज कंप्यूटर कंपनी में भारी छँटनी हुई, क्योंकि अमेरिका और दूसरे देशों की छोटी कंपनियाँ इसके वर्चस्व को चुनौती दे रही थीं।

"इसका यह मतलब नहीं है कि वे कभी नहीं लौटेंगे। लेकिन जब पाउकीप्साई में कर्मचारियों की छँटनी हो रही हो, तो आईबीएम दोबारा वैसी कंपनी नहीं रह पाएगी। यह भारी उथलपुथल है और तब आपको यह कहना ही होगा, 'हमारी ख़ुशी का क्या होगा?' जो लोग आईबीएम छोड़कर जा रहे

हैं, उन्हें समझ में आ रहा है कि ज़िंदगी ख़त्म नहीं हुई है। जब आप सोचते हैं कि आपके पर कतर दिए गए हैं, तब आपको पता चलता है कि इसके बाद भी आप उड़ सकते हैं। आपको लगता था कि आईबीएम छोड़ने के बाद आप घोंसले से बाहर नहीं उड़ सकते, लेकिन आप ऐसा कर सकते हैं।"

जब डेल कारनेगी ने चिंता के विषय पर पहली बार अपना ध्यान केंद्रित किया, तो दुनिया विशाल मंदी की गिरफ़्त में थी। वे अपने विद्यार्थियों और दोस्तों के चेहरों पर चिंता की लकीरें देख सकते थे।

कारनेगी ने लिखा था, "कई वर्ष बीतने के बाद मुझे एहसास हुआ कि चिंता वयस्कों की सबसे बड़ी समस्याओं में से एक है। मेरे अधिकांश विद्यार्थी बिज़नेसमैन थे - एक्ज़ीक्यूटिव, सेल्समैन, इंजीनियर, अकाउंटेंट, अलग-अलग व्यापार और पेशों के लोग - और उनमें से ज़्यादातर के पास समस्याएँ थीं। क्लासों में महिलाएँ भी थीं - बिज़नेसविमेन और गृहिणियाँ। उनके पास भी समस्याएँ थीं। यह साफ़ था कि मुझे एक पाठ्यपुस्तक की ज़रूरत है, जो चिंता को जीतने का तरीक़ा सिखाए। मैंने ऐसी पाठ्यपुस्तक खोजने की कोशिश शुरू कर दी।

"मैं फ़िफ़्थ एवेन्यू और फ़ोर्टी-सेकंड स्ट्रीट की बड़ी पब्लिक लाइब्रेरी में गया। मुझे यह जानकर बड़ी हैरानी हुई कि उस लाइब्रेरी में चिंता शीर्षक पर सिर्फ़ बाईस पुस्तकें ही थीं। मैंने यह भी ग़ौर किया, जो मुझे बड़ा ही दिलचस्प लगा, कि वर्म्स (कीड़े-मकोड़ों) पर एक सौ नवासी पुस्तकें थीं। चिंता की तुलना में कीड़े-मकोड़ों पर नौ गुना ज़्यादा पुस्तकें थीं! हैरानी की बात है, है ना?

"चिंता मानव जाति के सामने खड़ी सबसे बड़ी समस्याओं में से एक है, इसलिए आप सोचेंगे कि इस धरती के हर हाई स्कूल और कॉलेज में एक कोर्स हो, जिसमें चिंता को रोकने का तरीक़ा सिखाया जाए। लेकिन इस विषय पर इस देश के किसी भी कॉलेज में कोई कोर्स नहीं चल रहा है। कम से कम मैंने तो नहीं सुना।"

कारनेगी ने सात साल तक चिंता के बारे में जमकर पढ़ा और गहन अध्ययन किया। उन्होंने अपने दौर के सभी अग्रणी विशेषज्ञों के इंटरव्यू लिए। उन्होंने चिंता संबंधी हर वह पुस्तक पढ़ी, जो उन्हें मिली। इनमें से ज़्यादातर मनोविश्लेषण की मोटी-मोटी पोथियाँ थीं या किसी दूसरी वजह से व्यावहारिक मार्गदर्शिका नहीं बन सकती थीं। कारनेगी ने अपना शोध पढ़ने तक ही सीमित

नहीं रखा। उन्होंने "चिंता को जीतने के लिए अपनी प्रयोगशाला" का सहारा लिया, यानी वे वयस्क-शिक्षण कक्षाएँ, जिनमें वे ज़्यादातर रातों को पढ़ाते थे।

इस गहन शोध के बाद चिंता और तनाव पर एक पुस्तक आई : *हाउ टु स्टॉप वरीइंग एंड स्टार्ट लिविंग* (चिंता छोड़ो, सुख से जियो), जो 1944 में प्रकाशित हुई। चिंता से उबरने की बुनियादी तकनीकें पहली बार एक सरल, सीधे तरीक़े से लोगों को बताई गईं। बाद के वर्षों में जब चिंता के नए कारण सामने आए, तो इन तकनीकों को कई बार संशोधित भी किया गया।

ये तकनीकें सीखें। उन पर हर दिन अमल करें। यह तय है कि इससे आप अपनी ज़िंदगी पर कहीं ज़्यादा क़ाबू रख पाएँगे। आपका तनाव और चिंता कम हो जाएँगे। आप मानसिक और शारीरिक दृष्टि से ज़्यादा स्वस्थ होंगे।

डे-टाइट कम्पार्टमेंट्स में जिएँ

सैन डिएगो, कैलिफ़ोर्निया में चेज़ मैनहटन फ़ाइनैंशियल सर्विसेस का बिज़नेस मंदा चल रहा था। लोन डिपार्टमेंट उस साल 9 मिलियन डॉलर पीछे था। उस विभाग में काम करने वाले लोगों के आपसी रिश्ते तनावपूर्ण होते जा रहे थे। लोन ऑफ़िस मैनेजर बेकी कोनोली तो इतनी ज़्यादा चिंतित थीं कि उन्हें रात को नींद भी मुश्किल से आती थी।

तब उन्होंने डे-टाइट कम्पार्टमेंट्स में जीने की कोशिश करने का फ़ैसला किया। उन्होंने स्टाफ़ से कहा, "सुनो, यह बिज़नेस एक चक्र (cycle) में चलता है। लोन हमेशा लहरों में आते हैं। बस अपनी दैनिक गतिविधियों, ग्राहकों को फ़ोन कॉल्स, सेवा और विज्ञापन के फ़ॉलो-अप्स पर ध्यान केंद्रित करो। हम इस मंदी से उबर जाएँगे।" परिणाम ? ज़्यादा ख़ुश और उत्पादक कर्मचारी। जल्द ही लोन गतिविधि भी बढ़ गई।

दिमाग़ को बौखलाने वाली बात यह है कि हम अपनी बहुत सारी ऊर्जा भविष्य और अतीत पर बर्बाद कर देते हैं। हम यह समझ ही नहीं पाते कि अतीत जा चुका है और भविष्य अभी आया नहीं है। चाहे हम कितनी भी कोशिश कर लें, हम इनमें से किसी को भी प्रभावित नहीं कर सकते। हम एक ही समय में जी सकते हैं। वह है वर्तमान। वह है आज।

डेल कारनेगी ने लिखा था, "आप और मैं इस पल दो अमरताओं के मिलन स्थल पर खड़े हैं : विशाल अतीत, जो हमेशा से मौजूद है और भविष्य, जो दर्ज समय के अंतिम पड़ाव के क़रीब है। हम इन दोनों अमरताओं में नहीं जी सकते – नहीं, एक पल के लिए भी नहीं। लेकिन ऐसी कोशिश करके हम अपने शरीर और दिमाग़ को तबाह ज़रूर कर सकते हैं। तो उस इकलौते समय में जीकर संतुष्ट हों, जिसमें हम जी सकते हैं : अभी से लेकर सोने तक का वक़्त।"

इसे याद रखें और इस बारे में चिंता करके न पगलाएँ कि क्या हो सकता था। ख़ामख़्वाह चिंता न करें कि भविष्य में किसी समय क्या हो सकता है या क्या नहीं हो सकता। इसके बजाय अपना ध्यान उस एक जगह पर केंद्रित करें, जहाँ आप कुछ अच्छा कर सकते हैं – आज अपने जीवन की वास्तविकता पर।

तो विलाप करना और परेशान होना छोड़ दें। बेशक आने वाले कल के बारे में सोचें और बीते हुए कल से सीखें। आगे की योजना बनाएँ और अतीत के अनुभवों से सुधार करने की प्रेरणा पाएँ। लेकिन ऐसा करते वक़्त यह न भूलें कि भविष्य और अतीत दो ऐसी चीज़ें हैं, जिन्हें आप बदल ही नहीं सकते।

गायक-गीतकार नील सेडाका ने यह सबक़ अपनी माँ से सीखा। "वे हमेशा कहती थीं, 'हर दिन को तोहफ़े की तरह लो। अच्छे और बुरे दोनों के साथ जीने की कोशिश करो, लेकिन अच्छे की तरफ़ ज़्यादा ग़ौर करो।'"

क्या यह आसान है? सेडाका कहते हैं, "यह एक सतत संघर्ष है, लेकिन मुझे लगता है कि ऐसा किया जा सकता है। हम सभी के पास समस्याएँ होती हैं और दिन गुज़रने के साथ वे हम पर हावी हो सकती हैं। उन्हें दूर हटाने की कोशिश करें। आपको ऐसा करना ही होगा।" वर्तमान के दायरे में रहकर काम करें। अपनी ऊर्जा, अपना ध्यान, अपनी प्रेरणा वहीं केंद्रित करें, जहाँ यह कारगर है : आज।

और फिर काम में जुट जाएँ। आपको इस बात पर हैरानी हो सकती है कि एक डे-टाइट कम्पार्टमेंट में कितना कुछ हासिल किया जा सकता है।

जैसा स्कॉटिश कवि रॉबर्ट लुई स्टीवेंसन ने कहा था, "कोई भी रात तक अपना बोझ उठा सकता है, चाहे वह कितना ही भारी हो। कोई भी अपना काम एक दिन तक कर सकता है, चाहे वह कितना ही मुश्किल हो। कोई भी

शाम तक मधुरता से, धैर्य से, प्रेम से, पवित्रता से जी सकता है। और ज़िंदगी का दरअसल यही मतलब है।"

औसत के नियम से राहत पाएँ

थियो बरगॉर ने फ़ौरन भाँप लिया कि कुछ गड़बड़ है। बरगॉर कार्ल बरॉर जीएमबीएच एंड कंपनी के जनरल मैनेजर थे। यह नॉर्थ बावरिया की सबसे बड़ी कंस्ट्रक्शन कंपनी थी। उनकी पुरानी सेक्रेटरी को देखकर ऐसा लग रहा था, जैसे वह रोने की कगार पर हो।

बरगॉर ने उस महिला से पूछा, "क्या हो गया ?"

उसने बताया कि उसका बेटा अभी-अभी जर्मन सेना में भर्ती हुआ है। "वह जिस टुकड़ी में है, उसे विदेश में मदद के लिए भेजा जा सकता है।" तब युगोस्लाविया में समस्याएँ उभर रही थीं और उसे चिंता सता रही थी कि उसके बेटे को युद्ध में भेज दिया जाएगा और वह मारा जाएगा।

बरगॉर नहीं जानते थे कि वे उससे क्या कहें, लेकिन उन्होंने एक मिनट के लिए संभावना के बारे में सोचा। "इस बात की कितनी संभावना है कि जर्मन सेना की उसकी टुकड़ी को युगोस्लाविया भेजा जाएगा ?"

उन्होंने फ़ैसला किया, सौ में से एक।

इसके बाद वे दोनों एक सहमति पर पहुँच गए। बरगॉर बताते हैं, "अगर यह एक प्रतिशत संभावना हक़ीक़त में बदलती है, तब वह थोड़ी चिंता करेगी। लेकिन तब तक तो चिंता करने की कोई वजह ही नहीं है।"

खुद से बस यह एक सवाल पूछकर - और इसका जो भी जवाब आए, उस पर ध्यान देकर - आप अपनी ज़िंदगी से ज़्यादातर चिंताओं को कम कर सकते हैं। सवाल यह है : "इसके होने की कितनी संभावना है ?"

ज़्यादातर लोग उन चीज़ों की चिंता करने में बहुत समय बर्बाद कर देते हैं, जो कभी होती ही नहीं हैं। दरअसल, ज़्यादातर लोग आम तौर पर जिन चीज़ों की चिंता करते हैं, वे कभी होती ही नहीं हैं। यह बात सचमुच याद रखने लायक़ है। फ़्रांसीसी दार्शनिक मॉन्टेन ने लिखा था, "मेरी ज़िंदगी भयंकर दुर्भाग्यों से भरी रही है, जिनमें से ज़्यादातर तो कभी आए ही नहीं।"

जिन चीज़ों की आप सबसे ज़्यादा चिंता करते हैं, उनके लिए एक उपयोगी उपाय यह है कि आप गणितीय संभावना का इस्तेमाल करें। बिज़नेस लेखक हार्वे मैके ने अपनी ज़्यादातर ज़िंदगी में यही किया है। मैके कहते हैं, "एक बार जब आप तथ्यों को जान जाते हैं और संभावना के पहलू से उन पर विचार करते हैं, तो आप आसानी से स्थिति को सही नज़रिए से देख सकते हैं।"

यह हवाई जहाज़ दुर्घटनाग्रस्त हो जाएगा, इसकी संभावना कितनी है: शायद एक लाख में से एक। आपको इस साल नौकरी से निकाल दिया जाएगा: शायद पाँच सौ में से एक, या हज़ार में से एक। शायद इससे भी कम संभावना होगी। आप अपनी डेस्क पर कॉफ़ी का कप गिरा देंगे, इसकी संभावना कितनी है : शायद सौ में से एक। लेकिन उसकी परवाह किसे है ?

मैके कहते हैं, "अगर कोई सड़क के पार प्रतिस्पर्धी बिज़नेस शुरू कर रहा है, तो यह बहुत बुरा लगता है। लेकिन ज़रा ठहरें। मशीनें लगवाने में तीन साल का समय लगेगा। हम यहाँ बत्तीस साल से हैं और हमारे पास इतना सारा अनुभव है, इतना ज्ञान है और इतनी सद्‌भावना है। तो आपके हिसाब से इस बात की कितनी संभावना है कि उनसे हमें सचमुच नुक़सान हो सकता है ? आगे बढ़ें। संभावना बताएँ।" शायद उतनी ज़्यादा नहीं, जितनी आपने कल्पना कर ली थी।

मैके कहते हैं, "आप इन भविष्यवाणियों का इस्तेमाल हर मामले में कर सकते हैं। क्या अमुक कंपनी बिज़नेस से बाहर हो रही है ? क्या कोई दिवालिया होने वाला है ? यहाँ क्या होने वाला है ? मेयर के बारे में क्या ? कौन चुना जाएगा ? वह किसे नियुक्त करेगा ? यह एक बेहतरीन खेल है। इसमें आप अपना पैसा दाँव पर नहीं लगा रहे हैं, लेकिन इससे चीज़ों को सही परिप्रेक्ष्य में रखने में मदद मिलती है। यह आपको चौकन्ना रखता है और यह आपको बहुत विनम्र भी बना सकता है।"

अवश्यंभावी के साथ सहयोग करें।

डेविड रट छह साल तक वेस्ट कोस्ट की एक आयात-निर्यात कंपनी एक्सपीडाइटर्स इंटरनेशनल में सुपरवाइज़र थे। फिर इम्पोर्ट मैनेजर का पद ख़ाली हुआ।

रट याद करते हैं, "दुर्भाग्य से मुझे प्रमोशन नहीं मिला।" उन्हें ज़बर्दस्त झटका लगा। उनका मन खट्टा हो सकता था। वे अपने वर्तमान पद में

दिलचस्पी गँवा सकते थे। लेकिन उन्होंने ऐसा कुछ भी नहीं किया। वे कहते हैं, "मैंने संकल्प लिया कि मैं अतीत की चिंता नहीं करूँगा और इस नुक़सान को फ़ायदे में बदल दूँगा। मैंने संकल्प लिया कि मैं शुरुआती मुश्किल महीनों में नए मैनेजर की हर संभव मदद करूँगा।"

इससे क्या फ़ायदा हुआ ? रट कहते हैं, "मुझे हाल ही में सहायक इम्पोर्ट मैनेजर का पद मिल गया है।"

रट की सलाह पर अमल करें : जिन चीज़ों को आप नियंत्रित नहीं कर सकते, उनके बारे में चिंता करके अपना क़ीमती समय और ऊर्जा बर्बाद न करें।

चिली के बिज़नेसमैन आंद्रे नैवारो कहते हैं, "कई मौक़ों पर मेरे पास चिंताएँ और तनाव होते हैं, लेकिन कोई समाधान नहीं होता। किशोरावस्था में जब आप किसी लड़की से प्रेम करने लगते हैं, लेकिन वह आपसे प्रेम नहीं करती, तब आप क्या करते हैं ? इसका कोई समाधान नहीं है। आप दुखी महसूस करते हैं, आप अपमानित महसूस करते हैं, लेकिन कुछ समय बाद वह सवाल बस ग़ायब हो जाता है। आप समाधान नहीं खोजते हैं। आप तो बस स्थिति के साथ जीते रहते हैं।"

ज़िंदगी में हर दिन बहुत सी अप्रिय सच्चाइयाँ हमारे सामने आएँगी। उनमें से कुछ को हम संयोग से या कुशलता से बदल सकते होंगे। लेकिन कुछ समस्याएँ हमेशा हमारी पहुँच के बाहर होंगी।

अपराध और ग़रीबी, एक दिन में घंटों की संख्या, हमारी ज़िंदगी के महत्वपूर्ण हिस्सों पर दूसरों की पकड़ - ये ऐसे तथ्य हैं, जिन्हें बदलना संभव नहीं है। हमारी सबसे ताक़तवर कोशिशों के बावजूद, हमारे सबसे रचनात्मक विचारों के बावजूद, हमारे सारे एकत्रित सहयोग के बावजूद कुछ चीज़ों को हम नियंत्रित कर ही नहीं सकते।

बड़ी बुरी बात है, है ना, कि हम सभी ब्रह्मांड के मालिक नहीं हैं ? और यह भी उतनी ही बुरी बात है कि दूसरे लोग हमारे मनचाहे ढंग से काम नहीं करते। यही तो ज़िंदगी है और हम इसे जितनी जल्दी स्वीकार कर लेते हैं, हम उतने ही ज़्यादा ख़ुश और सफल होंगे। मदर गूज़ ने यही कहा था :

सूरज के नीचे हर परेशानी का
एक इलाज है या फिर नहीं है।

अगर है, तो उसे खोजने की कोशिश करो,
अगर नहीं है, तो उसकी परवाह मत करो।

असल चतुराई यह पता लगाने में है कि किस चीज़ का इलाज है और किसका नहीं।

ज़ाहिर है, परिस्थितियाँ हमें सुखी या दुखी नहीं बनाती हैं। हम तो उन पर अपनी प्रतिक्रियाओं से सुखी या दुखी हो जाते हैं। लेकिन वास्तव में हमारे पास अवश्यंभावी को स्वीकार करने के मामले में ज़्यादा विकल्प नहीं होते हैं। विकल्प आम तौर पर निराशा और कटुता भरी ज़िंदगी है।

जब हम अवश्यंभावी से जूझना छोड़ देते हैं, तो हमें सुलझ सकने वाली समस्याओं को सुलझाने का समय, ऊर्जा और रचनात्मकता मिल जाती है। हेनरी जेम्स ने कहा था, "ऐसा ही होने देने के इच्छुक रहें। जो हुआ है, उसे मानना ही किसी दुर्भाग्य के परिणामों से उबरने की दिशा में पहला क़दम है।"

अपनी चिंताओं पर स्टॉप लॉस लगा लें

कई अस्पतालों की तरह शार्प कैब्रिलो भी मुश्किल वक़्त से गुज़र रहा था। क्लीनिकल स्पेशलिस्ट लोरी छँटनी की एक बड़ी लहर के बीच फँसी थी और उसे पक्का यक़ीन था कि अगला नंबर उसी का है। ऑफ़िस के हालात से वह बुरी तरह हताश थी।

लेकिन उसने अपनी ज़िंदगी के बारे में एक फ़ैसला किया : वह अस्पताल की अनिश्चितताओं की ज़्यादा चिंता नहीं करेगी। इसके बजाय वह काम का मज़ा लेगी।

उसने सीपीआर पढ़ाना शुरू कर दिया। उसने अपने काम के दूसरे हिस्सों में अतिरिक्त जोश भरा। लोग उसकी कोशिशों पर ग़ौर करने लगे, ख़ास तौर पर तब जब बाक़ी सभी उदास थे।

लोरी कहती हैं, "आपको क्या लगता है, भविष्य में किसकी छँटनी होगी? निराश और चिंतित व्यक्ति की? या टीम के एक बहुमूल्य सदस्य की, जो अपने हर काम में जोश भरती है?"

ख़ुद से वह सवाल पूछने की कोशिश करें, जो बाज़ार गिरने पर शेयर बाज़ार के निवेशक ख़ुद से पूछते हैं : मैं इस निवेश पर कितना नुक़सान उठाने का इच्छुक हूँ? अगर बाज़ार अप्रत्याशित मोड़ ले लेता है, तो मैं इस शेयर

को कितना गिरने की अनुमति दूँगा? किस बिंदु पर मैं हार मान लूँगा और बाहर निकल जाऊँगा?

शेयर बाज़ार में इसे स्टॉप लॉस ऑर्डर कहा जाता है। निवेशक को यह संदेश जाता है कि अगर शेयर एक ख़ास भाव से नीचे आ जाए, तो उसे बेच दो। मैं नुक़सान सहन कर लूँगा, लेकिन एक ग़लत निवेश में रहकर अपनी पूरी दौलत दाँव पर नहीं लगाऊँगा।

चिंता के मामले में आप भी इसी नीति पर चल सकते हैं। ख़ुद से पूछें, यह समस्या कितनी चिंता करने लायक़ है? क्या यह इस लायक़ है कि इस पर एक रात की नींद कुर्बान कर दी जाए? क्या यह एक हफ़्ते तक चिंता करने लायक़ है? क्या यह मेरे लिए एक अल्सर जितनी महत्वपूर्ण है? बहुत, बहुत कम समस्याएँ इतनी महत्वपूर्ण होती हैं। पहले से ही तय कर लें कि कोई समस्या कितनी चिंता करने लायक़ है।

ख़राब तरीक़े से चल रही किसी कंपनी में नौकरी, टीम के प्रयासों में शामिल होने से इंकार करने वाला कर्मचारी, घटिया सेवा देने वाला सप्लायर-इनमें से हर एक ऊर्जा लगाने और चिंता करने लायक़ है। लेकिन कितनी? बस आपको यही फ़ैसला करने की ज़रूरत है। अंततः एक वक़्त ऐसा आएगा, जब आप ख़ुद से कह सकेंगे, "एक रोज़गार एजेंसी से मेरा संपर्क करा दें" या "उसे प्रोबेशन पर रख दें" या "मुझे सप्लायर्स की सूची दें।"

कोई भी समस्या दुनिया में इतनी महत्वपूर्ण नहीं होती कि उस पर ज़िंदगी भर चिंता की जाए।

चीज़ों को सही पृष्ठभूमि में रखें।

कुछ चीज़ें इतनी भी महत्वपूर्ण नहीं होतीं कि उन पर ज़रा भी चिंता की जाए। वे बहुत छोटी होती हैं। क्या मेरे बाल हवा में बिखर जाएँगे? क्या मेरी घास पड़ोसी की घास से ज़्यादा हरी होगी? क्या आज बॉस मेरी ओर देखकर मुस्कराएँगे? ज़्यादातर वक़्त ऐसी बातों का कोई महत्व ही नहीं होता। लेकिन हम सभी उन लोगों को जानते हैं, जिन्होंने इन छोटी-छोटी बातों की वजह से अपनी ज़िंदगी दुश्वार कर रखी है। कितनी बुरी बात है!

ज़िंदगी में कुछ चीज़ें वाक़ई महत्वपूर्ण होती हैं और कुछ नहीं होतीं। आप इनमें फ़र्क़ करना सीखकर अपनी चिंता को आधा कर सकते हैं। गोल्फ़र ची ची रॉड्रिग्ज़ में इसी क़िस्म का दृष्टिकोण था।

नॉर्थविले सीनियर क्लासिक में लगभग 250 दर्शक रॉड्रिग्ज़ को टी ऑफ़ करते देखने आए थे। सभी जानते थे कि वे अपने प्रदर्शन से उन्हें ख़ुश कर देंगे।

टी बॉक्स के पीछे एक लड़का व्हीलचेयर पर बैठा था। उसकी तरफ़ कोई ध्यान नहीं दे रहा था – वे सारे पेशेवर गोल्फ़ खिलाड़ी तो क़तई नहीं, जो रॉड्रिग्ज़ से पहले टी पर आए। उनका दिमाग़ तो टूर्नामेंट के 4,50,000 डॉलर के इनाम पर था।

टी ऑफ़ से कुछ समय पहले रॉड्रिग्ज़ ने लड़के को देखा और उससे हेलो कहने पहुँच गए। रॉड्रिग्ज़ ने अपनी जेब से गोल्फ़ का एक ग्लव निकालकर उस छोटे लड़के के हाथ में पहना दिया। इसमें बहुत सावधानी की ज़रूरत थी, क्योंकि उसका हाथ बुरी तरह विकृत था। फिर रॉड्रिग्ज़ ने उस ग्लव पर ऑटोग्राफ़ दिया और उसे एक गेंद दी। इससे लड़के का चेहरा रोमांच और ख़ुशी से दमकने लगा, क्योंकि इस सितारा खिलाड़ी ने उसे मान्यता दी थी।

भीड़ ने रॉड्रिग्ज़ के इस उदार काम को देख लिया और ज़ोरदार तालियाँ बजाकर इसका स्वागत किया। तालियों की गड़गड़ाहट सुनकर रॉड्रिग्ज़ थोड़े सकुचा गए। उन्होंने अपने हाथ उठाकर आसमान को निहारा, जैसे कह रहे हों : "मैं इस शाबाशी का हक़दार नहीं हूँ। सच्चा हीरो तो वह है, जो कष्ट उठा रहा है। सच्चा हीरो तो उसका परिवार है।"

हालाँकि रॉड्रिग्ज़ का ध्यान गोल्फ़ मैच पर केंद्रित था, लेकिन उन्होंने यह भी पहचान लिया कि ज़िंदगी के ज़्यादा बड़े दाँव कहाँ हो सकते हैं। दूसरों की मदद करना : यह चिंता से लड़ने की ज़बर्दस्त तकनीक है।

अंत में, व्यस्त हो जाएँ।

कोई भी चीज़ आपकी चिंता को इतनी आसानी से दूर नहीं करती, जितना कि किसी दूसरे काम में व्यस्त होना। यह तकनीक पेशेवर अभिनेताओं को फटाफट सीख लेनी चाहिए।

एनेट बेनिंग, जिन्होंने *बगी, द ग्रिटर्स* और अन्य फ़िल्मों में प्रमुख भूमिकाएँ निभाई हैं, कहती हैं, "जब आप किसी बड़ी फ़िल्म के लिए चुने जाते हैं, तो इंतज़ार की अवधि महीनों लंबी हो सकती है। फ़िल्म बनाने वाले आपसे मिलते हैं। फिर वे लौट जाते हैं। फिर वे दूसरी हीरोइनों से मिलते हैं। इसके बाद वे एक बार फिर लौटते हैं। वे दोबारा आपसे मिलते हैं। इसमें एक चीज़ जो मुझे उपयोगी लगी, वह है भूमिका पर काम शुरू करना। मैं सचमुच काम करने लगती हूँ। उनमें से एक भूमिका ख़ास तौर पर ऐसी थी, जिसमें बहुत पढ़ने की ज़रूरत थी। मैं इस बात को लेकर तनाव में थी कि मुझे भूमिका मिलेगी या नहीं, इसलिए तनाव को दूर करने के लिए मैंने बस उस पर काम शुरू कर दिया। मुझे वह भूमिका नहीं मिल पाई।"

लेकिन उन्हें कई अन्य भूमिकाएँ मिलीं और इसके बाद उन्हें बाक़ी कई अभिनेत्रियों से कम चिंता हुई। "जब मुझे कोई भूमिका नहीं मिल पाती, तो मैं बस मानसिक रूप से आगे बढ़ जाती हूँ। मैं वहीं रुकी नहीं रहती, बल्कि अगली चीज़ पर पहुँच जाती हूँ।"

अगर आप पाते हैं कि आप चिंतित हो रहे हैं, तो कोई नया प्रोजेक्ट हाथ में ले लें। कोई नई चीज़ सीखें। कुछ ऐसा करें, जिस पर आप यक़ीन करते हों। दूसरों की ज़रूरतों पर ध्यान केंद्रित करें। व्यस्त रहने से आपका दिमाग़ अपनी मुश्किलों पर से हटता है। आप दूसरों की सेवा भी कर सकते हैं, जिससे आपको अपने बारे में बेहतर महसूस होगा।

अगर चिंता करने की कोई पुख़्ता वजह हो, तो क्या करें?

चिंता छोड़ने की इन सारी बेहतरीन तकनीकों के बावजूद आपकी ज़िंदगी में समस्याएँ रहेंगी। हम सभी की ज़िंदगी में रहती हैं। आप अवश्यंभावी को स्वीकार कर सकते हैं। आप अपनी चिंताओं पर सख़्ती से स्टॉप लॉस ऑर्डर लगा सकते हैं। आप ख़ुद को याद दिला सकते हैं कि चिंता कितनी तबाही मचा सकती है।

लेकिन इसके बावजूद आपके सामने समस्याएँ रहेंगी और आपको उनसे समझदारी से निबटने की ज़रूरत होगी।

तीन क़दमों की इस उपयोगी नीति पर चलें। अगर आप इन तीन क़दमों का अनुसरण करेंगे, तो आप ख़ुद हैरान रह जाएँगे कि आप कितनी आसानी

से अपनी चिंता को वास्तविक परिप्रेक्ष्य में देख सकते हैं।

1. *ख़ुद से पूछें, बुरे से बुरा क्या हो सकता है?* ईश्वर का शुक्र है कि हमारी ज़्यादातर समस्याएँ दरअसल ज़िंदगी और मौत का सवाल नहीं होतीं। शायद बुरी से बुरी चीज़ यह हो सकती है कि आप कोई महत्वपूर्ण अकाउंट या ग्राहक गँवा सकते हैं। या मीटिंग में पहुँचने में आपको देर हो सकती है। या आपका बॉस आप पर चिल्ला सकता है। या जिस प्रमोशन की आप उम्मीद कर रहे हों, वह आपके बजाय किसी दूसरे को मिल सकता है। अप्रिय? बेशक। लाखों लोगों की चिंता का कारण? बेशक। लेकिन क्या घातक? शायद नहीं।

2. *अगर ज़रूरी हो, तो मानसिक रूप से बुरी से बुरी स्थिति के लिए तैयार हो जाएँ।* इसका यह मतलब नहीं है कि आप हाथ पर हाथ धरकर असफलता का स्वागत करें। इसका मतलब तो ख़ुद से यह कहना है, हाँ, मुझे लगता है कि मैं इससे निबट सकता हूँ, बशर्ते मुझे वाक़ई निबटना हो। और सच तो यह है कि हम लगभग हमेशा उबर सकते हैं – "बुरी से बुरी स्थिति" से भी।

यह मज़ेदार नहीं होगा। इसका नाटक करने की ज़रूरत नहीं है। लेकिन साथ ही, प्रमोशन खोने या फटकार पाने का मतलब यह नहीं है कि दुनिया ही ख़त्म हो गई है। जब हम ख़ुद को यह याद दिलाते हैं – "ज़रा देखो तो सही, बुरे से बुरा क्या हो सकता है?" – तो हम असल मुद्दों का सामना कम विचलित मानसिकता से कर पाएँगे।

3. *फिर शांति से और सुनियोजित तरीक़े से सबसे बुरे संभावित परिणाम को सुधारने की कोशिश करें।* ख़ुद से पूछें, मैं इस स्थिति को बेहतर बनाने के लिए क्या कर सकता हूँ? मुझे कितनी जल्दी काम करना चाहिए? इसमें कौन मेरी मदद कर सकता है? पहला क़दम उठाने के बाद मुझे दूसरी, तीसरी, चौथी और पाँचवीं चीज़ें कौन सी करनी चाहिए? मैं अपने उठाए क़दमों की सफलता कैसे माप सकता हूँ?

टीआरडब्ल्यू रेडी प्रॉपर्टी डाटा की मार्केटिंग रिप्रज़ेन्टेटिव पैटी एडम्स ने अपनी ज़िंदगी के मुश्किल दौर में तीन क़दमों की इसी नीति पर अमल किया। एडम्स कहती हैं, "एक दिन मेरे फ़ोन की घंटी बजी। यह मेरे लिए किसी दुःस्वप्न से कम नहीं था। मेरे डॉक्टर ने मुझे फ़ौरन क्लीनिक आने को

कहा। वह मेरा टेस्ट दोबारा करना चाहता था।" यूटेरस कैंसर।

वे कहती हैं, "मैं अज्ञात के भय से काँप उठी। क्या मैं अपना नारीत्व खो दूँगी या इससे भी बुरी बात, अपनी ज़िंदगी? मेरे दिमाग़ में हज़ारों दृश्य घूमने लगे। पहली चीज़ें पहले। मुझे उस भयंकर फ़ैसले की पुष्टि मिल गई। और ज़ाहिर है, मैं पूरी तरह से टूट गई।"

ख़ुद को सँभालकर उन्होंने अपने डर से मुक़ाबला किया और डॉक्टर से पूछा कि बुरे से बुरा क्या हो सकता है। यह था, "ऑपरेशन के बाद बच्चे पैदा करने की अक्षमता।"

उनका दिल बैठ गया। एडम्स कहती हैं, "मेरी उम्र सिर्फ़ सत्ताईस साल थी। मैं इतनी कम उम्र में ऐसे नुक़सान को नहीं झेल सकती थी। लेकिन अगर मैं इलाज नहीं करवाती, तो मर जाती।"

हाय-तौबा करने से पहले एडम्स ने सारे तथ्य मालूम कर लिए। "इसके सफल इलाज की संभावना निन्यानवे प्रतिशत है। इस बिंदु पर मैंने पहचान लिया कि सर्जरी करवाने के बाद भी मैं ज़िंदा रहूँगी।"

अठारह महीनों तक उन्होंने दवाओं के सहारे बीमारी से लड़ने की कोशिश की। लेकिन उन्हें सफलता नहीं मिली। वे कहती हैं, "जब ऑपरेशन होना तय हो गया, तो मैंने आस्था क़ायम रखी और डर के कारण तबाह नहीं हुई। मैं ख़ुद को इस मानसिकता में ले आई कि अब मैं ज़िंदगी की उझाली गई हर गेंद झेल सकती हूँ।"

उन्होंने ऑपरेशन करवा लिया। ख़ुशक़िस्मती से, थोड़े ऊतक के नुक़सान के बाद उनका इलाज हो गया। वे कहती हैं, "चार साल बाद भी मुझे अनियमित कोशिकाएँ या कोई दूसरे चिन्ह नहीं दिखे हैं। हर दिन मैं जीवन का नए सिरे से सामना करती हूँ।"

अपनी चिंताओं पर क़ाबू करें और अपनी ज़िंदगी को ऊर्जावान बना लें।

16
जोश की शक्ति

मैंने अपनी पहली क्लास न्यूयॉर्क सिटी में 125वीं स्ट्रीट वायएमसीए में आयोजित की। उसमें दस से भी कम लोग थे। एक विद्यार्थी नेशनल कैश रजिस्टर कंपनी का सेल्समैन था, जिसने एक आश्चर्यजनक भाषण दिया। उसने कहा कि वह शहर में ही पैदा हुआ और पला-बढ़ा है। लेकिन पिछले साल उसने देहात में एक मकान ख़रीदा। मकान नया बना था और वहाँ न तो घास थी, न ही बगीचा। उसने ब्लूग्रास लॉन लगाने का फ़ैसला किया।

जाड़े में उसने अपनी अँगीठी में हिकोरी की लकड़ी जलाई और उसकी राख उस ज़मीन पर छिड़क दी, जहाँ वह लॉन बनाना चाहता था। "पता है, मैं सोचता था कि ब्लूग्रास उगाने के लिए बीज बोने की ज़रूरत पड़ती है। लेकिन ऐसा नहीं है। आपको तो बस उस ज़मीन पर हिकोरी की लकड़ी की राख छिड़कनी होती है और वसंत में ब्लूग्रास अपने आप उग आती है।"

यह सुनकर मैं हैरान रह गया। मैंने उससे कहा, "अगर यह सच है, तो आपने वह चीज़ खोज ली है, जिसे वैज्ञानिक सदियों से खोजने की निरर्थक कोशिश कर रहे हैं। आपने पता लगा लिया है कि मृत पदार्थ से जीवित पदार्थ कैसे पैदा किया जाता है। दरअसल यह संभव ही नहीं है। शायद ब्लूग्रास के बीज बिना आपकी जानकारी के कहीं से उड़कर आपकी ज़मीन पर आ गए होंगे। या फिर वहाँ पहले से ही ब्लूग्रास उग रही होगी। लेकिन एक चीज़ तो तय है : हिकोरी लकड़ी की राख से ब्लूग्रास नहीं उग सकती।"

मुझे अपनी बात पर इतना यक़ीन था कि मैंने बड़े शांत अंदाज़ में यह बात कही। लेकिन ब्लूग्रास वाला आदमी बहुत रोमांचित था। मेरी बात सुनकर वह उछलकर खड़ा हो गया और ताव में आकर बोला, "मि. कारनेगी, मैं अच्छी

तरह जानता हूँ कि मैं क्या बोल रहा हूँ। देखिए, यह काम मैंने ख़ुद किया है!"

वह आगे भी बोलता रहा। वह बड़े जोश, उत्साह और भावना के साथ बोल रहा था। जब उसकी बात पूरी हो गई, तो मैंने क्लास से पूछा, "आपमें से कितने लोग यह मानते हैं कि यह व्यक्ति जो कह रहा है, वह सच हो सकता है?"

मुझे यह देखकर हैरानी हुई कि कमरे में मौजूद हर व्यक्ति ने हाथ उठा दिया। जब मैंने उनसे पूछा कि उन्हें उसकी इस बात पर इतना यक़ीन क्यों है, तो हर एक ने लगभग यही जवाब दिया, "क्योंकि वह इतने यक़ीन से कह रहा है। क्योंकि वह यह बात बहुत जोश और उत्साह से बता रहा है।"

- डेल कारनेगी

अगर जोश बुद्धिमान व्यवसायियों के समूह से विज्ञान के बुनियादी नियमों को नज़रअंदाज़ करवा सकता है, तो ज़रा कल्पना करें कि समझदारी भरी बातों के मामले में यह कितना कुछ करवा सकता है।

जोश के बारे में एक महत्वपूर्ण बात पर ग़ौर करें : यह संक्रामक होता है और लोग इस पर अच्छी प्रतिक्रिया करते हैं। यह क्लासरूम, बोर्डरूम और किसी भी अभियान के मामले में सच है। यह आइस हॉकी में भी सच है। अगर आप किसी विचार या प्रोजेक्ट को लेकर जोशीले नहीं हैं, तो कोई दूसरा भी आपकी बात पर जोश नहीं दिखाएगा। अगर लीडर्स उत्साह के साथ कंपनी की दिशा में यक़ीन नहीं करते हैं, तो यह उम्मीद न करें कि कर्मचारी, ग्राहक या शेयर बाज़ार इसे लेकर उत्साहित होगा। किसी विचार - या प्रोजेक्ट या अभियान - के बारे में किसी को रोमांचित करने का सबसे अच्छा तरीक़ा ख़ुद रोमांचित होना है। और अपने रोमांच का इज़हार करना है।

टॉमी ड्रेफ़ेन ने कैलिफ़ोर्निया के इंटरकॉम स्पीकर्स की इम्पोर्टर कंपनी कल्वर इलेक्ट्रॉनिक सेल्स में सेल्समैन के रूप में नया काम शुरू किया था। कंपनी की दीर्घकालीन परंपरा के अनुसार इसका एक ही मतलब था : ड्रेफ़ेन को बहुत सख़्त संभावित ग्राहकों की सूची थमा दी गई। उनमें एक कंपनी ख़ास तौर पर ऐसी थी, जो कभी कल्वर की काफ़ी बड़ी ग्राहक हुआ करती थी, लेकिन बरसों पहले उसने अपना अकाउंट बंद कर दिया था।

ड्रेफ़ेन बताते हैं, "मैंने फ़ैसला किया कि मैं उनका बिज़नेस दोबारा हासिल करने के काम को निजी चुनौती की तरह लूँगा। इसका मतलब था अपनी कंपनी के प्रेसिडेंट को यह यक़ीन दिलाना कि हम उनके बिज़नेस को दोबारा हासिल कर सकते हैं। उन्हें मेरे जितना यक़ीन तो नहीं था, लेकिन वे मेरे जोश का गला नहीं घोंटना चाहते थे। इसलिए उन्होंने मुझे ग्राहक से मिलने की इजाज़त दे दी।"

ड्रेफ़ेन ने इस अकाउंट को अपना व्यक्तिगत लक्ष्य बना लिया। उन्होंने उस कंपनी को वाजिब क़ीमत की गारंटी दी, कम समय और बेहतर सेवा की गारंटी दी। उन्होंने कंपनी के क्रय निदेशक को आश्वस्त किया कि कल्वर कंपनी वह सब करेगी, "जो आपकी ज़रूरतों को पूरा करने के लिए ज़रूरी होगा।"

क्रय निदेशक के साथ आमने-सामने की पहली मीटिंग में ड्रेफ़ेन का उत्साह साफ़ झलक रहा था। वे मुस्कुराता चेहरा लेकर निदेशक से बोले, "लौटकर ख़ुशी हुई। हम यह काम एक साथ करने जा रहे हैं।"

ड्रेफ़ेन के मन में एक बार भी यह ख़्याल नहीं आया कि उन्हें यह सौदा नहीं मिल पाएगा। उन्होंने इस तथ्य को नज़रअंदाज़ कर दिया कि उनकी कंपनी वह अकाउंट खो चुकी है। अपने उत्साही और जोशीले नज़रिए से उन्होंने ग्राहक को यह विश्वास दिला दिया कि कल्वर दोबारा समर्पित सेवा करने के लिए तैयार है।

"ख़रीदारी करने वाले मैनेजर ने बाद में हमारे प्रेसिडेंट को बताया कि उन्होंने हमारे प्रस्ताव को सिर्फ़ मेरे उत्साह की वजह से नहीं ठुकराया। उन्होंने हमें ऑर्डर दे दिया, जो पाँच लाख डॉलर सालाना हो चुका है।"

उत्साह के बारे में एक भी शब्द लिखने से पहले आइए एक व्यापक ग़लतफ़हमी दूर कर लेते हैं। ज़ोर से बोलना उत्साह नहीं है। टेबल पर मुक्के मारना या उछलना-कूदना या मूर्खों की तरह व्यवहार करना भी उत्साह नहीं है। यह तो उत्साह की झूठी नक़ल है। यह साफ़ नज़र आता है। इससे कोई झाँसे में नहीं आता। इससे लगभग हमेशा फ़ायदा कम और नुक़सान ज़्यादा होता है।

उत्साह तो एक भावना है, जो आपके भीतर से आनी चाहिए। यह अवधारणा इतनी महत्वपूर्ण है कि इसे दोबारा कहना उचित रहेगा। उत्साह तो एक भावना है, जो आपके भीतर से आनी चाहिए। उच्छृंखल व्यवहार को उत्साह नहीं मान लेना चाहिए।

वैसे यह सच है कि उत्साह की अंदरूनी भावना के कारण शारीरिक गतिविधि बढ़ जाती है और आवाज़ तेज़ हो जाती है। लेकिन जो लोग अतिरेक में इस तरह के नारे लगाते हैं – "मैं महान हूँ, आप महान हैं, आज के दिन हम सभी महान हैं!" – असल में उनके सीने पर *मैं नक़ली हूँ* का एक बड़ा बैज लगा होता है।

एनालॉग डिवाइसेस के चेयरमैन रे स्टेटा कहते हैं, "लीडरशिप अखंडता और विश्वसनीयता के मुद्दे से शुरू होती है। आपको इस क़ाबिल बनना पड़ता है कि आप पर भरोसा किया जा सके। आपको एक ऐसा व्यक्ति बनना होगा, जो अपने सारे वादे निभाता है, जिस पर लोग पूरा भरोसा कर सकें। मैं सोचता हूँ कि खुले संवाद के लिए यह अनिवार्य है। शोषक भावनाएँ या असंवेदनशीलता या ऐसी ही कोई दूसरी चीज़ खुले संवाद तक लेकर नहीं जाती।"

इतिहास के सचमुच जोशीले लोग सहज बोध से यह जानते थे। 1950 के दशक में क्या जोनस साक पोलियो वैक्सीन बनाने को लेकर उत्साही थे? यक़ीनन थे। उन्होंने इस काम में अपनी ज़िंदगी के कई साल समर्पित कर दिए थे। जो भी साक के संपर्क में आता था, वह उनके उत्साह को स्पष्ट रूप से महसूस कर सकता था, क्योंकि अपने शोध के बारे में बोलते वक़्त उनकी आँखों में चमक आ जाती थी और वे चौबीसों घंटे लैब में प्रयोग करते रहते थे। साक वैज्ञानिकों की दो पीढ़ियों के लिए प्रेरणापुंज बन गए। हाँ, वे सकारात्मक तरीक़े से उत्साह व्यक्त करते थे, लेकिन चीख़ते-चिल्लाते नहीं थे। अब वे एड्स उत्पन्न करने वाले एचआईवी वायरस का वैक्सीन खोजने में भी वैसा ही उत्साह दिखा रहे हैं।

1969 में नील आर्मस्ट्राँग चंद्रमा पर चलने को लेकर इतने ही उत्साही थे। यह उत्साह उनकी सपाट ओहियो आवाज़ में भी साफ़ झलक रहा था। उन्होंने चंद्रमा पर पहुँचने के बाद कहा था, "एक इंसान के लिए छोटा क़दम, लेकिन मानव जाति के लिए एक बड़ी छलाँग।" आर्मस्ट्राँग को यह वाक्य ज़ोर से चिल्लाकर बोलने की ज़रूरत नहीं थी। उन्हें अपोलो स्पेसक्राफ़्ट में चढ़ने से पहले डांस करने की ज़रूरत नहीं थी। आर्मस्ट्राँग के विचारशील शब्दों में ही उनका उत्साह साफ़ झलक रहा था।

1991 में जब जनरल नॉर्मन श्वार्ज़कोफ़ ने खाड़ी युद्ध में अमेरिकी सेना का नेतृत्व किया, तो क्या वे उदासीन दिख रहे थे? क़तई नहीं। उन्हें यह दिखाने

के लिए अपने सैनिकों से चिल्लाकर बोलने की ज़रूरत नहीं थी कि उन्हें अपने मिशन पर पूरा यक़ीन है। आप सीएनएन पर पाँच सेकंड की न्यूज़ क्लिप देखकर ही यह बात समझ सकते थे।

इनमें से कोई भी महान इंसान उत्साह में ज़ोर-ज़ोर से नहीं चिल्लाया या उसने कोई उछल-कूद नहीं की। लेकिन किसी को भी इस बारे में कोई शक नहीं था कि उन्हें अपने काम के बारे में कैसा महसूस हो रहा है।

सच्चे जोश के दो हिस्से होते हैं : उत्सुकता और विश्वास। किसी चीज़ के बारे में रोमांचित बनें और इसे करने की अपनी योग्यता में आत्मविश्वास को ज़ाहिर करें। जोश के लिए बस इतने की ही ज़रूरत होती है। किसी कंपनी, प्रोजेक्ट, विचार के बारे में इन दोनों भावनाओं को बस अपने मन में भर लेंगे, तो आपका उत्साह ख़तरनाक रूप से संक्रामक हो जाएगा। आपमें जोश ही जोश होगा। दूसरे लोग जान जाएँगे कि आपमें यह है। जल्द ही यह जोश उनमें भी दिखने लगेगा। पक्क़ी गारंटी है।

ऑलंपिक जिमनास्ट मैरी लाउ रेटन कहती हैं, "उत्साह हमेशा मेरे मन में नैसर्गिक रूप से मौजूद रहा है। मैं बहुत सकारात्मक हूँ और हमेशा ख़ुद को सकारात्मक लोगों से घेरे रखती हूँ। यह मेरे लिए महत्वपूर्ण है।"

यह सकारात्मक नज़रिया रेटन के उस राज़ का हिस्सा था, जिसकी बदौलत वे उन सभी कष्टकारी प्रशिक्षण सत्रों को पार कर गईं, जो उन्हें विश्व-स्तरीय युवा जिमनास्ट के रूप में झेलने पड़े। "कई बार हमारे कोच बेला कैरोली बुरे मूड में होते थे और जिम में बहुत सख़्ती बरतते थे। मैं चार-पाँच लड़कियों के हमारे समूह को सकारात्मक रखने की कोशिश करती थी। लेकिन अगर हमारे बीच की एक भी लड़की निराश होकर कहती थी, 'उफ, मैं यह नहीं करना चाहती,' तो इससे हर किसी का मनोबल कम हो जाता था। मुझे इससे चिढ़ होती थी। आपके समूह में दस लोग सबसे अच्छे मूड में हों, लेकिन अगर एक व्यक्ति भी नकारात्मक हो, तो वह पूरे समूह का मनोबल कम कर देगा। इसलिए मैं ऐसे लोगों से दूर रहने की कोशिश करती थी।"

बिज़नेस संबंधी पुस्तकों के लेखक हार्वे मैके कहते हैं, "हमेशा ख़ुद को ख़ुश और सफल लोगों से घेरे रखें। मैं नकारात्मक लोगों के आस-पास नहीं रहता। अगर आपके दोस्त, संगी-साथी, वे लोग जिनका आप सम्मान करते

हैं और वे लोग जिनके बारे में आप पढ़ते हैं, उत्साही, जोशीले और आत्मविश्वास तथा आत्मसम्मान से भरे हुए लोग हों, तो आप भी ऐसे ही बन जाएँगे।"

जोश की शक्ति को कम करके आँकना लगभग असंभव है। रैल्फ़ वॉल्डो इमर्सन ने एक बार कहा था, "हर महान और शक्तिशाली गतिविधि जोश की विजय है। इसके बिना कभी कोई महान चीज़ हासिल नहीं हुई।" यह नागरिक अधिकार आंदोलन के बारे में सच था। यह अमेरिका की स्थापना के बारे में सच था। यह आज की सभी बड़ी कंपनियों के बारे में भी सच है।

जोश उतना ही महत्वपूर्ण होता है, जितनी कि उच्च योग्यता या कड़ी मेहनत। हम सभी ऐसे लोगों को जानते हैं, जो प्रतिभाशाली होने के बावजूद कुछ हासिल नहीं कर पाते। हम सभी ऐसे लोगों को जानते हैं, जो कड़ी मेहनत के बावजूद कहीं नहीं पहुँच पाते। लेकिन जो लोग कड़ी मेहनत करते हैं, अपनी नौकरी से प्रेम करते हैं और जोश प्रकट करते हैं – वे यक़ीनन अच्छी जगह पहुँचेंगे।

डेल कारनेगी ने एक बार अपने एक दोस्त से पूछा कि वह अपने अधीनस्थों को कैसे चुनता है, जिनकी योग्यताओं की वजह से उसका बिज़नेस सफल या ठप्प हो सकता है। मित्र के जवाब से कुछ लोग हैरान रह जाएँगे : न्यूयॉर्क सेंट्रल रेलवे के प्रेसिडेंट फ्रेडरिक डी. विलियमसन ने यह जवाब दिया, "सफल और असफल लोगों के बीच योग्यता, कुशलता और बुद्धि का फ़र्क़ आम तौर पर ज़्यादा नहीं होता। लेकिन अगर दो लोगों में लगभग समान योग्यता हो, तो ज़्यादा उत्साही व्यक्ति पलड़े को अपनी तरफ़ झुका लेगा। कम योग्यता वाला जोशीला व्यक्ति अक्सर बेहतर योग्यता वाले उदासीन व्यक्ति से आगे निकल जाएगा।"

आई क्यू परीक्षणों की प्रमुख कमी यही है कि वे किसी व्यक्ति के जोश या भावनात्मक प्रेरणा को नहीं माप सकते। जब दो पीढ़ियों पहले इन परीक्षणों को लागू किया गया, तो इनके प्रचार में कहा गया कि इनके ज़रिए सटीक भविष्यवाणी करना संभव है। आई क्यू परीक्षण करने वाली कंपनियों का दावा था कि किसी का "आई क्यू" मापकर आप काफ़ी सटीकता से भविष्यवाणी कर सकते हैं कि वह व्यक्ति ज़िंदगी में क्या हासिल कर पाएगा।

काश ज़िंदगी इतनी ही आसान होती! विचार बहुत आकर्षक था, ख़ास तौर पर ऐसे वक़्त में, जब पूरा संसार विज्ञापनों पर विश्वास कर रहा था। आई क्यू टेस्ट करने वालों की तो चाँदी हो गई। कॉलेज में दाख़िला देने वाले अधिकारियों ने इन परीक्षणों पर पूरा भरोसा करते हुए सिर्फ़ इन्हीं से यह तय किया कि कौन सा विद्यार्थी स्वीकार करने योग्य है। स्कूल में मार्गदर्शन देने वाले परामर्शदाताओं ने इन टेस्ट्स का इस्तेमाल करके विद्यार्थियों को एडवांस्ड क्लास या रेमेडियल कोर्स में भेजा। सेना ने आई क्यू परीक्षण से यह फ़ैसला किया कि कौन सा व्यक्ति अधिकारी बनने लायक़ है और कौन लैट्रिन साफ़ करने लायक़।

निश्चित रूप से बुद्धि का महत्व होता है। कुछ लोगों में यह बाक़ी लोगों की तुलना में ज़्यादा होती है और इससे निश्चित रूप से उनके लिए चीज़ें ज़्यादा आसान हो जाती हैं। यही बात रचनात्मक योग्यता, खेल क्षमता, आदर्श वाणी या जीवन के अन्य बेशक़ीमती तोहफ़ों के बारे में भी सच है। लेकिन यह अनगढ़ योग्यता वास्तव में सिर्फ़ आधी तस्वीर ही है। बाक़ी आधी तस्वीर तो हमें ख़ुद बनानी होगी।

कई मानक परीक्षण करने वाली न्यू जर्सी की कंपनी एज्युकेशनल टेस्टिंग सर्विस के कर्मचारी भी अब स्वीकार करने लगे हैं कि उनके परिणाम वास्तव में अधूरे होते हैं। स्कूल में दाख़िला देने वाले अधिकारियों को चेतावनी दे दी जाती है कि वे परिणामों को बहुत कठोरता से लागू न करें। कई अन्य तत्व भी महत्वपूर्ण होते हैं - जिनमें सबसे ऊपर आता है व्यक्तिगत जोश।

नेशनल हॉकी लीग के हॉल ऑफ़ फ़ेम में शामिल डेनिस पोटविन, जिन्होंने न्यूयॉर्क आइलैंडर्स का नेतृत्व करके लगातार चार बार स्टैनले कप जीता, जोश के बारे में बहुत कुछ जानते हैं।

आइलैंडर्स के पूर्व कप्तान कहते हैं, "जब मैं ट्रेनिंग कैंप पहुँचा, तो मुझे हॉकी के बारे में भावनात्मक रूप से रोमांचित होने की ज़रूरत थी। इसलिए मैंने वह नीति नहीं अपनाई, जो कुछ खिलाड़ी अपनाते हैं। मैंने यह नहीं सोचा कि मुझे गर्मियों भर स्केटिंग करनी चाहिए। मैंने दरअसल इसका विपरीत महसूस किया : मैं ज़्यादा स्केटिंग नहीं करना चाहता था।

"यही वजह थी कि जब मैं ट्रेनिंग कैंप में पहुँचा, तो मेरा शारीरिक हुलिया आदर्श नहीं था, जैसा ज़्यादातर बाक़ी खिलाड़ियों का था। मैं जानता था कि सही हुलिए में आने के लिए मुझे अतिरिक्त मेहनत करनी होगी। लेकिन मुझमें

उनसे ज़्यादा जोश था। मैं दोबारा हॉकी खेलने को लेकर सचमुच जोशीला था। मेरे प्रोफ़ेशनल कैरियर के पंद्रह साल पूरे हो चुके थे, लेकिन मैं किसी बच्चे जितना उत्साहित था।"

नहीं, आप जोश का नाटक नहीं कर सकते। लेकिन हाँ, पूरी तरह से हाँ – आप इसे पैदा कर सकते हैं, पोषण दे सकते हैं और इससे अपने लिए काम भी करवा सकते हैं। डेल कारनेगी ने इस प्रक्रिया का वर्णन कुछ इस तरह किया था : "जोश हासिल करने का तरीक़ा यह है कि आप जो कर रहे हैं, उस पर यक़ीन करें, ख़ुद पर यक़ीन करें और किसी निश्चित चीज़ को हासिल करने की प्रबल इच्छा रखें। जोश उसी तरह अपने आप आ जाएगा, जिस तरह दिन के बाद रात आती है।"

आप यह प्रक्रिया कैसे शुरू कर सकते हैं? "ख़ुद को यह बताकर कि आप जो कर रहे हैं, उसके बारे में आपको क्या पसंद है। आपको उस काम की अनचाही चीज़ों के बजाय मनचाही चीज़ों के बारे में सोचना चाहिए। जोश से काम करें। किसी को इसके बारे में बताएँ। उन्हें बताएँ कि इसमें आप क्यों दिलचस्पी लेते हैं। अगर आप इस तरह काम करते हैं, 'जैसे' (as if) आपकी अपने काम में बड़ी रुचि है, तो यह थोड़ा सा अभिनय बाद में आपकी दिलचस्पी को वास्तविक बना देगा। यह आपकी थकान, तनाव और चिंताओं को भी कम कर देगा।"

जोश हासिल करना सबसे आसान तब होता है, जब आपके जीवन में सच्चे लक्ष्य होते हैं, जब आपके पास ऐसी चीज़ें होती हैं, जिनकी ओर आप सचमुच आगे देख रहे हों। यदि आप यह सब कर लेंगे, तो जोश आपके भीतर अपने आप उमड़ने लगेगा।

सुबह जागते ही उस दिन होने वाली किसी सुखद चीज़ के बारे में सोचें। ज़रूरी नहीं है कि वह कोई बहुत बड़ी चीज़ हो। शायद वह आपकी नौकरी का कोई ऐसा छोटा सा हिस्सा हो, जिसमें आपको हमेशा मज़ा आता है। शायद वह कोई दोस्त हो, जिससे आप लंच पर मिलने वाले हों। शायद वह कोई पारिवारिक सैर हो, दोस्तों के साथ बियर पीना हो, स्क्वैश कोर्ट या एरोबिक्स क्लास में एक घंटा बिताना हो। वह सुखद घटना चाहे जो हो, महत्वपूर्ण यह है : ज़िंदगी उबाऊ या नीरस नहीं होनी चाहिए। हम सभी को ऐसे लक्ष्यों और अनुभवों की ज़रूरत होती है, जो राह देखने लायक़ महत्वपूर्ण हों। यही चीज़ें

जीवन को आगे की तरफ़ धकेलती हैं। जो लोग इस पर एक पल के लिए भी विचार करते हैं, वे जीवन को देखने का एक बिलकुल नया तरीक़ा अपना सकते हैं। वे उस लीक से निकल सकते हैं, जिसमें वे लंबे समय से फँसे हुए हैं। दूसरे शब्दों में, वे जोश के साथ जिएँगे। जब आप ऐसा करते हैं, तो परिणाम सचमुच आश्चर्यजनक हो सकते हैं।

चिली की सॉन्डा, एस.एस. कंपनी के प्रेसिडेंट आंद्रे नैवारो का मानना है, "आधुनिक संगठनों को आज पहले से कहीं बढ़कर जोशीले नेतृत्व की ज़रूरत है। इसे तो लीडरशिप की परिभाषा कहा जा सकता है – साझे लक्ष्य के लिए दूसरे लोगों तक जोश संप्रेषित करने की योग्यता। अगर आप चाहते हैं कि आज या आने वाले कल में आपके कर्मचारियों में जोश हो और वे किसी प्रोजेक्ट को करते वक़्त सचमुच ख़ुशी महसूस करें, तो इस तरह का मेमो लिखना बेकार है, 'कल से हर व्यक्ति में बहुत सारा जोश दिखना चाहिए।' इसकी शुरुआत तो आपको ख़ुद जोशीले बनकर करनी होगी।"

नैवारो कहते हैं, "अगर आपमें जोश नहीं है, तो किसी दूसरे को जोशीला बनाना असंभव है। यानी अगर आप किसी माहौल को बदलना चाहते हैं, तो सबसे पहले आपको ख़ुद को बदलना होगा। अगर पहले आप नहीं बदलेंगे, तो आप अपने बच्चों को भी नहीं बदल सकते। अगर आप चाहते हैं कि आपका बेटा सॉकर खेलते वक़्त जोशीला बने, तो इसके लिए पहले आपको ख़ुद जोशीला बनना होगा।

"जोश एक ऐसी चीज़ है, जिसे आप दिन भर अपनी आँखों से, अपने चलने के अंदाज़ से, अपने काम करने की शैली से संप्रेषित करते हैं। यह मेमो में लिखकर नहीं किया जा सकता। दरअसल मैं सोचता हूँ कि हम सभी में किसी न किसी चीज़ के लिए जोश मौजूद होता है। अगर आप किसी तरह का जोश महसूस नहीं करते हैं, तो आप मुर्दा हैं। एक बार जब आपको पता चल जाता है कि आप किसी चीज़ को करने में ख़ुद को जोशीला महसूस करते हैं, तो लगभग किसी भी लक्ष्य के संदर्भ में जोशीला बनने की योग्यता विकसित करना आसान हो जाता है।"

यह सच है। जोश हो, तो सफलता मिलना लगभग तय है। इस बात पर यक़ीन करना मुश्किल हो सकता है, लेकिन प्रमाण बताते हैं कि यह सच है।

लीवर ब्रदर्स कंपनी के पूर्व प्रेसिडेंट डेविड वेब को देखकर ही आप बता सकते हैं कि वे जोश से भरपूर इंसान हैं। आप उन्हें उनके ऑफ़िस के दरवाज़े के भीतर घुसते देखकर ही यह बात जान सकते हैं। वे जोश से किलकारियाँ भरने वाले या कसकर हाथ मिलाने वाले लोगों में से नहीं हैं। लेकिन उनकी चाल में एक सकारात्मक, ख़ुशी भरा अंदाज़ है। उनका सिर तना हुआ रहता है और उनकी आँखों में उत्साह की चमक नज़र आती है। ये बातें बड़ी छोटी लग सकती हैं, लेकिन इस निगाह में इतनी ज़्यादा शक्ति है, जिसकी हममें से ज़्यादातर लोग कल्पना तक नहीं कर सकते। और यह कोई संयोग नहीं है।

वेब कहते हैं, "लोग हमेशा लिफ़्ट में आपको भाँपते रहते हैं। आपके जीवनमूल्य चाहे जो हों, आप हर दिन चौबीसों घंटे उन्हें व्यक्त करते हैं। लोगों की याद्दाश्त अच्छी होती है।"

वेब आगे कहते हैं, "मैंने यह उस व्यक्ति से सीखा, जो बाद में युनीलीवर के चेयरमैन बने। सर डेविर ओर। मैंने भारत में उनकी जगह ली। वे मार्केटिंग डायरेक्टर थे। वे हर किसी को जानते थे। डेविड हर जगह गए थे। भारत में हमारा डिस्ट्रिब्यूटर्स का विशाल नेटवर्क है। हर बार जब आप किसी डिस्ट्रिब्यूटर के यहाँ जाते हैं, तो वह आपको फूलमाला पहनाता है। मैं पूरे भारत में घूमा और मैंने किसी ऐसे डिस्ट्रिब्यूटर को खोजने की लाख कोशिश की, जिससे डेविड न मिले हों, जिसकी दीवार पर उनका फ़ोटो न टँगा हो। लेकिन मुझे ऐसा एक भी डिस्ट्रिब्यूटर नहीं मिला। वे देश के हर सेल्समैन को जानते थे।" सर डेविड का जोश उन सभी को याद था।

वेब ने यह सबक़ सीख लिया और लीवर ब्रदर्स के सीईओ पद पर पहुँचने के बाद भी वे इस सबक़ को नहीं भूले। "मैं बिज़नेस में आने के तीन महीने के भीतर ही अपनी कंपनी के हर सेल्समैन से मिलने लगा - मेरे ख़याल से हमारे यहाँ लगभग साढ़े सात सौ सेल्समैन हैं। वे मुझे जानते हैं। वे मुझसे जुड़ते हैं। मैं कई बार उनके साथ मौज-मस्ती करता हूँ और उनके साथ रहना मुझे अच्छा लगता है। मैं सेल्समैनों और कारख़ानों में काम करने वाले लोगों से प्रेम करता हूँ। ऐसा एक भी व्यक्ति नहीं है, जो मुझे पसंद न हो।"

थॉमस डोहर्टी नॉरस्टार बैंक में एक्ज़ीक्यूटिव थे, जब क्षेत्रीय वित्तीय संस्था फ़्लीट फ़ाइनैंशियल ग्रुप, इंक. ने इसका अधिग्रहण किया। डोहर्टी अपनी जगह पर बने रहे और न्यूयॉर्क सिटी इलाक़े में फ़्लीट का बिज़नेस चलाते रहे।

कोई हैरानी नहीं कि डोहर्टी के कई सहकर्मी मालिक बदलने की बात से बहुत घबरा रहे थे। डोहर्टी कहते हैं, "यह स्वाभाविक है। ग्राहक, परिवार और दोस्त हमसे पूछेंगे, 'आप इस विलय के बारे में कैसा महसूस करते हैं ?' अगर आप इसके बारे में जोशीले हैं, तो वे भी जोशीले हो जाएँगे। मुझे लगता है कि लोग नज़रिए और उत्साह की तलाश में हैं। अगर अपनी डेस्क पर आते वक़्त आपका चेहरा उतरा हुआ होता है, तो लोग उसे तत्काल पढ़ लेते हैं। लेकिन अगर आप लिफ़्ट में घुसते हैं और हर एक से पहले की तरह ही गुड मॉर्निंग करते हैं, तो लोग इस बात पर भी ग़ौर करते हैं। वे सोचते हैं, अरे वाह, यह इंसान तो काफ़ी जोशीला है। क्यों न इसे एक मौक़ा दिया जाए ?"

ज़ाहिर है, इस नुस्ख़े में यह मान लिया गया है कि आपके काम में ऐसा कुछ है, जिसे आप पसंद करते हैं। वास्तविकता में इसका मूल्यांकन करने के लिए आपको थोड़ी अंदरूनी जाँच-पड़ताल की ज़रूरत हो सकती है। दरअसल, मामले की सच्चाई यह है कि ज़्यादातर नौकरियों में पसंद करने वाली चीज़ें होती हैं, लेकिन हमें कठोर सच्चाई को भी अनदेखा नहीं करना चाहिए : कुछ नौकरियाँ वास्तव में दुखद होती हैं - या आपके स्वभाव, योग्यताओं या लक्ष्यों के हिसाब से अनुचित होती हैं। अगर आपकी स्थिति भी ऐसी ही है, तो इस बारे में कुछ करें। अपनी ज़िंदगी या काम-धंधे के बारे में रोमांचित हुए बिना आप कभी सच्ची सफलता हासिल नहीं कर सकते। कई लोगों को बहुत सारी नौकरियाँ बदलने के बाद वह नौकरी मिली है, जिसमें वे सुखी महसूस कर रहे हैं। इसमें शर्म की कोई बात नहीं है। शर्म की बात तो नौकरी के संदर्भ में दुखी महसूस करना - लेकिन इसके बावजूद इसे बेहतर बनाने या दूसरी नौकरी खोजने की कोशिश न करना है।

अगर आप अपनी ज़िंदगी से ऊबे हुए हैं, तो आपके आस-पास के लोग भी उनींदे ही होंगे। अगर आप ताने मारते हैं और शत्रुता रखते हैं, तो वे भी ऐसा ही करेंगे। अगर आप ठंडे रहेंगे, तो वे भी गर्मजोश नहीं होंगे।

तो जोशीले बनें। अपने आस-पास के लोगों पर इसका असर देखें। वे ज़्यादा उत्पादक बन जाएँगे और आपका अनुसरण करने के लिए उत्सुक रहेंगे। याद रखें, प्रबल भावनाएँ ठंडे विचारों से ज़्यादा शक्तिशाली होती हैं। और सच्चा जोश बहुत संक्रामक होता है।

कभी भी जोश की शक्ति को कम न आँकें।

निष्कर्ष
इसे साकार करें

लोगों के साथ व्यवहार करना शायद आपके सामने आने वाली सबसे बड़ी समस्या होती है, ख़ास तौर पर तब जब आप बिज़नेस में हों। यह तब भी सच है, जब आप गृहिणी, आर्किटेक्ट या इंजीनियर हों। कारनेगी फ़ाउंडेशन फ़ॉर द एडवांसमेंट ऑफ़ टीचिंग के तत्वावधान में हुए शोध में एक बहुत महत्वपूर्ण तथ्य पता चला - जिसकी पुष्टि बाद में कारनेगी इंस्टीट्यूट ऑफ़ टेक्नोलॉजी में हुए एक अतिरिक्त अध्ययन ने की। इन अध्ययनों से पता चला कि इंजीनियरिंग जैसे तकनीकी कामों में भी किसी व्यक्ति की आर्थिक सफलता में उसके तकनीकी ज्ञान का योगदान सिर्फ़ 15 प्रतिशत होता है। 85 प्रतिशत सफलता उसे मानवीय इंजीनियरिंग - यानी व्यक्तित्व और लोगों का नेतृत्व करने की योग्यता - की बदौलत ही मिलती है।

-डेल कारनेगी

खिड़की से बाहर देखें। ग़ौर करें कि पिछले कुछ सालों में कितने सारे परिवर्तन हो चुके हैं।

युद्ध के बाद का उछाल ख़त्म हो चुका है। प्रतिस्पर्धा विश्वव्यापी हो गई है। ग्राहक ज़्यादा दुनियादार हो गए हैं। गुणवत्ता की उम्मीद की जाती है। एकदम नए उद्योगों का जन्म हो चुका है और बाक़ी को नए सिरे से ढाला गया है। कुछ उद्योग मुरझाकर ढह गए। संसार में दो सैन्य महाशक्तियों का विचार अब प्राचीन इतिहास जैसा लगता है।

ईस्टर्न ब्लॉक बिखर गया। यूरोप हर दिन ज़्यादा एकीकृत हो रहा है। तीसरी दुनिया के देश आर्थिक मंच पर आने की नई राह बना रहे हैं। आधुनिक पूँजीवाद से आरामतलबी बाहर जा चुकी है – और इसके साथ ही वह सपनीला स्थायित्व भी जा चुका है, जिसकी उम्मीद बिज़नेसमैन पीढ़ियों से करते आ रहे थे।

क्या डेल कारनेगी ने इनमें से हर परिवर्तन को भाँप लिया था? ज़ाहिर है, नहीं। इतनी तेज़ी से बदलती दुनिया में कोई भी नहीं भाँप सकता।

लेकिन कारनेगी ने इससे भी ज़्यादा महत्वपूर्ण काम किया था। उन्होंने विरासत में लोक व्यवहार के अमर सिद्धांत छोड़े, जो आज भी उतने ही महत्वपूर्ण हैं, जितने कि पहले थे। और जैसा कि हम देख रहे हैं, वे तनाव, तेज़ गति और अनिश्चितता से भरी वर्तमान दुनिया के मामले में अनूठे ढंग से प्रासंगिक हैं।

स्थिति को सामने वाले के दृष्टिकोण से देखें।

सच्ची प्रशंसा करें।

जोश की प्रबल शक्ति का दोहन करें।

लोगों की गरिमा का सम्मान करें।

ज़्यादा आलोचना न करें।

लोगों को अच्छी छवि प्रदान करें, जिस पर वे खरे उतर सकें।

अपनी ज़िंदगी में आनंद और संतुलन का एहसास बनाए रखें।

इस अनिवार्य बुद्धिमत्ता से विद्यार्थियों और व्यवसायियों की तीन पीढ़ियों को फ़ायदा हुआ है। इसका फ़ायदा उठाने वालों की संख्या हर दिन बढ़ती जा रही है।

कारनेगी के सिद्धांतों की अमरता से किसी को हैरानी नहीं होनी चाहिए। उनकी जड़ें किसी ख़ास पल की सच्चाइयों में नहीं हैं, जिसका बदलना तय है। कारनेगी ने अपने सिद्धांतों की जाँच बहुत लंबे समय तक और काफ़ी ठोक-बजाकर की थी। इतने बरसों में बहुत से फ़ैशन आए और गए। शेयर बाज़ार चढ़ा और उतरा। टेक्नोलॉजी तेज़ गति से आगे बढ़ी। राजनीतिक दल जीते और हारे। और आर्थिक पेंडुलम किसी सम्मोहित करने वाले की

घड़ी की तरह इधर से उधर झूलता रहा - अच्छा दौर, बुरा दौर, अच्छा दौर, बुरा दौर...

लेकिन कारनेगी के सिद्धांत ठोस थे। उन पर तो बस अमल करने की ज़रूरत थी। वे मानव स्वभाव के बुनियादी तथ्यों पर आधारित थे, इसलिए उनकी सच्चाई कभी फीकी नहीं पड़ी। इन सिद्धांतों ने तब भी काम किया, जब संसार ख़ुशी से गुनगुना रहा था। सतत परिवर्तन के इस नए युग में भी वे उतनी ही अच्छी तरह काम कर रहे हैं। फ़र्क़ सिर्फ़ यह है कि कारनेगी के सिद्धांतों - या किसी भी कारगर चीज़ - की ज़रूरत आज जितनी ज़्यादा है, उतनी पहले कभी नहीं रही।

तो इन बुनियादी सबक़ों और तकनीकों पर अमल करें। उन्हें अपनी रोज़मर्रा की ज़िंदगी का हिस्सा बना लें। अपने दोस्तों, परिवार वालों और सहकर्मियों के साथ उनका इस्तेमाल करें। इनसे इतना ज़्यादा फ़र्क़ पड़ेगा कि आप हैरान रह जाएँगे।

कारनेगी के सिद्धांतों पर अमल करने के लिए मानव विज्ञान में पीएच. डी. की ज़रूरत नहीं है। उन पर बरसों तक सोच-विचार करने की ज़रूरत नहीं है। उनके लिए तो बस अभ्यास, ऊर्जा और दुनिया में बेहतर बनने की सच्ची इच्छा की ज़रूरत है।

डेल कारनेगी ने ज़िंदगी भर लाखों लोगों को जो सिद्धांत सिखाए, उनके बारे में उन्होंने कहा था, "यहाँ जो नियम बताए गए हैं, वे सिर्फ़ अवधारणाएँ या काल्पनिक निष्कर्ष नहीं हैं। वे वाक़ई जादू की तरह काम करते हैं। हालाँकि यह अविश्वसनीय लगता है, लेकिन इन सिद्धांतों पर अमल करने के बाद मैंने कई लोगों की ज़िंदगी में सचमुच क्रांति होते देखी है।"

तो इन शब्दों को अपने दिल में बिठा लें और अपने भीतर के लीडर को खोज लें।

आभार

इस तरह की पुस्तक सिर्फ़ एक-दो लोगों की मेहनत का नतीजा नहीं हो सकती। दरअसल, कई गुणी लोगों के उदार सहयोग की बदौलत ही यह इतनी बेहतर बन पाई है, जिनमें जे. ओलिवर क्रोम, अरनॉल्ड जे. गिटोमर, मार्क के. जॉन्स्टन, केविन एम. मैक्गायर, रेजिना एम. कारपेंटर, मैरी बर्टन, जीन एम. नारुकी, डियान पी. मैक्कार्थी, हेलेना स्टाल, विली जैंडर, ज्याँ-लुइस वैन डॉर्ने, फ्रेडरिक डब्ल्यू. हिल्स, मार्सेला बर्गर, लॉरीन कॉनेली और एलिस हेनिकन शामिल हैं। हम इन सबके आभारी हैं।

हम पूरे डेल कारनेगी फ़ाउंडेशन से मिले ज़बर्दस्त समर्थन की भी सराहना करते हैं। प्रायोजकों, मैनेजर्स, प्रशिक्षकों, कक्षा के सदस्यों और होम ऑफ़िस की टीम से हमें बहुत सहयोग मिला।

अंत में, यह पुस्तक दुनिया के कुछ सबसे सफल लीडर्स के असल अनुभवों पर आधारित है। ये लोग अलग-अलग क्षेत्रों के हैं, जिनमें बिज़नेस, शिक्षा जगत, मनोरंजन और सरकारी क्षेत्र शामिल हैं। उन सभी ने हमें अपना वक़्त, अपनी यादें और अपना ज्ञान उदारता से दिया। इस पुस्तक का श्रेय उन्हीं को जाता है।